郑云 著

平民谈「热点」

PINGMIN TAN
REDIAN

江苏大学出版社
镇江

图书在版编目(CIP)数据

平民谈"热点"/郑云著.—镇江：江苏大学出版社,2013.2
ISBN 978-7-81130-446-6

Ⅰ.①平… Ⅱ.①郑… Ⅲ.①时事评论－世界－文集
Ⅳ.①D55-53

中国版本图书馆 CIP 数据核字(2013)第 027506 号

平民谈"热点"

著　　者/郑　云
责任编辑/常　钰　王　珊
出版发行/江苏大学出版社
地　　址/江苏省镇江市梦溪园巷 30 号(邮编：212003)
电　　话/0511-84446464(传真)
网　　址/http://press.ujs.edu.cn
排　　版/镇江文苑制版印刷有限责任公司
印　　刷/扬中市人民印刷有限公司
经　　销/江苏省新华书店
开　　本/718 mm×1 000 mm　1/16
印　　张/17.75
字　　数/300 千字
版　　次/2013 年 2 月第 1 版　2013 年 2 月第 1 次印刷
书　　号/ISBN 978-7-81130-446-6
定　　价/45.00 元

如有印装质量问题请与本社营销部联系(电话：0511-84440882)

前　言

　　我的经历很简单：从学校毕业以后就到部队当兵，当了两年多战士就被提了排长，干了一年的排长就调到济南军区宣传部从事干部教育工作。1979年转业到扬中县委党校工作，直至退居二线并退休。一生中绝大部分时间都是从事干部教育和培训工作。工作性质使我养成了学习、思考问题、写点文章的习惯，这几乎成了我的一种生活方式。

　　2008年上半年，我退居二线，将自己的文稿整理成《郑云文集》，由红旗出版社出版。退二线以后，除了学习，每年写两三篇文章，大部分时间都是在"小圈子"里活动，一晃就过去了四五年。"小圈子"里的人毕竟少，有的到外地带孙子，有的到外地去发财，有的生病住院，我就成了孤家寡人。正在感叹2010年年底退休以后该怎么办时，组织上征求我的意见，要我担任扬中市老年大学校长，经过几天考虑以后，我欣然上任了。到老年大学上班以后，有点事做做，原来空荡荡的心里充实了许多，这又一次激起了我对多年来在脑子里思考的一些问题进行整理，并写出来的激情。这时，江苏《凤凰资讯报》成立了镇江工作站，我的老战友张朝林同志以及李小网同志负责这项工作。我们商定：我以"真言"为笔名，在该报发表些言论。该报是周报，我基本上每期发表一篇，前后大概搞了一年半多一点的时间。现在将这些文章编辑成集。

　　这些文章大多是针对某一问题有感而发的。在职时，写文章要么是领导命题，要么是为工作需要，要么是在科研上起个带头作用。退休以后写文章，这些情况都不存在了，更不是为"稻粮谋"，而完全是"有话要说"，随心所欲，笔随神往，情随意走。所说的话，都是真心话，笔名"真言"，真情实话也。说明白话，不故作深奥，不故弄玄虚，尽可能让老百姓都能读得懂。

　　这些文章大多是就一些"热点"问题展开的评论。主要是针对国际和国内时事中的"热点"问题阐述自己的一些看法。60多岁的人了，回顾人生经历，对于做人，做党员，做干部颇有一些感悟，这些感悟其实也是人生的"热点"问题。扬中是我亲爱的家乡。我生于斯、长于斯,对这片绿洲,我充满着深情,对家乡的人文也写了几篇文章,有的可能不属于"热点"问题。"热点"问题的文章占了这本集子的90%以上。退休以后,我就是一介平民百姓了。这本集子故取名"平民谈'热点'"。

本集的文章除《党员领导干部人生观的核心内容》写于2010年8月(发表于《凤凰资讯报》2010年11月26日B06—B07版)外,其余的都是我到老年大学工作期间写成的。扬中市老年大学即将迎来20年校庆,谨以这本文集作为礼物献给她。

郑 云

2012年10月15日晚

目　录

一、国际时事篇

二、国内时事篇

三、人生感悟篇

四、地域人文篇

一、国际时事篇

2011 年国际时事述评

    2011 年是国际局势急剧动荡的一年。在这一年中,美债欧债危机困扰着西方发达国家,阿拉伯世界处在动乱、内战、政权更迭的混乱之中,美国战略重心东移,中国的周边环境并不轻松,中国经济在困难中获得了持续稳定的增长和发展。

一、阿拉伯世界处在变局之中

    2010 年 12 月,北非国家突尼斯的一名毕业以后找不到工作的学生穆罕默德·布瓦吉吉自焚,以这件事为导火线,地中海南岸、西岸的国家从突尼斯、利比亚、埃及、叙利亚,到波斯湾北部的国家也门,相继爆发了大规模的民众反政府抗议示威游行活动。在民众的抗议声中,突尼斯总统本·阿里出逃国外,埃及总统穆巴拉克下台受审,也门总统萨利赫交出了政权,利比亚总统卡扎菲死于非命,叙利亚总统巴沙尔仍在与反对派周旋,前途莫测。

    这些国家爆发大规模的民众抗议活动,有的国家如利比亚、叙利亚、也门的反对派拿起了武器向政府开火,其原因是,这些国家长期实行独裁统治,如卡扎菲在位 42 年,本·阿里在位 23 年,萨利赫在位 33 年,穆巴拉克在位 30 年,巴沙尔的父亲在位 30 年,子承父业的巴沙尔在位 11 年。搞家长制,一个家族独揽一国的政治、经济资源;贪污腐败,聚敛财富,其家族的财富都在 300 亿~600 亿美元之间。国内两极分化,高物价、高房价、高失业率使下层民众难以承受。虽然这些国家都是信奉伊斯兰教的,但教派之间严重对立。因此,这些国家爆发民众抗议活动具有必然性。

    除上述国家外,阿曼、巴林、卡塔尔、沙特、科威特等国也发生过规模不等的民众抗议活动,只不过这些国家是亲西方的,没有多加报道。

    阿拉伯世界出现的变局,总体上说是民众的自发运动,没有政党组织领导,除北约空袭利比亚外,也没有明显的外部势力介入,民众在"要面包,要黄油","要民主,要自由"的口号下聚集起来,其实质是反不公、反腐败、反专制的民众革命运动,西方把它称之为"阿拉伯之春"。

    阿拉伯世界仍处在变局之中。"阿拉伯之春"改变了阿拉伯世界的政治版图,这些国家都是石油生产国、输出国,对石油的供应和价格影响较大,从而对处于困境中的世界经济影响很大。

二、美债和欧债

2008 年,由美国的次贷危机引发了一场世界性的金融危机。有资料显示:美国的次贷有 2 万亿~3 万亿美元,公司债务 30 万亿美元,公私债务 70 万亿美元。美国政府的债务:财政赤字超过 2 万亿美元,国债原来的最高限额为 14.7 万亿美元,美国政府已经把这个指标用完,如果国会不能提高这个限额,美国政府就面临着"关门打烊"。经民主党、共和党多轮谈判,讨价还价,国会批准又增加了 2.1 万亿美元,这样,美国政府的债务规模就高达 16.8 万亿美元。而美国一年的经济总量(GDP)不到 15 万亿美元。一般的,财政赤字占财政收入的 20% 左右,占 GDP 的 2% ~3%,国债占 GDP 的 40% 是安全的。现在,美国无论是财政赤字,还是国债都超出了这个范围,并且超出了 1 倍,这就十分危险了。所以国际评级机构下调了美国的信用等级,由 AAA 下调为 AA +,引发了股市、汇市的剧烈震荡。

2011 年闹得最凶的是欧债。从下表可以看出,欧债问题同美债一样严重。

国家	2010 年欧洲诸国债务与 GDP 的比值	公共财政赤字占 GDP 的比值
希腊	124.9%	− 13.8%
意大利	116.7%	− 5.3%
葡萄牙	101.2%	− 9.4%
德国	76.7%	− 3.3%
法国	82.9%	− 7.5%
西班牙	66.3%	− 11.2%
平均水平	84%	− 6.3%

形成美债、欧债问题的原因是多方面的,主要是高福利,福利占财政支出的 60% 以上;低生产,如果消费是 100% 的话,生产只有 96% ~98%,缺口 2 ~4 个百分点;高消费,借钱、借债过日子;低储蓄,由于有高福利支撑,居民储蓄率很低,只有 20% 左右,而中国的储蓄率在 60% 以上;高军费,这主要是美国这几年的军费支出都在 5000 亿美元以上,还有战争经费,10 年的伊拉克战争耗费 1 万亿美元。

美债、欧债对世界的影响是很大的。美国的次贷危机引发了世界金融危机。2011年暴露出来的欧债问题不仅直接导致了葡萄牙、希腊、西班牙、爱尔兰、意大利等国政府领导人的更迭,而且进一步加深了这场金融危机;经济萧条、国际贸易萎缩,直接影响了中国的出口,中国出口增长率由年初的 +30% 以上,下降到年底的 +15%;美元、欧元贬值,他们将危机转嫁到全世界,特别是转嫁于新兴市场国家,由于中国购买了大量的美国国债,受美元贬值的影响最大;美国、欧洲现在最缺的就是钱,为吸引资金,他们抛售在中国的房地产,抛售中国的股票,套现以后将资金转回国内,对中国的房地产业和股市冲击很大,中国的"热钱"从7月份开始流出;欧洲经济萧条,直接影响到旅欧的华商华人的生意和生活,导致商店关门,财富缩水,收入下降。

三、发达国家的社会动荡

在美债、欧债和世界金融危机的影响下,发达国家经济陷入困境,政府债台高筑,财政入不敷出,失业率居高不下,就业艰难,人民生活水平下降,对政府普遍不满,在这样的背景下,发达国家出现了多年来少有的社会动荡。

法国、德国、英国的社会骚乱。以青年人为主,社会各方面人员都参与其中的打砸抢烧事件。打人、砸门窗、抢商店、烧汽车,骚乱蔓延到这些国家的很多城市,他们发泄的是对富人、对社会的不满和愤懑。

希腊、西班牙、英国、法国等国的工人罢工。2011年发达国家多次爆发工人罢工运动。希腊人民为反对政府实行财政紧缩计划而多次爆发工人罢工,美丽的雅典成为垃圾场;法国、英国航空业工人罢工,地铁工人罢工,他们反对政府的财政紧缩政策,担心公共福利水平下降,反对公司裁员、减薪。在美国还发生了NBA篮球赛停赛半年以上的事,就是因为球员与老板在分配收益比例上谈不拢,其实就是NBA的球员罢赛。

美国的"占领华尔街"行动。2011年9月,由几个人在网上发帖,提出向华尔街进军,后演变成"占领华尔街"行动。到10月10日,"占领伦敦"、"占领墨尔本"、"占领巴黎"、"占领台北"相继爆发,几乎成为世界性的事件。占领者们以游行、示威、集会、研讨等形式表达对金融寡头的贪婪和政府的监管不力所造成的金融危机,以及由危机所造成的失业率升高、生活水平下降、贫富差距拉大的不满。金融危机是由于金融家们的贪婪,政府疏于监管造成的。危机爆发以后,美国政府拿纳税人的钱救市,而银行家们仍然过着"锦衣美食"的生活,他们的收入几乎毫发未损,而老百姓则深受其害。"占领华尔街"行动就是对此表示抗议。"占领华尔街"行动历时两个多月,波及世界许多大城市,虽然现在已经平息下来了,但是,他对银行家和旧的银行业体制以及政府对银行业的管理体制的冲击是巨大的。

四、美国的战略东移

2011 年,美国在反恐上取得了重大的胜利,其标志是 5 月 2 日,美国出动海豹突击队将国际恐怖主义头目本·拉登击毙在巴基斯坦的秘密住所内。本·拉登死后,国际恐怖组织仍然存在,其活动仍很猖狂。

2011 年,美国从伊拉克全部撤军。美国在伊拉克驻军最多时达 17 万人,最后一批美军于同年圣诞节撤离了伊拉克。美国还宣布将从阿富汗撤军。

在利比亚战争结束后,人们普遍担心叙利亚会成为第二个利比亚,不过到目前为止还没有。因为,叙利亚的反对派也不同意外部势力介入,阿盟吸取了在利比亚问题上的教训,主张在阿盟框架内解决,这就不给西方人留下介入叙利亚的"口实"。西方即使想介入也苦于没有借口。而且,巴沙尔吸取了卡扎菲的教训,他是软硬都吃,软硬兼施,与国内的反对派、与阿盟、与西方周旋,由此,叙利亚成为第二个利比亚的可能性极小。

2011 年年底美国与伊朗关系紧张,似乎箭在弦上。国际上有人认为美伊必有一战。美伊双方都在放狠话,特别是 2012 年元旦前后,伊朗在霍尔木兹海峡到亚丁湾的两千公里的海域举行了为期 10 天的"守卫 90"军事演习。由于种种原因,美伊打口水战有可能,真正动武可能性极小。

美国的注意力已经转向亚洲太平洋地区。2011 年美国提出了 21 世纪是"美国的太平洋世纪"。美国重返亚太,是指其将战略重心从大西洋、中东地区转到亚洲太平洋地区。美国战略重心的变化,必将引发全球性的政治、经济、军事的重新整合和布局。因为美国作为当今世界唯一的超级大国,他的战略重心的变化,其影响必将是全球性的。美国战略东移,其锋芒是针对正在崛起的中国,其突破口选择在南海。因为有几个周边国家如越南、菲律宾等在南海岛屿主权上与中国存在争议。

美国战略东移,会给中国的国际环境、特别是周边环境带来相当大的压力。如日本、印度、澳大利亚等大国,越南、菲律宾等小国都想瞅准这个机会,到南海捞好处,甚至打着经济上从中国捞好处,政治上傍美国捞好处的如意算盘。南海问题在相当长的一个时期内将是中国与美国、日本、印度、越南、菲律宾等国斗智斗勇的"角力场"。

美国战略东移会给我们带来麻烦,但是并不可怕。中国的综合国力不再是 20 世纪五、六十年代的"一穷二白",中国已是世界上第二大经济体;美国也远不是 20 世纪五、六十年代在亚洲的态势,那时他在台湾、越南（金兰湾海军基地）、菲律宾（苏比克空军基地）都有驻军,20 世纪 70 年代后都已撤出,他要重新回来驻军已不大可能;美国即使想遏制我们,我们也可以进行反制。只要我们有足够的勇气和智慧,仍然可以处在主动位置上,仍然可以运用好战略机遇期来发展。

资本主义又一次到了十字路口

2008 年,由美国的次贷危机而引发的金融危机正日益加深。由次贷到美债,再到 2011 年的欧债,不仅严重地影响了以美国为代表的发达国家的经济发展,导致人民生活水平下降,主权信用等级下调,而且拖累了世界经济。2012 年初,在瑞士小镇达沃斯举行的世界经济论坛上,各国政要、企业家、社会精英们从分析这次金融危机的原因入手,对现存的资本主义提出了严厉的批判,甚至有的学者提出"资本主义已经不适应当代社会"。资本主义又一次到了十字路口,面临着理论和制度的再次选择。

资本主义在其发生发展的几百年时间里,发生过多次危机,最严重的危机曾经有过两次。一次是 20 世纪 20 年代末 30 年代初发生的大萧条。那次大萧条不仅使一些国家的经济倒退,人民生活水平急剧下降,而且不久就爆发了第二次世界大战。这两件事,使人们对资本主义制度失去了信心,社会主义成为那时的一种潮流。二战结束的时候,欧洲诞生了近 10 个社会主义国家,在亚洲也诞生了朝鲜、越南北方、中国等社会主义国家,还有些国家将自己也贴上了社会主义的标签,如印度。20 世纪五、六十年代,非洲、拉美中一些从殖民主义统治下解放出来的国家,不问其国家制度的实质怎样,也都纷纷标榜是社会主义国家。资本主义似乎到了穷途末路。

大萧条以后,凯恩斯提出,失业和经济危机的原因,是有效需求不足,国家要干预经济生活,采取扩张的财政政策和用通货膨胀的办法来刺激经济,拉动有效需求,增加就业。根据这一理论,资产阶级的学者们开出了拯救资本主义的药方:一是主张国家干预,来解决资本主义生产由于无政府状态而导致的周期性的经济危机;二是建立福利国家制度,保证人的生存的基本需求以缓和阶级矛盾;三是实行国家资本主义。为了保证前两条的实施,国家对重要部门和行业实行国有化。以美国的罗斯福"新政"为标志,凯恩斯主义成为美国等发达资本主义国家的主流思想,资本主义进行有史以来的最重大的调整。这个调整使资本主义获得了近 30 年的繁荣。凯恩斯主义拯救了资本主义。由于凯恩斯主义实行的是国家资本主义,有点类似社会主义,有人说是"社会主义救了资本主义"。凯恩斯主义在风行了 30 年后,其弊端逐渐显现出来。国家干预中,如果国家发出的指令是错误的,就会酿成失误,造成损失;福利国家的标准越搞越高,一方面滋生了懒汉和二流子,另一方面政府财政负担过重,形成财政赤字;国有化形成了垄断,失去竞争力,缺乏效率和效益,形成亏损,这又加重了政府财政负担。这两个方面的问题到 20 世纪 80 年初集中表现为"滞胀",即资本主义国家的经济发展停滞,通货膨胀,与高失业率同时存在。那时把"滞胀"称之为"资本主义的不治之症"——"癌症"。资本主义又一次面临着生死抉择。

以弗里德曼为代表的新自由主义起来批判凯恩斯主义。他们把"滞胀"的原因归结为凯恩斯主义,并为资本主义开出药方:一是取消政府干预,认为政府对经济的干预越少越好,任经济自由发展;二是实行私有化改造,将原有国有化的部门、行业、企业等,通过出售方式改造成私人企业,使企业具有效率和活力。20 世纪 80 年代,新自由主义取代了凯恩斯主义,这以英国首相撒切尔夫人、美国总统里根的私有化改革为标志。新自由主义的确消除了"资本主义的不治之症"——"滞胀",使资本主义又一次起死回生,又获得了 20 年的发展。然而好景不长,2008 年的金融危机,美国、欧洲等资本主义国家的发展进程再次中断了。

美国的次贷危机导致了银行的信用危机,当美国等国家拿出钱来救银行时,忽然发现政府债台高筑,便发生了政府的债务危机,导致国家主权信用等级下调。而造成这次金融危机的原因很多,但主要是政府对经济过分放松,疏于监管,发达的资本主义国家由于科技发达,金融衍生品泛滥成灾,金融寡头们浑水摸鱼,从中渔利;高福利超出了经济发展水平,超出了政府财政的承受程度,政府靠举债维持高福利制度,日积月累,政府终于拿不出钱来了;虚拟经济虚火过旺,实体经济没有受到应有的重视,当经济泡沫破灭以后,原来最发达、最富有的国家似乎一夜之间成了世界上最大的债务国。解决债务危机的办法一是开源,增加税收;二是节流,削减政府开支;三是增发货币,货币贬值。增加税收遭到富人的抵制,而且不利于投资和扩大就业;削减政府开支遭到普通民众的反对,普通民众习惯了高福利的舒适生活,担心削减政府开支以后会使生活水平下降,他们走上街头,举行大规模的游行示威活动,反对政府削减财政预算;增发货币导致货币贬值,通货膨胀,这无异于饮鸩止渴,资本主义又一次走到了十字路口。如何解决债务问题? 如何增加就业? 如何解决国家福利制度下的贫富两极分化? 政府在经济活动中到底应当充当什么样的角色? 这些都是资本主义国家目前需要解决的十分紧迫的问题,而资本主义现存的体制难以解决这些问题,解决这些问题必将是资本主义的再次调整。

一、政府角色

通俗地说是大政府还是小政府。新自由主义认为,政府越小越好,政府对经济的干预越少越好。这种理论也曾经被介绍到中国来。从撒切尔夫人、里根总统的私有化改革以来,美国等西方国家大都采用了新自由主义理论,政府不再或很少干预经济活动,实际上是对经济采取了放任自流的态度。特别是疏于对房地产业、金融业的监管。2008 年以前,美国人只要凭一张身份证就可以到银行去办理按揭贷款手续购房,而一些失业者、低收入者由于没有稳定的收入来源,到期还不了按揭贷款,这样的人多了,时间长了,就产生了次贷危机,导致银行倒闭。美国依靠其高科技,搞金融创新,大肆发展金融衍生品,这方面的品种数不胜数,政府不闻不问,产生金融泡沫,泡沫破灭以后,银行倒闭,钱进了金融家个人的腰包,政府还要拿借债的钱救银行,这引起了美国民众的极大不满。这次金融危机的教训之一就是在市场经济制度下,政府既不能越位,什么事情都管,也不能缺位。政府的角色责任是:一是制定经济和社会发展的目标、规划、方针、政策、实施宏观指导;二是政府要灵活地采用政策,主要依靠财政政策和货币政策刺激经济,利用行政手段制定产业政策和市场准入(审批)政策,采用由国家制定法律,政府制定法规等对经济实行宏观调控,使经济活动有章可循;三是监管,以保证经济活动合目的性、合法有序地进行,防止经济活动违法违规无序进行;四是主持公平正义。政府的这四种职能,对于搞市场经济的国家来说都是需要的。因此,政府不在于大小,而在于是否能担当和胜任这四个方面的职能。新自由主义理论片面强调市场的自发作用而否认政府的调控作用,是造成这次金融危机的主要原因之一。

二、实体经济是创造社会物质财富的主体

20 世纪 90 年代以来,美国的金融业急剧发展,并且日益脱离实体经济。金融业玩起了"钱生钱"的游戏,股票、债券、期货、对冲基金等各种理财产品,名目繁多。世界各国的 GDP 总值大约在 40 万亿美元以上一点,全世界的股票和债券贸易超过 600 万亿美元。它是商品和服务贸易的 10 倍,是 GDP 的 15 倍。金融业依托网络和电脑等高科技手段横行无忌,因此,有人称美国为金融资本主义。金融业的蓬勃发展和它所造成的繁荣使美国人陶醉在虚拟经济的凯歌声中,而忽视实体经济。虚拟经济脱离了实体经济后,就完全变成了"虚有",极容易产生经济泡沫、金融泡沫,泡沫一旦破灭,灾难也就随之而来了。

美国人忽视了实体经济是创造社会物质财富的主体,导致物质生产不足,如果美国的物质消费是100%的话,实体生产只有95%~98%,其间的2~5个百分点所形成的是贸易逆差。巨额的财政赤字,多年来的贸易逆差的积累是形成美债的主要原因。美国和欧洲这些发达的资本主义国家,科技发达、金融业发达,把许多手工操作的活转移到新兴市场国家和发展中国家,如中国、印度、巴西等。而他们则热衷于搞靠脑袋赚钱的活。中国、印度、巴西等国干体力活(制造业),创造了实实在在的社会物质财富却没有赚到多少钱,而美国等发达的资本主义国家很少干体力活,没有创造多少物质财富却赚了钱。这些钱赚得容易,缩水也很快。比如美国的一家银行股票最高时每股近100美元,这家银行倒闭了,股票很快跌破了面值,即每股不到1美元。痛定思痛,美国人也认识到了要立足于发展实体经济。美国总统奥巴马在讲话中就明确提出了这一点,并且鼓励各国的资本到美国去办实体经济。因此,从2011年下半年来开始,国际资本又开始流向美国。从立足于金融业等虚拟经济转向立足于发展实体经济,这必将引起美国等发达资本主义国家经济结构和产业结构的变化。

三、福利要有度

二战以后,发达资本主义国家尤其是北欧,为了缓和阶级矛盾,纷纷建立起了福利国家制度。资本主义虽然在上个世纪七、八十年代进行调整,由新自由主义替代凯恩斯主义,但是福利国家一直没有变。资本主义搞的是多党制,为了争取选票能上台执政,各政党在竞选时往往向选民许诺执政后如何提高公共福利待遇,所以福利国家的标准越搞越高。从摇篮到坟墓,人一生下来就能享受福利制度,上学、就医不要花钱,可带薪休假,退休以后有丰厚的养老金,希腊的养老金是退休前工资的95.7%。即使死了,其家庭仍能得到一笔抚恤金。在德国,人均年休假达113天,领救济金者买"伟哥"也可以报销;在瑞典,社会福利占GDP的38.2%,老婆生孩子老公也可以休9个月的"产假";在法国,从娘胎里到死亡有400多种福利;在英国,有300万个家庭没有一个人工作,全靠领救济金过日子。这样的制度是美好的,也是令人向往的,但是,这样的制度设计是有缺陷的。因为这种美好的制度是需要强大的经济实力支撑的。可以这样说,美国、欧洲这些国家早在七八年前,五六年前就没有实力支撑高福利了,靠发国债、多发票子、借钱,向人民借钱、向国外借钱、向未来借钱来维持,他们生活在幻觉中,享受着超过其实际承受能力的生活,自我感觉却很好。当这些手段都用得差不多了，没有办法再撑下去了，危机就爆发了。美国、欧洲各国政府不得不削减财政支出，下调社会福利标准。这肯定会影响到社会中下层人群的生活水平，这也是希腊等国家民众举行大规模游行示威活动，反对政府财政紧缩计划的主要动因。福利国家是当代资本主义的一项重要政策，是资本主义社会稳定和安身立命的基础，取消不得，也取消不了。一旦取消了这项制度，资本主义社会就会"天下大乱"，阶级斗争和无产阶级革命就不可避免，至少执政者必须下台。高福利又无经济实力来维系，怎么办？只能降低标准，把公共福利定在一个公众能够接受，政府财政又能支付的位置上。总体来说，社会福利要保证社会成员有饭吃、生病能就医、有学上，失业者领到救济金，能维持简单的生活，养老金使退休的人能过上体面的、有尊严的生活。失业救济金提高了，就不想找工作上班了，退休金提得太高，甚至超过在职的，无论对于在职人员还是政府都是沉重的负担。总之，不搞福利国家，资本主义社会难以生存下去；搞高福利政府又难以维持下去，必须在这两难中找到一个平衡点。这个平衡点，实际上就是福利要有度。

四、保障就业

美国和欧洲都存在着失业率居高不下的问题。每次经济危机，都会产生大批的失业人员。问题在于这次危机爆发前就存在大量的失业人员了，危机更加大了失业人员的队伍。高失业率如同高负债一样是美国、欧洲面临的头痛的问题。美国前财长萨默斯说："即使是在经济复苏后，六分之一的 25～54 岁的美国男性可能失业。"产生高失业率既有科技进步的因素，自动化、电脑机器一体化，把大量的手工劳动者挤出了工作岗位；也有实体经济少了的原因，实体经济能吸收和容纳较多的劳动力；还有观念形态的问题，发达国家苦脏累的活，如建筑、修路、服务性行业（餐饮、旅馆）有就业岗位但没人愿意干，而是由华人、印度人、巴基斯坦人、印尼人、菲律宾人、马来西亚人或者非洲、拉美国家的人去干。因此，美国、欧洲在降低高失业率、保障就业方面有许多事要做。一是要发展实体经济，创造新的就业岗位；二是迅速发展劳动密集型产业，以便吸纳更多的人就业；三是要倡导吃苦耐劳、勤奋工作的精神，转变失业者的就业观念。在这方面，中国人，特别是中国农民工的就业观念和工作精神堪称是一面旗帜。无论是在国内还是在国外，他们干着苦脏累的活，只要能按时拿到一份工资，他们绝无怨言。这在美国人和欧洲人看来是不可思议的。"安居乐业"是每个人生存和发展的基础条件。失业了无事做，就会无事生非。失业的人多了,无事生非的多了,社会就会不稳定。失业问题,不仅仅是经济问题,也是政治和社会问题。中国政府提出"就业是民生之本"是有道理的。美国和欧洲也看到了保障就业的重要性,问题是他们到现在还没有找到解决问题的有效办法。

五、金融监管

20世纪90年代以来,美国的金融业获得了突飞猛进的发展。在发展的过程中,美国的金融出现了急速的"变异",金融业不再是从投资实业中获益,而是玩起了"钱生钱"的交易,即各种金融产品之间的交易。华尔街把全球的资金吸引到美国。美国的财政是巨额的赤字,但是,美国的资本项目收支是黑字,华尔街成为全球最大的"赌场",正是这个"赌场"吸引的资金支撑了美国财政开支和消费。这样,不是华盛顿管理华尔街,而是华尔街挟持了华盛顿。比如,美国曾经想设立金融产品交易税,结果在金融家们纷纷的反对声中作罢。金融产品交易竟然不交税,这在全世界都属怪事。然而,怪事不怪,美国政府要靠借银行的钱过日子。正因为政府不管金融业,金融业如没有缰绳的野马,恣意妄为,终于随着"雷曼兄弟"的倒塌也轰然倒下了。随着一家家银行倒闭,美国政府拿出上百亿、上千亿的美元去救助银行。银行和美国政府的这种关系给人的印象是"我死了,你也活不了;你要想活,你必须救活我"。因此,有人称美国为"金融资本主义"还是贴切的。

这场危机是金融业引发的,它给人们的教训是深刻的。现在美国政府包括世界各国的政要们、精英们都在讨论对金融业如何监管。一是政府制定货币政策。货币政策的制定权要掌握在政府手里,不能由金融家们说了算。货币政策是政府实行宏观调控的最主要的手段之一,如果掌握在金融家们手中,只会制定出有利于他们的政策,而不可能制定出有利于社会公众的政策。二是要尽可能地恢复和实行金本位制,即单位面值的货币与黄金挂钩,以遏制政府、银行滥发货币。由于美元的特殊地位,且不与黄金挂钩,自危机爆发以来,美国政府增发的美元已近万亿计,其实质是把危机转嫁给美国公众和全世界。三是对金融业实行严格的控制和管理,以防止金融危机再次发生。四是政府要搞好财政收支平衡,缩减财政赤字,做到政府不向银行借钱,这样,金融业就不能挟持政府,政府也才能没有顾忌地对金融业实行监管。

六、社会公平

资本主义是在自由、平等、公平、正义、民主、博爱等口号下发展起来的。普选制、福利制度为民主和公平提供了基本的制度保证。资产阶级认为有了这两项制度,资本主义就不存在不公平问题了。但是,在金融资本急剧扩张的条件下,"钱生钱"的交易可能使人在一笔交易中就能获得上亿元的财富,财富像滚雪球般地膨胀,而在实体经济中从事生产和服务的普通人终其一生,也不可能获得如此多的财富。因此,在金融资本主义下,富人越来越富,穷人越来越穷,贫富分化愈演愈烈。美国发生的"占领华尔街"行动,无论是其发展的速度、规模,还是其波及的范围(几乎所有发达国家的大城市都有类似的行动)都是罕见的。"占领华尔街"行动中人们所发泄的是对金融家的贪婪、政府助纣为虐、贫富两极分化的不满。这件事引起了奥巴马总统的高度关注,奥巴马说:"在那些推动我们的经济走向成功的人当中,越来越少的人能从这种成功中获益。站在峰顶的富人变得越来越富,而太多的家庭积累了越来越多的债务。"

贫富两极分化表明的是经济的极不公平。这种不公平具体表现为:由于社会不均等造成的就业者与失业者的不公平;由于金融业与实体经济脱离形成的行业间的收入分配的不公平;由于现实拥有财富的多寡是不一样的,"马太效应"所决定的穷的越来越穷(有资料显示美国有4700万人生活在贫困线以下),富的越来越富(财富向占人口1%的人集中)所导致的不公平。财富分配不公平的问题凸显在美国、欧洲执政者的面前。解决财富分配不公平的问题不是市场所能解决的。目前出现这种情况还是市场自发力量和政府不管的结果。维护社会的公平正义这是政府的责任,而最核心的问题是政府要主持好财富的第二次分配。社会财富第一次分配是由效率决定的,社会公平要由政府举持的财富第二次分配来实现,即在个人收入调节税上向富人征收高额累进税。比如说由现在的30%上调到70%(美国历史上曾经有过),将多征的税收用来帮助穷人,这样就可以缓解贫富两极分化。再就是对金融业的交易建立法规制度,比如规定交易时间,每笔交易的最高限额,缩小一天交易中的涨跌幅度等,防止和尽可能地避免由于投机而造成一日成为亿万富翁,或一日变得一贫如洗的情况。

世界经济论坛主席施瓦布说:"资本主义制度不再适合世界。"日本学者寺岛实郎称"美式金融资本主义病入膏肓"。在达沃斯论坛上,有人提出,资本主义还有三四年的时间,如果这三四年不抓紧改革,就没有机会了。也有人说,马克思说资产阶级在其发展中造就了自己的掘墓人——无产阶级,现在看来可能是他们自己。在如此深刻的危机中,出现悲观的情绪和论调是可以理解的。资本主义是否到了无药可医的地步,现在看来还没有到这一地步。新自由主义破产了,又不可能回到凯恩斯主义去,更不可能回到19世纪去。资本主义又走到了十字路口。马克思说,当一种生产关系在它所能容纳的全部生产力没有充分发挥出来之前是不会退出历史舞台的。危机并没有爆发革命,表明资本主义还能存活下去。"穷则变,变则通",穷途末路不等于走向绝路,十字路口不等于没有出路,而是面临着重新选择走哪一条路。这一新的道路的选择,必然是资本主义的又一次调整——转型。

突围"中国威胁论"

20世纪90年代，美国海军在一次电脑模拟21世纪的一场战争中被中国打败，引起了美国朝野及其公众的极大震惊，从此，在美国、在世界上又多了一种声音即"中国威胁论"。

美国原版的"中国威胁轮"，更多的是强调中国的迅速崛起威胁到美国的地位，美国存在着被威胁的可能性，而不是中国主动威胁美国。但是，此论一出，立即就被夸大了。一些国家，特别是中国周边的日本、印度、越南、菲律宾等国认为中国强大了，必然会威胁他们，以至于我们搞一次例行的军事演习、改造了一艘用于教学的航空母舰，特别是2011年中国的GDP超过日本，位居世界第二，"中国威胁论"的声浪一浪高过一浪。尽管中国政府做过多次解释，阐明中国坚持走和平发展道路，中国现在还处在社会主义初级阶段，属于发展中国家，即使今后强大了，中国永远不称霸，不会威胁任何国家；中国是世界和平力量，中国的强大是世界和平力量的增强，有利于维护世界的和平与稳定。尽管我们说得口干舌燥，几乎磨破嘴皮，但"中国威胁论"仍然甚嚣尘上。

自从有了"中国威胁论"，我们在很多方面的手脚被捆住了。为了不被或者怕被别人拿"中国威胁论"说事，在南海问题上，岛屿让人家非法侵占了，石油让人家采了，吃亏的是我们。再就是军队和国防建设。我们计划建设空间站，我们还有"登月计划"，这都是花钱的祖宗，而我国辽阔的海疆，尤其是南海需要强大的海空军去巡逻，去保卫，可是我们的海军、空军实力，同美国等发达国家相比，差距还很大。解放军的高级官员对美国人讲，同美国比，我们落后了二三十年。印度这样的国家，人口快和我们接近了，GDP只有我们的1/6，却拥有三艘航空母舰，泰国也有两艘。而作为二战中的战败国日本，其"宪法"还规定是"专守防卫"，目的是遏制日本军国主义复活，日本现有的海空力量在亚洲却是无人与之并肩的。而我们呢？海空力量与国土、海疆相比，与中国今日之大国地位相比，是很不相称的。这不是钱的问题，中国现在很有钱，也不是技术和材料的问题，我们都准备建空间站、登月了。恐怕主要的问题是出在思想观念上，不造航空母舰，都说"中国威胁论"了，如果造了几艘航空母舰不是更加让人抓住把柄，更加说"中国威胁论"了吗？

突围"中国威胁论"，是说我们不要把别人套在我们头上的"紧箍咒"自己戴在头上不愿丢弃,要冲破"中国威胁论"的束缚,从维护世界和平,维护中国的核心利益这两个大局出发。我们该讲什么讲什么,该干什么干什么,别人的嘴是封不住的,我们讲的话,别人也是听不进去的,我们不要作茧自缚。消除"中国威胁论"最好的办法是:当我们强大到足以"威胁"别人的时候,而我们并不威胁任何人,世人才会相信中国是真正高举和平发展合作的伟大旗帜,那时,"中国威胁论"才会销声匿迹。

突围"中国威胁论",我们现在该做什么呢?

一、加强沟通

在国内,我们经常讲的两句话是"韬光养晦"、"有所作为"。由于语言上的误差,美国人对这两句话做了别样的理解,他们把"韬光养晦"理解为中国是要收敛锋芒,不要太外露,目的是要掩藏实力,等待时机;"有所作为",他们认为中国会有意外的举动。由于做了这样的理解,他们认为中国存在着危险的霸权心态,这样一来自然给美国人拉响了警笛。其实,"韬光养晦"和"有所作为",其本意是集中精力,集中力量把国内的事情办好,我们不去当世界的头,不去当世界的领袖,也不会谋求霸权。把国内的事情办好了,我们不仅对中国人民,也对世界人民做出了更大的贡献。多么好的善意,尽被美国人理解偏了。要与美国人消除歧见,就要加强沟通,完整准确地表达我们的政策意图。

二、加强教育

加强教育主要是指党和政府要加强对人民的教育。"中国威胁论"只是一种论调,为什么有那么多人相信呢?纵观世界历史,任何一个大国的兴起,总是打破了原来的平衡,必然要引发战争。难道中国会例外吗?这是最主要的原因,是从历史和逻辑的角度推导出的。中国传统文化是儒家思想:坚持谦让,和顺,与人为善,上善若水,厚德载物,是反对穷兵黩武的。中国的社会主义制度和"和谐社会"理论本质上是反侵略、反霸权的。因此,我们即使再强大,也不会威胁别人。中国应当是个例外!但是在现实中,有这样几件事情使别人感到威胁的存在:一是大量地进口原材料和能源,造成世界上大宗商品以及运输价格的上涨,大量地出口生活日用品、电器产品,造成这方面价格的下跌,这些让世界感到中国经济的发展存在着现实的威胁。二是中国的一些地方官员在提出奋斗目标时,喜欢争世界500强,甚至争"世界第一",表现出浓厚的吉尼斯情结,这又容易触动美国人敏感的神经。三是一些出国出境的中国人,尤其是一些大老板们到国外去,大把地花钱,住高级宾馆,出入商场、夜总会,购买大量的高档物品,包括奢侈品,一副阔佬的架势。有人评论,在经营世界顶级奢侈品的美国第五大道和法国香榭丽舍大街,有一种说法"世界不是圆的,也不是平地,而是属于中国人民的"。现在外国人看中国人就像改革开放之初中国人看外国人一般。在金融危机中,西方经济低迷,失业率高,负债高,外国人看到中国人大把地花钱除了羡慕外,更担心哪一天中国人会把他们的商品买光。四是每当中国受到美国、周边小国的不公正对待时,政府比较低调,但国人情绪激昂,容易激动和冲动,极少数民众表现出狭隘民族主义的情绪,而国人的这种情绪常常又被记者们放大了传输到西方。这些也都或多或少、或轻或重为"中国威胁论"提供了佐证。党和政府要教育人民,我们和世界联系在一起,世界离不开中国,中国也离不开世界,盲目的排外情绪只能使自己陷入孤立;我们还处在社会主义初级阶段,是创业的阶段,不切实际的高目标,肆意地搞高消费,不符合现阶段中国的国情;我们曾经受人欺负,被人看不起,虽然现在发展了,日子好过点了,但是谦虚、谦和、艰苦奋斗的民族精神和传统不能丢,狭隘的民族心理必须铲除。

三、加快发展

发展是执政兴国的第一要务。在国际事务中,发展也是第一位的事情。当今世界,仍然是一个讲实力的世界。美国能在世界到处插手,就是因为综合实力第一。中国作为世界和平的力量,要在世界上发挥更大的作用,还必须依赖实力的增强。我们不仅要加快发展经济实力,做大做强,还要发展文化实力,让中国文化随着中国商品的出口传遍世界各地,让世界更好地了解中国。我们更要加快发展军事和国防。清朝晚期,由于废弃军事和国防,中国蒙受了一百多年的战败求和,割地赔款的耻辱,用赔款的总额来建设一支世界一流装备的军队和国防是绰绰有余的(由于清政治的腐败即使有这支军队也难逃失败的命运)。这个教训要永远铭记。改革开放的头20多年,军队服从两个大局,经济发展了,军事力量和国防建设却严重滞后。前苏联解体以后,世界进入了一轮军备竞赛,进入新世纪以后,世界又进入到新一轮的军备竞赛,主要以武器装备的更新,升级换代为标志。在这样的形势下,加上我们现在有比较雄厚的财政资源,必须十分重视军队和国防建设。要加大这方面的财政投入,加大这方面的科技力量,才能加快军队和国防建设的步伐。在军队建设上尤其要加强海军和空军建设,加强电子战信息战建设。把军队和国防建设搞上去,不是为了侵略别人,也不是炫耀武力,更不是主张用武力解决问题,而是为了能有效地保卫国家的领土和主权,能从容地应对来自超级大国和周边国家对我国的压力,同时也是提醒那些企图对我国"玩火"的国家还是小心些好。

"人不犯我,我不犯人,人若犯我,我必犯人",这话还是可以讲的。我不威胁人,人也不要威胁我,人若威胁到我国的核心利益,中国人也不是好欺负的,对那些威胁到中国核心利益却又在高叫"中国威胁论"者,做这番警告是必要的。

要打破"受制于人"的局面

美国在取得了阿富汗战争、伊拉克战争的胜利后,把全球战略重心东移,即他们所说的重返亚太。美国总统奥巴马在演讲中多次提到21世纪是美国的太平洋世纪。美国重返亚太的战略,矛头是指向中国,突破口则选择在南海。

美国把战略突破口选在南海,是因为南海周边的几个国家非法侵占了南海的岛礁,并宣称对所占岛礁享有主权,挑战中国自古以来对南海拥有的主权。也正是因为美国插手南海问题,越南、菲律宾等国自认为有美国撑腰,才敢与中国相抗衡。

南海是重要的海上通道,海洋资源丰富,周边国家对南海岛礁垂涎已久。为了加大与中国抗衡的筹码,越南拉上美国、日本、印度、俄罗斯等大国,菲律宾拉上美国、日本等在南海搞军事演习,发表联合声明,声称南海关系到他们的利益。南海风云诡谲,这只是美国重返亚太的一步棋。美国利用越南、菲律宾等作为其重返亚太的马前卒,而越南、菲律宾则是在政治和安全上傍美国的大腿,在经济上则想从中国强劲的经济发展中捞好处。可以预见的是,随着美国重返亚太的战略实施,中美之间、中国与周边国家之间的矛盾和摩擦会日益显现。

如何应对新的国际局势和周边环境,是受制于美国、越南、菲律宾,任由他们狮子大开口,兴风作浪,还是反制他们,取得主动权,中国人需要足够的勇气和智慧。

一、我们要高举和平发展合作的旗帜

坚持南海问题"主权在我","搁置争议,共同开发"的既定方针;坚持南海争议通过政治的、外交的双边谈判来解决,尽量避免把南海问题多边化、地区化、国际化,尽量避免用军事手段解决问题。因为一个和平的国际环境和周边环境有利于实现国家的战略目标——实现社会主义现代化。

二、积极慎重地处理好中美关系

中美关系是我国最重要的双边关系。美国是当今世界唯一的超级大国,中国是最大的发展中国家。中美在经济上可以互补,在反恐、打击国际犯罪问题上,在伊核、朝核等问题上都有共同的利益。但是中美在社会制度、意识形态、价值观念不同,在民主自由、人权等问题上的理解不同,在台湾问题上是绕不过的"坎"。特别是他的战略东移主要是针对中国的,中美之间的矛盾和摩擦是不可避免的。在处理中美关系上,要加强交流,发展合作,增强彼此间的信任。在原则问题上,如涉及主权和国家核心利益则要站稳立场,敢于斗争,敢于胜利,不能一味地由着美国人"玩"。要守住两条底线:一是国家的主权和核心利益必须坚守,不能受损害;二是与美国的斗争是维持在中美关系框架内的斗争,斗而不破,中美不搞对抗。

三、对周边国家区别情况分别对待

对周边国家总体上仍本着"与邻为善,与邻为伴"的睦邻友好政策。积极参加和推动周边地区国家的发展和合作。对于与我国比较友善的国家,如新加坡、马来西亚、印尼、泰国、老挝、缅甸、柬埔寨等一如既往地友好下去。对于越南、菲律宾我们要识破他们在政治和安全上投靠美国,在经济上又想从中国捞好处的两面嘴脸,在经济上绝不能让他们如愿以偿。一是减少去越南、菲律宾旅游的人数;二是减少对他们急需的紧缺产品的出口,减少从他们国家的进口;三是减少对他们的投资和援助;四是减少或冻结与他们的官方交流。而对于那些和我们比较友善的邻国则可以增加相互间旅游、进出口贸易、投资和援助。这样做的目的,说穿了就是给越南、菲律宾"颜色"看看。如果他们胆敢"玩火",就陪他们"玩玩"。当年的对越自卫作战我们不是打赢了嘛。如果他们要在南海打一仗,用军事手段收回被他们占领的岛礁是没有办法的"办法"。我们应当做好这方面的准备。

四、对于那些想插手南海问题的国家要多做说服工作

南海自古以来就是中国的,这在 20 世纪 70 年代以前就被世界公认。20世纪 70 年代以后,南海周边的少数几个国家占了些岛礁并钻探石油,这只牵涉到中国与少数几个国家之间的矛盾,对世界的影响不大。

最近两三年,南海成了"唐僧肉",周边几个国家把岛礁占了并想合法化,离南海较远的几个国家也把手伸向了南海。领头的是美国,紧跟着的有日本、印度、俄罗斯,都想与越南、菲律宾搞联合军事演习,其实质是想插手南海问题,把自己的影响扩大到南海。对这些在地理上与南海不沾边的国家,要多做

沟通工作,使其明白插手南海必将损害与中国的关系,应当以发展与中国的友好关系这个大局为重,及早放弃插手南海的企图。中国作为安理会常任理事国,作为当今世界第二大经济体,作为亚太地区的大国,说话应该是有分量的,只要说服的功夫到家了,是应该起作用的。

五、励精图治,加快发展

当今世界仍然是个讲实力的世界。美国尽管形象不太好,但世界上许多事情还是他说了算。中国虽然有较好的国际形象,但世界上的许多事情中国说了不算,原因就是中国的经济、科技、军事实力都远不如美国。打破美国重返亚太的战略企图,取得外交上的主动权,最根本的还是把国内的事情办好。在科学发展观指导下,"一心一意谋发展,聚精会神搞建设",大力发展经济、科技、军事,增强综合国力,哪一天我们能赶上或超过美国了,我们就再也不会"受制于人"了。

人善人欺

"善有善报，恶有恶报"，这符合因果报应说，似乎也是人之常理。然而，"人善人欺，马善人骑"，在现实生活中，特别是在国际事务中，也是较为普遍的现象。中国政府在国际事务中本着诚信和善意处理国际关系，结果得到的是以怨报德。"人善人欺"的现象，略举几例：

一、中美关系

改革开放以来，中国政府在中美关系中坚持"增进了解，加强合作，减少麻烦，不搞对抗"的原则，竭力与美国搞好关系。美国又对我们怎么样呢？联合西方国家对华制裁；炸我国驻南联盟大使馆；在南海撞毁我军飞机，在人权问题上对我国指手画脚，说三道四等。自 2008 年全球金融危机以来，中国政府从负责任大国的立场出发，在已经购买了美国近万亿美元国债的基础上和美元不断贬值的情况下，不仅没有趁火打劫赎回国债，反而继续购买美国的国债，到现在持有美国国债的规模还保持在 1 万多亿美元，成为美国最大的债权国。如果我们将美国到期国债全额赎回，对已经深陷泥潭之中的美国经济无疑是雪上加霜。我们没有落井下石，而是蒙受着由于美元贬值造成的巨大经济损失，帮助美国走出金融困境。这份善心是路人皆知的，美国更应该是心知肚明，这理应受到美国政府的感激。美国政府是怎么回应的呢？一是通过了64 亿美元的对台军售案；二是美国参议院通过了旨在逼迫人民币升值的《2011年货币汇率监督改革法案》；三是在南海问题或策划于幕后，或推波助澜于台前。说什么南海问题关系到美国的核心利益。这完全是风马牛不相及的事情，这些都严重地损害了中国的核心利益，严重地损害了中国人民的感情。

在与周边国家关系中，中国政府一贯奉行与邻为善，与邻为伴，做好兄弟、好伙伴、好邻居的睦邻友好政策。我们有些邻居的表现又是怎样的呢？

二、中日关系

近代，日本多次发动对华战争。中日甲午战争中，北洋水师覆没，清政府被迫签订《马关条约》，除了割地、开埠、在内地设厂外，赔偿军费两万万两白银。《马关条约》为日本资本主义的迅速发展提供了强大的动力。第二次世界大战中,日本发动了全面的侵华战争,给中国人民造成了深重的灾难。日本的侵华战争造成了中国军民3500万人以上的伤亡,直接经济损失超过1000亿美元,间接经济损失5000亿美元。日本战败了,理应赔款,无论是国民政府还是中华人民共和国政府都主动放弃了对日本侵华战争赔偿的要求。这是何等的胸怀和民族精神! 在世界史上也是绝无仅有的! 我们希望中日两国世世代代地友好下去! 而日本对中国是什么态度呢? 一是对战争"不认错,不谢罪,不赔偿";二是紧跟着美国的脚步给中国制造麻烦和障碍,如和美国一起搞什么地区导弹防御体系,特别是现在,当去年中国的经济总量超过日本时,日本起劲地鼓吹"中国威胁论";三是在东海划界,在钓鱼岛的问题上公开与中国叫板;四是与美国、菲律宾联手,企图把南海的水搅得更浑。

三、中越关系

中越同属社会主义国家。在越南抗法斗争、抗美斗争和越南统一战争中,中越两国曾是"同志加兄弟"。"中国辽阔的土地是越南人民的可靠后方。"正因如此,越南赶走了法国和美国侵略者,实现了国家的统一。按理说,这种友谊是比天高,似海深的。结果呢? 应了丘吉尔的那句话"没有永恒的友谊,只有利益是永恒的"。20世纪70年代,越南统一后不久,中越边境就干了一仗。当领教了中国人民解放军的厉害以后,陆地上的事情平息了,他们又把手伸到了南海。当中国人民支援他反击美国侵略战争时,中国收复西沙,把南越军队赶了出去,北越政府发表社论,表示祝贺,并称南海诸岛为中国所有。当越南统一以后,他们把前面说的话都推翻了,把南沙群岛说成是越南的,到现在为止,已经占领了21个岛屿,并以这些岛屿与外国石油公司联合开采石油,使越南由原来主要依靠进口石油发展到现在输出石油。在南海问题上,越南是挑头闹事的。他居然拉上美国、印度在南海搞军事演习,其矛头无疑是指向中国的。最近,中越两国签订了《关于指导解决海上问题基本原则协议》,对南海问题本着两国通过外交谈判解决。墨迹未干,越日两国副防长又提出,南海问题要由国际社会共同解决,如此出尔反尔,耍两面派。

四、中菲关系

中国与菲律宾没有陆地边界,南海把中菲两国连在一起。中国政府在南海问题上的基本立场和原则是"主权在我","搁置争议,共同开发"。这已经是十分开明和宽容的了。20世纪70年代以前,南海称为南中国海。地图上所标明的9段线,环南海各国一直没有异议,菲律宾也没有异议。20世纪70年代以后,由于资源和能源紧张,菲律宾、越南开始染指南海。菲律宾在南沙群岛上侵占了8个岛屿,开采石油,而且拉上美国在南海搞军演。更有甚者,菲律宾总统在访华后不久,跑到日本去,与日本首相发表了一个联合公报,称日菲在南海有共同利益。南海问题,本来是中国与有争议的当事国之间的事情,属于中越、中菲之间的双边关系。菲律宾、越南企图把南海问题扩大化,要把南海问题拿到东盟会议上讨论,使南海问题多边化、区域化,以形成东盟几国联手与中国交涉;拉上美国、日本、印度使南海问题国际化,使问题更加复杂,其目的是向中国施压。当中越达成《关于指导解决海上问题基本原则协议》时,菲律宾加以指责,就更是毫无道理了。

"人穷被人欺","落后了就要挨打"。我们挨的打太多了,可以说是伤痕累累。现在我们强大了,由于诚信和善良还要受人欺,心里的滋味是屈辱和愤懑! 62年前,毛泽东主席向全世界庄严宣告:中国人民从此站起来了! 现在看来,仅仅是站起来还不够,因为那时我们一穷二白。经过62年的努力奋斗,我国总体上已进入小康社会,作为世界上最具活力、最具后劲的第二大经济体,我们要继续高举和平发展合作的旗帜,既要以诚信和善心待人,也要挺直腰杆,挺起胸膛,昂起头颅做人,既要韬光养晦,加快发展,也要坚持原则,有所作为。警惕和预防《农夫与蛇》的寓言一演再演。

中国人民是友善的,但也是不可欺负的。中国政府应当明白:民心可用,民意不可违。

公理何在?!

北京时间 2011 年 3 月 20 日凌晨,法英美等国对利比亚的军事目标实施了军事打击,这是十分恶劣的事件。

一、自 2 月下旬以来,利比亚境内发生了骚乱,进而演变成内战,这属于一国主权范围内的事。联合国安理会督促交战双方停火,和平解决争端以避免发生人道主义危机,这是正确的。但是,安理会又通过了法英美等国在利比亚设立禁飞区的决议,有几个大国对决议持有异议,但又不愿与法英美等国闹僵,投了弃权票,做了妥协。联合国宪章的精神就在于国家不分大小,一律平等;国家的主权和领土完整必须得到尊重;不干涉他国内政。在利比亚设立禁飞区的决议得以通过,严重践踏了联合国宪章的精神,同时也表明联合国安理会被大国所控制,让人失望,令人寒心。

二、所谓禁飞区就是在特定区域内不允许利比亚空军升空,防止利比亚空军误伤平民百姓,一旦升空便予以击落。法英美对利比亚的空袭,是在利比亚空军没有升空的情况下对利比亚 20 多处军事设施实施打击,尤其是对围攻班加西政府军的坦克、装甲车、民用车辆进行打击,超出了安理会的授权范围。而且第一轮打击已经造成 200 名左右的平民伤亡,这也与安理会决议背道而驰。

三、利比亚政府发表声明表示愿意遵守安理会决议,实行停火。事实上交战双方并没有停火,到底是政府军还是反政府军违背安理会决议? 利比亚政府提出希望联合国派人员调查和监督。照理应听听双方的意见,弄清事实再做决定。而法英美等国迫不及待地对利比亚开战,在实施第一、二轮空袭后,利比亚政府军已下达停火命令,联军却置若罔闻,飞机、军舰继续向利比亚方向集结,显然,打是他们的真实意图,其余不过是幌子而已。

四、西方历来视卡扎菲为"夙敌",必欲置其死地而后快。这次利比亚发生战乱,正是西方出手的好机会。当政府军声称很快就能攻下反政府军总部所在地班加西时,法英美立即出手,攻击政府军的军事设施。导弹、炸弹落在政府军和平民的身上,阻止了政府军对班加西的进攻,使反政府军得以喘息,并在法英美等国联军空中力量的掩护下,向政府军反扑。其实,法英美打击的是卡扎菲,支持的是反政府武装。目的就是要推翻卡扎菲政权,让反对派上台,既能控制利比亚的石油,又能改变北非的政治版图,可谓一箭双雕。

卡扎菲长期在利比亚实行独裁统治引起国内的不满和反抗情绪具有必然性,但是对一个主权国家公然采用军事手段打击政府军,支持反政府军,不论其目的是否达到,都是违背国际法和国际准则的。

请问:公理何在?!

"人本"精神的胜利

2011年2月下旬,北非的利比亚发生骚乱,骚乱中一些歹徒手持凶器抢劫财物,波及在利比亚工作的中国人和中国人开的公司。改革开放以来,中国在利比亚的人员达到4万之众。面对利比亚动荡的局势以及中国人员和财产面临巨大危险的情况,中国政府即时做出反应,党中央成立了以张德江副总理为首的指挥协调机构,决定对利比亚的中国人进行大撤离。

从2月23日开始,从空中、陆地、水上分三路将所有愿意撤离利比亚的35860人先后撤出,进入希腊、突尼斯、马耳他、埃及、土耳其、苏丹、阿联酋等国,到3月5日将全部人员接回国内。党中央宣告大撤离已取得圆满成功。

利比亚离我国有9000多公里,在很短的时间内,能取得如此大的成果,使美国、法国等国家感到惊叹,令国人感到惊喜,这次大撤离是对党的执政能力的一次大考验,得了满分。这是对中国对外关系,特别是外交资源的一次考验,大撤离得到了利比亚,以及利比亚周边的希腊、突尼斯、土耳其、马耳他、埃及等国家的理解和支持,也得了满分。这次大撤离对国家的财力、物力也是个考验,国家调动了飞机,雇用了船舶,包了大量的汽车,陆海空联动,接送撤离人员,并对撤离人员的饮食起居做了周到的安排,特别是国家调动在亚丁湾执行护航任务的"徐州"号导弹护卫舰进入地中海,为撤离人员武装护航,中国空军首次出动多架大型军用运输机参加,令所有的国人无不为之动容,无不为之感动,无不为之自豪,同样得了满分。

这次利比亚大撤离的成功,原因很多,但最根本的是贯彻了"以人为本"的精神,处处体现了中央政府对人民群众的尊重和关怀。最近几年,无论是汶川大地震、玉树大地震,还是舟曲的泥石流,当人民的生命财产受到威胁和遇到危险时,"第一是救人"。这次大撤离同样体现了这点。记得过去,刘文学为了保卫集体的几个玉米而被杀害;草原英雄小姐妹,为了保护集体的羊群被冻伤,都成为那时的少年英雄,为了国家和集体的财产可以赴汤蹈火。这是很长一个时期以来的主流意识,这并没有错。这次利比亚的骚乱中,在中石油的某一个工作点上,摆放着上亿的国家资产,当利比亚四五十个歹徒手持火把、木棍、铁棍进行抢劫,中石油400多名职工要奋起保卫国家财产时,他们接到的指示却是放弃,第一位的是安全撤离。真是"石破天惊"!中石油领导的指示颠覆了长期以来的主流意识,体现的是"人本"精神。其实仔细想来,刘文学、草原小姐妹仍可当英雄,因为保卫国家和集体的财产在今天看来仍然是正确的,但是,它与"人本"精神相比,显然"人本"精神是更高一个层次的真理。世界上什么最宝贵,人的生命最宝贵。人死不能复生,人是财富的创造者,财产损失了,只要人还在,财富可以再创造出来,这个道理是最简单,也是完全可以说得通的。截至本文发稿时,有中国在利比亚的人员受伤的报道,但还没听到关于人员死亡的报道。在利比亚的 35860 名中国人无一人沦落为难民,实行了体面的、有尊严的大撤离,在国际国内都树立了中国是个负责任大国的良好形象。这是"人本"精神的伟大胜利!

卡扎菲评说

利比亚反政府武装在北约历时 9 个月的狂轰滥炸的配合下,击毙了卡扎菲。对于卡扎菲的死,西方和利比亚反政府武装认为死有余辜,拥护卡扎菲的人认为卡扎菲虽死犹荣,而更多的人对卡扎菲的死表示唏嘘和扼腕……如仅评价卡扎菲,各国各党各派都会有不同的评价,客观公正地评价卡扎菲也绝非易事,不是用几个词,或者三言两语能说得清的。笔者试图从以下几个方面对卡扎菲做一番评说。

一、曾经的阿拉伯的英雄

卡扎菲 1942 年出生于苏尔特沙漠的一个羊皮帐篷里,父母亲都是贝都因牧民,没有文化。这个民族有着反对异族入侵的传统,这对卡扎菲影响很大,他从小就立志要做一个民族英雄和精神领袖。

在卡扎菲 10 岁的时候,利比亚的邻国埃及发生了由自由军官组织领导人纳赛尔领导的革命运动,推翻了王朝统治,建立了共和国。从懂事的时候起,卡扎菲就崇拜纳赛尔,认纳赛尔为革命导师,认定"革命是唯一的出路",并考入了班加西军事学院。他仿效纳塞尔,在军队中联合中下级军官组建了"自由军官组织",他要求其成员不喝酒、不抽烟、不赌博、不近女色,按时祈祷,努力学习,积蓄革命力量。

1969 年 8 月初,利比亚国王伊德里斯一世在雅典疗养时突然宣布退位,利比亚国内局势出现动荡,卡扎菲认为革命的时机来了。27 岁的卡扎菲发动政变,游戏般地推翻了伊德里斯王朝。1969 年 9 月 1 日,卡扎菲宣布:腐朽的伊德里斯王朝寿终正寝,崭新的阿拉伯利比亚共和国取而代之。利比亚进入到"卡扎菲时代"。

利比亚有着 170 多万平方公里的国土面积,蕴藏着丰富的石油,有着 600 多个部落。在伊德里斯王朝时,利比亚是非洲最贫穷的国家之一。伊德里斯一世国王曾提出以 5 美元出让王位。卡扎菲执政以后充满着革命的激情,励精图治,实现了利比亚的和平统一。到 2011 年 3 月利比亚人均 GDP 达到 1.38 万美元,人均寿命 77 岁,民众享受着免费医疗、免费教育,甚至免费公派出国。利比亚成为非洲最富裕的国家。

谋求阿拉伯世界的统一。卡扎菲有远大的志向,他的眼光和胸怀绝不囿于利比亚,他的理想是实现阿拉伯世界的统一,以对抗以色列和美国。为此,他多次向埃及提出"利埃合并"的方案。在第四次中东战争中,卡扎菲主张举整个阿拉伯世界之力与以色列作战到底,而埃及总统萨达特却决心与以色列妥协,利埃交恶,合并的方案被搁置。此后,卡扎菲先后与苏丹、突尼斯、阿尔及利亚和摩洛哥等阿拉伯国家签订过"统一"、"联盟"协议,最终也是无疾而终。

卡扎菲要建立统一的阿拉伯世界的理想,除了想重振阿拉伯世界的雄风,企图做阿拉伯世界之王外,主要是要与以色列和西方国家对抗。他说:"非洲国家单凭各自的军队无法有效保家卫国,我们必须建立一支拥有100万士兵的军队,'这支部队应该'负责保卫非洲陆上和海上的疆界,维护非洲的独立,与北约、法国和英国等抗衡。"卡扎菲曾经提出,"要把以色列从地图上抹去",语惊四座,从此以色列对卡扎菲恨之入骨。

卡扎菲与美国公开叫板。卡扎菲上台后,断然宣布美国为"头号敌人",并关闭了美国在利的空军基地,驱走了在利的工作人员。锡拉德湾是美国海军舰艇经常游弋的地方,卡扎菲向全世界宣布:位于的黎波里和班加西之间的锡拉德湾为利比亚的领海,北纬32°20′线为不可逾越的"死亡之线",任何国家的飞机舰船如若逾越此线,都必将遭到利比亚的沉重打击。反美仇美,贯穿了卡扎菲的一生,为此,他也为美国人所忌恨。1986年3月24日,美国的"革命烈火"行动对利比亚进行了轰炸,同年4月17日,美国的"黄金峡谷"行动又一次轰炸利比亚,摧毁了利比亚重要的军事目标,并且炸死了卡扎菲的一个养女,炸伤了卡扎菲的两个儿子,而作为袭击首要目标的卡扎菲却死里逃生。

当美军的"革命烈火"行动重创利比亚军事目标后,激起了卡扎菲和利比亚人民的愤怒和强烈的反美浪潮。卡扎菲在电视上向他的人民说:"里根总统现在仍然是个演员,不过他现在玩弄的不是棍棒,而是飞机、军舰和导弹,他是个危险分子。"他号召"全体阿拉伯人民"攻击美国的一切目标,"无论是财产、货物、船只、飞机,还是美国人"。接着就发生了两起针对美国人的恐怖袭击,一起是1986年4月2日,一架泛美航空公司客机在从罗马飞往雅典的途中发生爆炸,美国人4死9伤;另一起是4月5日西柏林美军基地的舞厅发生爆炸,死伤155人,其中有44名美国人。对这两起恐怖袭击,美国人很快以"黄金峡谷"行动做出回应。人们都以为卡扎菲会对美国人再次出手,然而却毫无动静,直到两年后,即1988年,泛美航空公司一架波音747客机在洛克比上空爆炸,270 人丧生,其中多为美国人。利比亚从此被扣上"国际恐怖主义"、"流氓国家"的帽子,遭到联合国长达 11 年的全面制裁。美国人民始终称卡扎菲为"中东疯子"。

卡扎菲以一个小国之君,敢于同以色列抗衡,同美国人叫板,在阿拉伯人眼里,他是位英雄。

二、独夫民贼

卡扎菲政变上台时,革命阵营内部分为两派,一派以艾哈迈德·穆萨为代表,主张民主,军队可以不服从政府,这与卡扎菲形成了对立。1969 年 12 月 12 日,卡扎菲镇压了反对派,为实行独裁统治扫清了道路。为了便于实行独裁统治,卡扎菲以自己撰写的《绿皮书》代替宪法。

《绿皮书》的主要内容:社会制度,利比亚既不是资本主义,也不是共产主义,而是介于两者之间的"伊斯兰社会主义",取消各级政府,代之以"人民大会"和"人民委员会","人民大会"相当于议会,"人民委员会"是执行机构,相当于政府,各级首脑都称为"秘书"。他自己不出任总统一职,宣称自己是"人民兄长,革命导师"。在一次国际会议上,有人曾称他为总统,他打断对方的话说,"我不是总统,如果我是总统,我不得不面对 4 年一次的选举……"一语道破天机,卡扎菲是想把独裁统治搞成终身制、世袭制。

利比亚的最高权力机构听命于卡扎菲的革命委员会。卡扎菲上台以后,为了巩固专制制度,成立了听命于他的革命委员会。他们可以根据需要随意逮捕、处决违反"革命法律"的人。他还广布"民兵团",渗透到社会各阶层,搜集各种信息,尤其是将对卡扎菲不满的信息进行上报,"民兵团"实际是卡扎菲的"探子"、爪牙。因此,在公开场合散布对卡扎菲不满的言论,随时都会遭遇不测。卡扎菲甚至派暗杀小组到国外去追杀被放逐的政治对手。

玩弄权术,拉帮结派。利比亚是个部落制社会,境内有 600 多个部落。为了便于统治,卡扎菲在"人民大会"和"人民委员会"中任命很多首脑,并且经常替换这些首脑,造成新旧首脑之间的争权夺利,大家都只得听命于卡扎菲。卡扎菲是靠搞政变上台的,他对部队并不信任,他花重金到索马里等地区招募雇佣军,将最精锐的部队交给他的儿子指挥。

搞家天下。"打死亲兄弟,上阵父子兵。"这是中国人的话。卡扎菲也深谙其道。他有七子一女,大都掌控着利比亚的政治、经济、文化、军事、外交资源。利比亚的权力大都集中在卡扎菲家族之手,最终集中在卡扎菲一人之手。卡扎菲执政 42 年,实行独裁统治,不仅使大量的社会精英无法参与国家管理,推动社会进步,而且加剧了统治集团的腐朽和无能,其直接后果就是腐败到顶。卡扎菲大兴家天下,裙带成风,图谋终身为王,且子承父业,并大肆鲸吞和掠夺国民财富。卡扎菲家族在全球拥有数万亿美元的巨额资产。卡扎菲自以为受人民拥戴,得家人扶持,资产雄厚,江山永固。结果呢? 落了个独夫民贼,遭人民唾弃的下场。

三、特立独行的"疯子"

卡扎菲一生,特立独行,桀骜不驯,做了许多非常之事,滑稽之事。

发动政变,稀里糊涂。1969 年 9 月 1 日凌晨 2 时 30 分,卡扎菲决定发动革命。他亲自带领部队占领班加西电台。行至半道,发现路上只剩下他一个光杆儿,原来车辆在岔道口转弯时跟丢了。他独自一人去了电台,发现自己枪套里竟没有枪,也没有子弹。

想买原子弹。1970 年 1 月,埃及总统纳赛尔告诉卡扎菲,阿拉伯国家和以色列在重要武器对比上差距明显,如果以色列走投无路的话,会毫不犹豫向阿拉伯人扔原子弹,而我们没有原子弹。卡扎菲知道,美英法资本主义国家是不会卖原子弹给阿拉伯的,苏联和中国是社会主义国家可能会卖。他向苏联提出购买原子弹的要求遭到拒绝,就派他的二号人物贾卢德到中国,准备从中国购买一颗原子弹交给埃及威慑以色列。周恩来总理告诉贾卢德:中国研制原子弹是为了打破超级大国的核垄断和核讹诈,不用来出售。至此,卡扎菲只好无奈地放弃了购买原子弹的计划。

参加联合国大会闹笑话。卡扎菲出生于帐篷中,他一生对帐篷情有独钟。他执政后虽然建造了好几处行宫,但是他还是以住帐篷为多。2009 年 9 月,他参加联合国大会,把帐篷带到美国去了。他不住宾馆,原打算把帐篷支在纽约的中央公园,美国人很不乐意,认为是违章搭建,还提出要交税,引起了一场风波。在美国人的抗议下,他只好把帐篷搭在纽约的郊外过夜。在联合国大会发言有时间规定,不论是总统还是总理发言时间不得超过 15 分钟,卡扎菲根本不把联合国的规定放在眼里,他没有稿子,口若悬河,讲了 96 分钟,成为联合国大会上最不守规矩的国家领导人。

刺客娇妻。卡扎菲结过两次婚,他的第一任妻子是伊德里斯国王军队中高级军官的女儿。他第二任妻子叫莎菲特,曾经是一名试图谋杀他的刺客。1970 年 9 月 10 日的阅兵式上,莎菲特挤到了卡扎菲的身边,拔出手枪,就在她要扣动扳机的一刹那，卡扎菲恰好扭过头来看见了她。鬼使神差，莎菲特居然没有开枪。一个星期后，卡扎菲和莎菲特举行了婚礼，而收买莎菲特行刺的几位政客正血洒刑场。莎菲特既是卡扎菲的娇妻，也是他的贴身侍卫，她还帮助卡扎菲训练出绝对效忠卡扎菲的"美女保镖队"。

想到什么干什么。1988年，卡扎菲开推土机推倒的黎波里监狱的大墙，放出了400名政治犯。一次，卡扎菲想起了一件事，决定立即去埃及会见纳赛尔总统。他孤身一人乘坐直升机去了开罗，也不同埃及方面打招呼，当飞机在开罗上空盘旋，纳赛尔才知道卡扎菲来了。1971年，他到一些政府机关突访，发现机关人员在办公室里喝咖啡聊天，他十分震怒，第二天就派军用卡车开进政府办公大楼，把办公室里大部分家具都拉走了。

非洲黑人情结。卡扎菲是位极端的民族主义者。反美反西方是他一贯的态度和立场。但是，他对美国前国务卿黑人赖斯非常友好，有人甚至说卡扎菲暗恋上了赖斯。奥巴马的祖籍是肯尼亚，他是黑人后裔。在北约对利比亚狂轰滥炸20多天后，卡扎菲给奥巴马写信，既给奥巴马戴高帽子，称奥巴马为硬汉，有能力解决问题，又给奥巴马指路，认为美国现在的主要敌人是基地组织而不是利比亚，还跟奥巴马套近乎，提醒奥巴马和他都是非洲人，都信伊斯兰教（故意称阿布奥巴马，阿布，指头上的白布），信的末尾称"我们的孩子，奥巴马阁下"。阁下表示尊重，我们的孩子，俨然是长辈对晚辈的称呼了。这封信相对于他先前写给法英两国领导人态度强硬的信，显得有些温和，这大概与赖斯、奥巴马的非洲黑人血统有关。

这些非常之事，滑稽之事，反映了卡扎菲敢想敢说，敢怒敢骂，敢作敢为，我行我素，随心所欲，事无定律，特立独行，桀骜不驯的性格特征。这种性格特征既成就了他，也葬送了他。

四、悲剧式的硬汉

卡扎菲一生都很硬气，不向强权低头。洛克比空难发生后，利比亚遭到联合国的全面制裁。利比亚因制裁而蒙受的经济损失达260亿美元，这给利比亚造成了很大的困难。2001年，美国发生了"9·11"事件，利比亚成为首个向美国慰问的阿拉伯国家。在二儿子赛义夫·伊兰斯的劝说下，卡扎菲调整了对外政策，2003年12月20日宣布放弃大规模杀伤性武器计划，并雇佣公关公司改善其在美国的个人形象。后来又主动承担了洛克比灾难的赔偿，由此，也改善了同西方国家，主要是与美英法等国的关系，联合国也解除了对利比亚的制裁。卡扎菲如此做,并不是屈服于西方,而是按照利比亚和他自己的需要,打破西方和联合国的制裁,恰到好处地找到了一个外交平衡点,以利于利比亚的生存和发展。然而,加上长期的独裁统治,政府腐败,体制僵化,加上长期的制裁造成经济增长受挫,失业率高达20%以上,当突尼斯、埃及群众性的反政府风暴蔓延到利比亚时,卡扎菲采取强硬的镇压措施,这为由法英美推动的在利比亚设立禁飞区联合国安理会决议提供了口实。这个决议通过不到48小时,北约就对利比亚实施了空中打击。

面对强大的北约军事力量,卡扎菲毫无惧色,他拒绝了南非、阿盟、非盟的斡旋,放弃了出国流亡,他不下台,不出国,誓死在利比亚的土地上与敌人战斗到底。9个月,270多个日日夜夜,卡扎菲顶着北约的狂轰滥炸,冒着随时被北约"斩首行动"、"定点"清除的风险,坚持留在利比亚,实现了自己的诺言。

卡扎菲已经身负重伤,血染衣衫。他没有向胜利者卑躬屈膝,跪地求饶,而是边咆哮,边挣扎,边反抗。一个70岁的老人,在身负重伤的情况下,如此惨烈,是何等的勇气和骨气,称他为硬汉是恰如其分的。问题是独裁专制统治,倒行逆施,伤了人心,他的下台是不可避免的,而由外部势力插手其间,导致他这么快下台,这么惨的下场,使人们心里多少有些不平。

人死了,该盖棺定论了。卡扎菲死了,却很难盖棺定论。他发迹于班加西,班加西又成为打倒他的发源地;他用革命取得政权,又被革命推下了台;他在利比亚搞强权政治,又被国际强权政治绞杀;他梦想建立一个统一的大阿拉伯世界,并创立了阿盟,正是阿盟首议在利比亚设立禁飞区被联合国安理会通过,使他胜券在握的战争归于失败;他企图使自己及其家族能在利比亚世世代代地坐稳江山,结果从闹事算起仅10个月的时间就江山易主,家破人亡。历史的辩证法就是这样的无情!

作为统治了利比亚42年有非洲政坛"不倒翁"之称,在国际舞台上叱咤风云的卡扎菲,对他总要有个评价:英雄、独夫、硬汉、枭雄、疯子,可谓是五味杂陈,各式人等都可以从中找到说词。

本·拉登的生前身后事

2001 年 9 月 11 日,美国世贸大厦遭到飞机的撞击轰然倒塌。这件震惊世界的事件,美国认定是以本·拉登为首的国际恐怖主义者干的。于是乎,一夜之间本·拉登成为全世界知名度最高的人。"9·11"事件不久,美国、国际刑警组织把本·拉登列为头号通缉犯。美国举全国之力,用了近 10 年的时间,终于在 2011 年 5 月 2 日,出动海豹突击队将本·拉登击毙在巴基斯坦的秘密住所内。美国总统奥巴马在最短的时间内向全世界宣布:"本·拉登死了。"

本·拉登出生在沙特的一个富商之家。当前苏联入侵阿富汗后,他到阿富汗参加反苏联入侵的战争,并接受了美国的训练和资助。前苏联从阿富汗撤军以后,本·拉登仍留在阿富汗,以阿富汗为基地,从事恐怖组织训练,收集情报,搞刺杀、爆炸等是其主要活动,矛头主要针对以美国为代表的西方国家。"9·11"事件是其"杰出"的代表作。无论从哪个方面说,本·拉登都是新世纪以来最具影响力的人物,他的生前身后对世界的影响主要表现在:

一、"9·11"事件给予美国以沉重的打击

有形的损失是世贸大厦的倒塌,3000 多人遇难,直接经济损失达 1500 亿美元,无形的损失则更大。有人估算"9·11"事件所造成的直接和间接的经济损失达 6000 亿美元,更为重要的是对美国人的心理打击。有人惊呼"9·11"事件是自二战中珍珠港事件后美国受到的最沉重的打击,还有人感叹"9·11"事件对美国人的心理打击比越南战争还要严重。总之,那时的美国人有点谈"恐"色变,惊魂不定。从总统到普通的美国民众均把本·拉登列为头号敌人,对本·拉登切齿痛恨,必欲除之而后快。

二、"9·11"事件迫使美国从单边主义转向多边主义

"9·11"事件前,美国推行单边主义,企图建立一个以美国为领袖的单极世界,那时世界的主要矛盾是单极与多极的矛盾。中美之间、美俄之间摩擦不断。"9·11"事件使美国和一些主要大国认识到,对国家安全构成威胁的不再主要是国与国之间,而是来自于非主权国家的国际恐怖组织。必须修正传统的安全观念。几个主要大国把国际恐怖主义、民族分离分裂主义、极端宗教势

力列为影响世界稳定的三股势力。美国及时地调整了与世界主要大国的关系,由原来的单边主义转向多边主义,联合反恐。中国、俄罗斯等主要大国的对外政策也做了相应的调整,结成了世界反恐统一战线。美国高举反恐的旗帜,近十年来,与中国、俄罗斯没有闹翻,因为在反恐等重大国际问题上需要中国、俄罗斯的支持。

三、美国假借反恐名义发动了对阿富汗、伊拉克的战争

2001 年底,美国借反恐、围剿"基地"组织成员,追捕本·拉登,发动了对阿富汗的战争。2003 年 3 月,美国又借口萨达姆与"基地"组织有关,并拥有大规模杀伤性武器而发动了对伊拉克的战争。这两场战争都是以美国为首,多国参与的地面战争。战争的结局是改变了这两个国家的政治版图,由原来的反美、仇美政府变成了现在的亲美政府。美国人把萨达姆送上了断头台,把"基地"组织、塔利班赶进崇山峻岭,也使本·拉登死于非命。美国人笑了。但是,战争也使美国人的两条腿深陷泥潭之中而难以自拔,使美国的财力难以支撑而债台高筑,以至于美国政府都曾面临着"关门打烊"的威胁。战争如果对美国政府来说是有政治企图的,而对美及多国部队的士兵,特别是对阿富汗、伊拉克的无辜平民来说则是深重的灾难。这两场战争都不是本·拉登挑起的,但是,毕竟是"9·11"事件授美国以柄,给了美国发动战争的"口实",这账应该算在本·拉登头上。

四、本·拉登死了,留下的是怨愤和复仇

本·拉登死了,并不等于恐怖主义结束了,相反,世界可能面临着更大的恐怖灾难。在反恐的问题上,美国始终拉着巴基斯坦,巴政府也忠心耿耿地跟着美国反恐。自阿富汗战争以来,巴基斯坦为美国提供支撑,派出军队配合美国对"基地"组织成员、塔利班进行围剿,巴基斯坦有 2500 多名军人阵亡,有更多平民遇难。美国经常出动飞机、军队在阿富汗和巴基斯坦交界处采取军事行动,完全不把巴基斯坦的领土和主权放在眼里,这次对本·拉登的突袭行动更是如此。这引起了巴基斯坦朝野的震惊和不满。由于本·拉登是在巴基斯坦的住所被击毙的,美国怀疑是巴基斯坦在庇护着本·拉登,并要对此展开调查。这使巴基斯坦人民非常愤懑。美国从一开始就不尊重巴基斯坦,现在简直就是"过河拆桥了"。美巴之间的相互抱怨还会持久旷日。美国除掉了本·拉登,解了心头恨,但是,这也会激起"基地"组织、塔利班为本·拉登复仇的怒

火。他们声称要对美国、巴基斯坦等国进行报复。5 月 14 日,巴基斯坦境内发生的两起爆炸事件,造成 80 人死亡,多人受伤。这是为本·拉登复仇的开始。

本·拉登生前搞恐怖活动,造成了世界的不稳定;本·拉登死后他的支持者们搞复仇;本·拉登的生前身后事,就是阴谋、恐怖、仇恨,并没有什么高官死于他们的爆炸声中,相反,受到伤害的总是老百姓。本·拉登不是什么英雄,说他是阴谋家、三股势力的代表者是贴切的。

恐怖活动,不知何时休。

动荡的世界局势给我们的启示

近一年来,世界局势动荡不安,发生了许多大事件。这些大事件带给人们深刻的反思,我们也可以从中获得有益的启示。

一、动荡的世界局势

近一年来,世界原有的热点问题,如阿以问题,朝核、伊核问题,伊拉克和阿富汗问题,国际恐怖主义问题等一个也没有得到根本解决,又增添了许多动荡不安的大事件,如中东乱局、法德英等国城市骚乱、美国的"占领华尔街"行动和希腊的大罢工等,世界局势乱象环生,不稳定的因素在急剧增长。

(一)中东乱局。中东地处欧亚非交接处,属阿拉伯世界,都信奉伊斯兰教。这个地区的特点是战略地位重要,石油资源丰富。由于长期实行独裁和专治统治,引起人们的强烈不满,2010 年年底突尼斯爆发大规模的民众抗议活动,导致统治了 20 多年的本·阿里总统下台。民众的抗议活动很快蔓延到埃及、利比亚、也门、叙利亚,统治埃及 30 多年的穆巴拉克总统下台受审,统治了利比亚 42 年的卡扎菲政权垮台。也门总统府遭到炮击,总统萨利赫受伤,已答应择机放弃总统权力,并于 2011 年 11 月交出政权。叙利亚总统答应进行改革,但民众的抗议活动仍在继续。中东乱局影响了中东地区人民的正常生产和生活,也为西方势力的进入(以法英美为代表的西方国家对利比亚的空中打击)提供了借口。

(二)法、德、英等国的骚乱。今年,长期比较稳定的西方国家也出现了许多不满现状的骚乱。先在法国又到德国,后来在英国的许多城市都出现了以青年学生为主的示威游行、集会、抢劫商品、烧毁汽车等事件,这类事件虽然已经平息下去,但是,留下的伤痛将是长久的。

(三)最近发生在美国和希腊的事件。2011 年 9 月到现在,美国的"占领华尔街"行动一直在延续,而且规模越来越大,影响也越来越大,已经影响到世界各地。10 月 10 日,除美国的"占领华尔街"外,还出现了"占领伦敦"、"占领墨尔本",甚至"占领台北"等行动。占领者们以游行示威、集会等形式表达对金融寡头的贪婪和政府监管不力所造成的金融危机,以及金融危机所产生的经济低迷、失业率居高不下、贫富差距过大的不满,要求改变现状。最近,希腊由于政府债务过大,欧盟要求希腊政府削减政府开支,而削减政府开支必将减少公众福利,引发了希腊人民大规模的罢工、游行示威,造成希腊社会几乎瘫痪,美丽的雅典几乎成了垃圾场。

二、给我们的启示

世界局势的动荡不仅引起了当事国的重视,使其进行深刻的总结,也引起了世界各国的深刻反思,从中我们也可以得到有益的启示:

(一)**大力推进改革,加强民主政治建设势在必行。**"中东乱局"从突尼斯到埃及、利比亚、也门、叙利亚,人们都是从不满长期的专制独裁统治,不满政府腐败,要求改革,要求改善生活,要求改变现状开始的。从某种意义上说是一场人民要求的社会变革。这几个国家的政权被推翻或即将被推翻,除利比亚、叙利亚受到西方国家的支持外,几乎都是本国人民的自发行动。这些国家的原政权倒台应当看做是合乎逻辑的事情。改革是社会进步的动力,邓小平说"不改革,死路一条",这是很有道理的。中国正是自觉地进行改革开放,才有了今天的成就。在改革开放中,我们也发现了一些问题,如经济体制改革成绩显著,但政治体制改革严重滞后;人们有了很大的言论自由,但自由度还是有限的;公民的民主权利在逐步扩大,但公民民主权利中的选举权现在还是间接选举,并没有完全实现直接选举;共产党作为执政党,注意听取和接受各民主党派的意见和监督,但传达民意的渠道不够畅通,党内外监督仍是较大问题,再就是腐败问题。这些问题在人民群众中,也包括在党员干部中产生了一些不满情绪。当然,这些问题也还是需要通过改革,特别是通过政治体制改革,加强民主政治建设来解决。政治体制改革,加强民主政治建设应当实际地付之于行动。

(二)**切实解决贫富悬殊,两极分化。**西方国家发生的骚乱以及美国的"占领华尔街"行动、希腊的大罢工,不仅生活在社会下层的人参加了,中产阶级也参加了,其社会基础就是西方社会的贫富悬殊过大造成的两极分化。我国的改革开放打破了平均主义和"大锅饭"、激发了人们的劳动热情和创造热情,极大地促进了生产力的发展,这是有大功劳的。但是,改革开放30多年来,逐渐形成的并且日趋严重的贫富悬殊、两极分化的问题是不容忽视的。这是许多人心理失衡的经济和社会基础。有资料称,占总人口20%的人掌握了80%的社会财富;石油、烟草、电力、通讯、银行等垄断行业的职工占职工总数的8%,拿到了55%的全国职工工资总额;在实行年薪制的国有银行,国有大中型企业的老总们年薪少则几十万，多则几百万，甚至上千万元，而中国普通职工的年收入大概也就是 1～2 万元。社会精英们与普通劳动者的收入差距已不是几倍、几十倍，而是几百倍了，这差距是何等的大！社会需要精英，难道不需要普通劳动者吗？邓小平同志把"允许一部分人先富起来"作为改革开放的突破口，他同时也告诫，要防止出现"两极分化"，他把"消除两极分化"作为社会主义的本质之一。他认为，当人均国民收入达到 1000 美元，实现小康以后，就要解决贫富悬殊的问题。现在，我们的人均国民收入已达到 4000 美元以上，是早该着力解决这个问题的时候了。解决贫富两极分化，不能用劫富济贫，更不能用杀富济贫的办法，只能通过政策调整。美国政府采取的向富人多征税的办法是可以借鉴的，现在，中央政府的财力是雄厚的，完全可以通过财政手段，大幅度地提高社会保障程度，提高低收入人群的收入。这个办法，不仅有利于解决贫富差距，也有利于扩大国内消费，推动经济增长。

（三）严格金融监管。金融业的典型特征是利润归自己，风险归社会。美国金融业通过不断创新，创造金融衍生品，甚至通过欺诈的办法，攫取巨额的利润，最终导致了虚拟经济与实体经济的严重脱节。美国政府又疏于监管，终于在 2008 年爆发了由次贷危机为导火线的全球金融危机。金融危机爆发后，美国政府拿纳税人的钱"救市"，向银行注入大量资金。金融家们仍然拿着高额的"薪俸"，享受着美酒、游艇、高级轿车、豪宅，华尔街的精英们的高级消费和享受没有受到影响，美国民众则蒙受着美元贬值造成的财富缩水、高失业率、生活水平降低的痛苦。这几年物价上涨过快，2011 年物价上涨可能要突破 5%，而银行一年期的年利息为 3.5%，是负利息，哪一天人们醒悟过来，不再向银行存钱，甚至向银行提款，后果是难以想象的。由于要控制物价上涨，银根抽紧，流动性紧张，一些企业缺乏流动资金，被迫搞高息借贷，甚至是借"高利贷"，直至企业破产。民间借贷关系混乱，潜伏着很大的金融风险，如最近温州出现的民间金融风波，存款利率年 3.5%，贷款实际利率年 7%，存贷差达到 3.5%～4%，这完全是有利于金融资本，而对于储户、对借款方都是很不利的，这需要进行调整。再就是中国的股市。中国的经济增长在全世界是最强劲的，中国的股市却在全世界是最低迷的。原因就在于政府通过印花税，证券公司通过手续费、企业通过股票发行和增发不断从股市提钱。股市成了各方的提款机，股民手里的真金白银被不断地缩水。尤其是在股市已经连续几年十分低迷的情况下，没有新资金进场，原有的资金在离场，而新股仍在不断地发行，这是灾难性的，如此继续发展下去，股市崩盘不是没有可能。中国股市总体上是政府（通过证监会）调控下的，政府应当对股市负责，对股民负责，同时也是对中国经济健康运行负责。现在，老百姓心里的感受是，金融、股市代表的是金融行业上市公司的利益，不像是代表老百姓的利益，这就很成问题，也很危险。严格金融监管；严格控制地方政府贷款规模，存款利息高于物价上涨指数，缩小存贷差利率；暂停发售新股是十分必要的。

三、实现国家战略目标，稳定压倒一切

中国的战略目标是，到 2020 年建成全面的小康社会，到建国一百周年的时候，实现现代化，实现中华民族的伟大复兴。在这个过程中，稳定是我们实现国家战略目标的最基本的条件。我们绝不希望今年世界上出现的动荡蔓延到中国。但是，本文所提到的这些问题是客观存在的，这些问题处理好了，就能避免动荡的发生，也有利于建设一个和谐社会。处理不好，动荡就有可能发生，就有可能耽误国家战略目标的实现。这就是动荡的世界局势给我们的启示，也可以看做是警示。

美债与美元

美国是当今世界上唯一的超级大国。它拥有约占世界1/4的经济总量,拥有当今世界最先进的科学技术和用最先进技术武装起来的军队,还拥有美元作为世界货币的得天独厚的条件。然而,它又是债台高筑的世界上最大的债务国。2011年,美债问题吵得沸沸扬扬,弄得世界不得安宁。虽然如此,美国仍然牛气冲天,霸气十足。这是很有意思的。

一、美债

美国债台高筑,到底有多少债务。至今没有准确的数据。有资料说,2008年美国发生的"次贷危机",引起"金融海啸","次贷"仅为2万亿~3万亿美元。美国的公司债务超出30万亿美元,公私债务(包括金融衍生品)总额接近或超过70万亿美元。至于美国政府:其财政赤字超过2万亿美元,美国国债的最高限额在14.7万亿美元的基础上又增加了2.1万亿美元,相当于美国现在一年的国民生产总值。而由政府信贷担保的社会保障金、医疗保险、退伍军人福利金等债务高达50万亿美元。一般来说,一国的国债为国民生产总值的40%,财政赤字占财政收入的20%,占国民生产总值的2%~3%是比较安全的,突破了这个底线就存在着风险。美国政府的财政赤字和国债都突破了这个底线。在一般国家如果发生这样的情况,这个国家的经济可能早已无法运转,处于风雨飘摇之中,而美国似乎是"债多不愁",外甥给舅舅打灯笼——"照旧"。

而对巨额的债务,美国其实有很多的化解招数:

一是增税,这是开源。民主党提出增税的方案,遭到代表富人利益的共和党人的拒绝。美国国会通过的提高国债最高限额的法案中就没有提到增税。

二是削减政府开支,这是节流。美国政府开支中很大的份额用于社会福利,削减政府开支是代表美国中下层利益的民主党人不愿意的。但是为了法案能获得国会的通过,民主党做了妥协,同意在10年内削减财政赤字2.1万亿美元。军费开支也是美国政府的重大支出项目。政府不仅没有削减,反而在去年的基础上还增加了160亿美元。这是民主党、共和党都支持的。

三是将"金融海啸"中政府收购的银行、企业的股权公开转让或拍卖,以削减政府的负债,但法案也未提及。

四是抛售国库的黄金以收购美元。美国是世界上最大的黄金储备国,同时也是世界上最大的债务国,反差太大了。然而,在化解美债危机中他们似乎不愿意动一盎司黄金。

五是开启美国封堵的油井,出售石油。世界油价一直于高价位上震荡,美国又债务缠身,打开油井出售石油,可以减少美国的石油进口从而减少美元的支出。但至今没有看到美国政府有动用国内石油的念头。

美国政府对于化解美债的办法是继续举债。这无异于扬汤止沸,甚至是饮鸩止渴。对于五种有效的办法一招不用,硬顶着,硬扛着,还牛气冲天,霸气十足,引起了全世界对美债的忧虑。当标普将美国主权信用等级由 AAA 调降为 AA + 时,美国和全世界的金融为之震动,美国人仍然优哉游哉。

二、美元

美国政府何以"债多不愁","虱多不痒"呢?原来支撑美国高负债的是美元。

第二次世界大战即将结束的时候,美国依靠战争发财,经济总量占全世界的一半,黄金储备占世界的60%以上。1944 年 7 月,在美国新罕布什尔州布雷顿森林公园的华盛顿山大旅社举行"联合国货币金融会议"。美、英、苏、中、法等 44 个国家的代表参加,通过了《国际货币基金协定》,确认了美国规定的 35 美元等于一盎司黄金的价格,并规定其他会员国货币对国外的币值,一律用一定数量的黄金和美元表示,即美元与黄金挂钩,各国货币与美元挂钩。布雷顿森林体系确定了美元在世界货币中的霸主地位。布雷顿森林体系的实质是金本位制加固定汇率制。对于全球经济在总体稳定基础上,实现快速增长起了积极作用。但是,以一国货币充当全球货币存在着致命缺陷。而这个缺陷最终导致了布雷顿森林体系于 1971 年瓦解。这就是美国过度的军用开支,特别是越南战争的军事和金融负担,迫使美国政府不得不放弃金本位制。美元不再与黄金挂钩,而各国货币仍然与美元挂钩,这实际上是美元本位制,即以美元纸币作为事实上的全球货币,在世界范围内自由流通,而各国间的货币实行浮动汇率制度。

美元本位制赋予了美联储和美国政府几乎可以任意印制美元和发行美国国债的权力,却不必承担保证美元币值稳定以维护世界金融体系和秩序稳定运行的责任。美国以精妙的制度设计和金融工具的娴熟运用,建立了债务国支配所有债权国,以制度方式攫取制造业国家(如中国)和资源类国家(如石油输出国)的巨额财富,从而给美国带来世界其他国家难以制衡的金融霸权,既实现了美国在贸易和财政双赤字下的高消费,又保障了美国资本在全球扩张以获取超额利润和支配他国的权力。

美元的霸主地位给美国带来了巨大的利益。第一,当美元不再与黄金挂钩,失去了黄金的制约,美元如脱缰的野马可以恣意妄为。第二,由于美元的霸主地位,世界各国的余钱纷纷存入美国银行,尤其是巨额的石油美元,可以为美国作短期甚至是中长期的周转之用。第三,世界各国纷纷购买美国的国债,作为外汇储备保值增值的主要手段。中国是世界上最大的外汇储备国,也是美国最大的债权国。中国购买的美国国债总规模已超过 1 万亿美元。第四,美国一旦有事,美国政府和美联储可以任意增加美元供应,多印多发美元,造成美元贬值,同时造成债权人的财富缩水,美国把风险和危机转嫁到世界各国,特别是持有美国国债和以美元作为外汇储备的国家和人民的身上。当各国政府和人民为此忧心忡忡的时候,美国人仍然潇潇洒洒地过日子。

当标普调低美国主权信用等级时,有的美国人说早该调了,有的说就不该调。从美国负债的实际情况看是早该调了,而且还要降低等级,但从美元的霸主地位来看不用调。美联储前主席格林斯潘说:"美国主权信用等级不要调低,美国不可能到期还不了债,因为只要美元的地位不变,只要多印发美元,就不可能发生到期还不了债的事。"格林斯潘说的是真话、实话,"一言中的",美债是靠美元支撑的。如果美元失去霸主地位,美国将是什么样的光景很难设想。

三、美债、美元还能走多久

美元的霸主地位还能维系多久? 当美国国会为提高国债最高限额吵得不可开交时,美国总统奥巴马频频讲话,希望国会能批准这个法案。世人心里都清楚,经过激烈的讨价还价之后,在最后一刻还是会通过这个法案。而法案的通过无疑是美国的国债由 14.7 万亿美元上升到接近 17 万亿美元,还是得多印发美元。包括中国政府在内的债权人向美国喊话,希望美国成为一个负责任的大国,要考虑投资者、债权人的利益。美元虽然是世界货币,但其核心价值观是美国一国利益至上。这种喊话无异于与虎谋皮。2008 年的金融海啸使各国政府和世人看清了美元的本质,提出建立一种新的世界货币来代替美元。如蒙代尔提出:在国际黄金系统之上,以美元、欧元、日元、英镑、人民币五种主要货币为基础,构建一种世界货币;各国拥有世界货币的账户,各国货币与世界元挂钩形成固定的汇率,国际贸易通过世界元来定价,并将国际货币基金组织改组成为可以发行和管理货币的世界中央银行。蒙代尔的这个方案在金融海啸前就提出来了,他认为眼下正是推广世界货币难得的机遇。方案虽好,实行起来很难。一是美国不会就范,会拼命反对,失去了美元的霸主地位,就像贾宝玉失去了"通灵宝玉",那是"命根子",是丢不得,也是丢不起的。二是美、欧、日、中、英利益和意见也很难统一。三是世界各国是否认可,在世界元的下面,又有美元、欧元、日元、人民币、英镑为主要货币,再与各国货币挂钩,这比与世界某一货币挂钩复杂得多,运作起来更为不便。但是,美元现在远不是20世纪40年代和70年代的美元。美国政府对美元的不负责任以及美国经济越来越不景气,引发的美元币值的不稳定——不断贬值,表明美元的气数将尽,其霸主地位终将被别的货币代替,这是大势所趋。美债越高,美元信誉越低,加速美元失去霸主地位。一旦美元丧失霸主地位,美债失去支撑,美国经济就可能如大厦倾覆轰然倒塌,美国的霸权必然受到冲击。当然,这是个过程,也不是在短时间内就会发生的。

美国对伊朗动武难

自从20世纪70年代,伊朗霍梅尼发动伊斯兰革命推翻了巴列维王朝以来,伊朗与美国的交恶已年深日久。伊朗由原来的亲美转向反美,是美国政府难以接受的,美国对伊朗现政权必欲除之而后快。进入新世纪以来,美国打着反恐的旗号,于2000年底发动了对阿富汗的战争,2003年3月发动了对伊拉克的战争。阿富汗地处伊朗的东边,伊拉克地处伊朗的西边,形成了对伊朗东西夹击的局面,但是对伊朗却迟迟没有动手。最近国际原子能机构公布了关于对伊朗核问题的报告,说伊朗拥有制造核武器的计划,伊核问题升级。而后伊朗声称击落了一架美国无人驾驶飞机,并要求美国就飞机入侵伊朗事件做出解释,同时致信联合国秘书长,对美国飞机入侵事件进行谴责。美国要求归还"无人机",伊朗拒绝归还,美伊关系处于极度紧张状态,可谓是剑拔弩张,箭在弦上。

美国是当今世界唯一的超级大国。他的军事实力已强大到对某个中小国家动武,并能战而胜之。科索沃战争、阿富汗战争、伊拉克战争就是证明。在2011年发生的利比亚战争中美国虽然没有挑头,但仍担当着主力军的作用。从纯军事的角度分析,美国对伊朗再来一次伊拉克式的战争并取胜是没有大问题的。那么美国为什么迟迟不动手呢?其中必有难处。

难处之一:伊朗是个主权国家,国内虽有反对派但没有形成气候,也就是说,没有反对派的要求,对一个主权国家实施打击,师出无名,会遭到世界绝大多数国家的反对。

难处之二:关于"伊核"问题。伊朗作为一个主权国家拥有和平利用原子能的权利。美国说伊朗在制造核武器,并没有证据能证明。国际原子能机构的报告也只是说伊朗有"核计划",计划也只是脑子里的东西,纸上的东西,有没有实施,也没有证据能证明。在这种情况下贸然地发动对伊朗的战争,就是重蹈美国在伊拉克战争上设置的两个伪前提:一是萨达姆拥有大规模杀伤性武器,二是萨达姆与基地组织有关。伊拉克战争证明,作为战争借口的这两个前提都是不存在的,使得美国在全世界面前丢脸出丑。美国不会再重蹈这个覆辙。目前,关于伊核问题有六方会谈:美英法德中俄,还有国际原子能机构。因此,伊核问题是个多边机制,不是美伊双边关系问题。解决伊核问题要在这个框架和机制内解决,不是美国一家能说了算的,这对美国动武的企图是个很大的牵制和制约。再就是,美国对伊朗动武借口只能是核问题。美国有能力摧毁伊朗的核设施,但是,他无法解决被摧毁后的核辐射问题。2011年3月发生的日本大地震,引发海啸以及由此造成的福岛核泄漏事故已经使全世界手忙脚乱,惊慌失措。美国对如何收拾残局不得不多几份考虑。假如美国对伊朗核设施进行精确打击,而由此造成的核辐射却无法收拾,必将贻害世界,也必将遭到全世界的谴责。

难处之三:国际石油价格飙升。伊朗是世界上重要的石油生产国和出口国。他周边的国家如沙特、卡塔尔、阿联酋、巴林、伊拉克等也都是世界上重要的石油生产国和出口国,这些国家的石油都要经过霍尔木兹海峡,沿着波斯湾出海运往世界各地。霍尔木兹海峡是石油通道的咽喉,全世界40%的原油要经过这里。伊朗早就放出话来,如果美国对伊朗动武,伊朗将用鱼雷封锁或者把大型的军舰、油轮炸沉在霍尔木兹海峡,使油轮不能进出港。伊朗早几年说,一旦霍尔木兹海峡被封堵,国际油价将升到150美元/桶,今年他又称将会上升到250美元/桶,这样的油价无论对于金融危机中的世界来说,还是对于债务缠身的美国、欧洲来说都是"雪上加霜"。伊朗放的可能是狠话,但是,伊朗是个宗教热情极高的国家,他也许真会这样做,这是美国必须正视的问题。在现行的世界经济秩序下,石油价格上涨只能是对石油生产国、出口国有利,对石油消费国、进口国肯定是不利的。战争的原则之一,是意义和效益的评估。美国是世界上最大的石油消费国、进口国。如果战争达不到对伊朗石油控制的目的,反而导致石油价格大幅上涨,这对美国是极为不利的,这仗能打吗?

难处之四:美国自身困难重重。自2008年美国发生次贷危机导致全球性金融危机以来,美国还没有完全走出困境。一是巨额的美债和巨额的财政赤字以及巨额的贸易逆差,表明美国没钱;二是解决上述问题只有两个办法,增税和削减财政开支。增税遭到富人的反对,削减政府开支遭到军队和社会底层人士的反对。美国庞大的官僚和军事机构的开支是巨额的,但必须削减军费,在这个背景下,美国要对一个中等国家发动军事进攻,军事力量是没有太大问题的,但钱是没有保障的。美国原有的军费还要削减,新的军事战争必须增加战争经费,而这需要经国会的批准。在目前的情况下,国会是很难同意的。没有钱,是打不成仗的。再就是奥巴马在争取连任,最紧迫的问题是如何解决居高不下的失业率,如何促进美国的经济增长,为他的连任打好基础,而不是急于在大选之前与伊朗打一仗。再就是,奥巴马获得了诺贝尔和平奖,贸然地发动一场战争与和平奖是不相适应的。

从以上四点分析,美国不是不想解决伊朗这个"眼中钉",而是有诸多难处、诸多顾忌。从一般人的正常理性思维来说,美国与伊朗这对冤家夙敌暂时打不起来。时事可料,时事也难料。时事可料是从事物发生发展的必然性上说的,时事难料是从事物发展的偶然性上说的。战争的偶然性也是存在的。如果美国和伊朗哪一天在某事件上都不从常人的理性考虑,失去了理智,真的打起来了,我们也只能接受那个事实,真心地希望这种事不会发生。

正确认识和应对美国的战略"东移"

2011 年,美国总统奥巴马和国务卿希拉里宣称"21 世纪是美国的太平洋世纪",宣布从伊拉克和阿富汗撤军,正式实施美国的战略"东移",即把美国的战略重心从欧洲、中东地区转向亚洲、太平洋地区。对于美国的这一战略调整,其矛头指向中国,这个意图是很清楚的。因此,正确认识和应对美国的战略"东移"显得十分重要和必要。

一、美国战略"东移",意在遏制和防范中国

美国战略"东移"矛头指向中国,这是显而易见的。其真实的意图是什么呢?是要与中国干一仗,还是要遏制和防范中国,这是首先要弄清楚的。

美国战略"东移"并非与中国打仗。中国一般的老百姓听到美国战略"东移",矛头指向中国,脑子里直觉地感到美国是不是要与中国打仗?这是一个很大的顾虑,正确认识和应对美国的战略"东移",首先要消除这个顾虑。从世界形势和发展趋势看,经济全球化,使世界各国的经济更加紧密地联系在一起,尤其是中美之间经贸关联度更大,进出口贸易互为一、二位,中国是美国最大的债权国,美国是中国最大的债务国。因此,美国人提出,中美是利益攸关方。政治上,中美两国虽属不同的社会制度,是具有不同的价值观念,不同的文化意识形态的国家,但是,在反恐、伊核、朝核、反走私、反毒品等问题上存在着很大的合作空间。中美都是核国家,核武器多半不是拿来用的,而是吓人的,因为一旦打起核战争,就没有胜利者,而是同归于尽。在美国的全球战略中,他们认为今后的 20 年左右,是美国建立霸主地位——单极世界的战略机遇期,而在这一时期,要尽力避免与大国之间的战争。中国确立了到建国一百周年的时候,要基本实现现代化,实现中华民族的伟大复兴。要实现这一战略目标,必须争取一个和平的国际环境,一心一意谋发展,聚精会神搞建设,中国无意与任何国家发生战争,更不愿意与当今世界的头号强国——美国发生战争。从以上几个方面的分析可以得出结论:中美之间发生战争的可能性极小。因此,我们不必因美国战略"东移",中美之间会发生战争而担心。

美国的战略"东移",意在遏制和防范中国。1978 年,中国的经济总量约占世界经济总量的 1%。经过 30 多年的高速增长,到 2010 年,中国的经济总量占

世界经济总量的 15%，跃升为世界第二大经济体。预计 2011 年将达到 17% 左右。2011 年，世界经济处在危机之中，中国经济仍获得了 9.1% 的增长，成为世界上第一大出口国、第二大进口国、最大的外汇储备国。中国经济实力的迅速增长，引起了美国极大的关注，甚至有些不安。环顾全球，美国认为俄罗斯作为前苏联的继承人是"失败了的对手"，中国则是其"潜在的对手"。2010 年的统计资料表明，中国经济总量为 58790.61 亿美元，美国为 146578 亿美元，占世界经济总量的 37%，中国的经济总量还远远落在美国的后面，人均 GDP 就更落在后面了。中国还远不是美国的"对手"。但是，中国的经济增速很快，中国商品的竞争力、市场占有率很强，中国追赶美国的脚步很快。美国认为，能在未来挑战美国霸主地位的非中国莫属。美国是一个需要"对手"才能过日子的国家，没有了对手，似乎就失去了目标，提不起精气神来。根据美国人的思维逻辑来看，把中国作为他的"潜在的对手"是顺理成章的事情。有了"对手"，也就有了战略中心。美国围绕着战略"东移"，在全球范围内谋篇布局调兵遣将，就是要遏制中国做大做强，让中国人时刻记住，"不要忘记，美国老大就在你的身旁"。除了遏制中国的发展外，美国战略"东移"还有一层意图，就是防范中国。在美国人看来，中国是不太遵守秩序和规矩的，担心中国与周边国家发生军事冲突，如果损害到美国的利益，他可以及时介入，防范中国造成既成事实。

因此，遏制和防范中国是美国战略"东移"的真实意图。

二、美国战略"东移"并不可怕

美国是当今世界唯一的超级大国。美国的战略"东移"无疑是具有全球性意义的，对于中国来说虽不是什么好事，但是我们也没有必要患上"恐美症"。

（一）中美多次交手，美国没有占到便宜。二战中，美国支援中国人民进行抗日战争，功不可没。抗战胜利后，美国扶持国民党政府，武装国民党军队与中共作战。毛泽东主席提出"美帝国主义和一切反动派都是纸老虎"。三年解放战争，国民党败退台湾，美国也离开了中国大陆。新中国成立伊始，朝鲜战争爆发，美国军队打到了鸭绿江边，毛泽东主席号召"抗美援朝，保家卫国"，中国人民志愿军经过五次战役，把美军赶回到三八线以南，朝鲜战争结束。20 世纪 60 年代，美国发动了侵越战争，越南在中国的支援下，解放南方实现了统一，美国撤出越南。新中国成立后的 20 余年里，美国对中国实行政治上孤立，经济上封锁，军事上包围的政策。中国人民依靠独立自主、自力更生硬是挺过来了。到了 20 世纪 70 年代初，毛泽东主席提出"三个世界"的理论，打开了中美邦交和关系正常化的大门。由此可以看出,中美之间几经交手,虽然不可以完全讲美国都是败的,中国都是胜的,但至少可以说,美国人并没有捞到多少好处,占到多少便宜。这是历史的经验。

(二)中美之间力量对比发生了很大的变化。新中国成立之后的20年里,美国挟二战胜利的余威,在政治上、经济上、军事上牛气冲天。对中国采取岛链式的钳形军事包围,其中最里层的是从日本到韩国、中国台湾、越南、菲律宾、印尼、新加坡、马来西亚。而那时的中国积贫积弱,从力量对比上说,根本不是美国的对手。但是,中国人民在极其艰难困苦的条件下,靠万众一心,同心同德,志气勇敢和智慧与美国人斗智斗勇。那时有首歌:"世界上到底谁怕谁,不是人民怕美帝,而是美帝怕人民。"唱出了中国人的胆气和豪气,终于打破了美国的战略包围和封锁。上个世纪七八十年代,美国从中国台湾地区和越南、菲律宾等国撤军,其战略重心从中国转向了欧洲和中东。斗转星移,30年过去了,世界发生了深刻的变化,美国的战略又回来了。然而,今日之中国已不再是30年前的中国,现在的中国从政治上说,是联合国安理会常任理事国,拥有一票否决权,是当今世界最大的社会主义国家和最大的发展中国家;从经济上说,是世界第二大经济体;从军事上说,是亚洲的地区性大国,是核大国;从科技上说,虽然总体上还比较落后,但是,当今世界最先进的科学技术,中国也占有一席之地。如果说30年前,美国没有压垮,也没有吓倒中国人民,难道现在还能压垮或吓倒中国人民吗?30年后的美国重返亚太,与30年前也不一样了。首先,美国从中国台湾地区,越南的金兰湾海军基地,菲律宾的苏比克空军基地撤出后,在亚洲的军力部署已不如30年前了,而且他再想回到这些基地几乎是不可能的了。其次,美国现在深陷在债务危机之中复苏乏力,解决债务危机需要削减财政开支和军费开支。尽管美国对重返亚洲雄心勃勃,但总体说上,还是心有余而力不足。

(三)亚太的政治生态也发生了深刻的变化。20世纪70年代以前,还没有亚洲太平洋地区这个地域概念。那时,中国在这一地区的友好国家只有朝鲜、北越南,其他的国家如日本、韩国、越南南方西贡政权、菲律宾、印尼、新加坡、马来西亚等国和地区大都跟着美国的指挥棒转。现在,这些国家或地区都与中国改善了关系,实现了关系正常化。中国在这一地区正在发挥着越来越重要的作用。特别是在"10+3"框架内,中国、日本、韩国与东盟各国正在朝经济贸易区域合作的方向发展。这些国家和地区大都能从中国经济的快速增长中获益,美国要想拉上这些国家或地区如20世纪70年代以前那样来围堵中国已不可能。理智的政治领导人都明白,现在与中国作对,只能是与本国的经济发展作对。美国所能利用的也只是与中国在岛屿问题上有主权争议的几个国家,如日本、越南、菲律宾等,在其他方面美国所能操纵的空间很小。

三、积极应对美国的战略"东移"

美国实施战略"东移",既然矛头是指向中国,目的是遏制和防范中国,那么,中美之间增添许多麻烦、矛盾和冲突也是不可避免的。是消极避让,委曲求全,或是硬碰硬上,图一时痛快,还是"审时度势,守住底线,积极应对,斗而不破"。前两种不可取,还是第三种策略比较好。

所谓"审时度势",就是要立足于中国的战略目标,立足于中美关系的大局。中国的战略目标是争取和平的国际环境,充分利用不可多得的战略机遇期,争取在建国一百周年时基本实现现代化,实现中华民族的伟大复兴。为实现这个伟大的目标,中国在中美关系上仍然实行"增进信任,加强合作,减少麻烦,不可对抗"的原则,加强中美之间的政治、经济、文化、军事方面的合作,当矛盾和冲突发生时,进行有理有礼有节的斗争,既不搞委曲求全,也不搞意气用事,而是运用理智和智慧,促进中美关系沿着正确的方向和轨道发展。

所谓"守住底线",就是在事关中国内政、主权和领土完整等核心利益上不让步、不妥协、不留话柄。中国的内政不容干涉,如在人权、社会制度发展道路的选择上,容不得别人说三道四,中国的主权和领土不容侵犯,如台湾问题事关中国的统一和领土完整,钓鱼岛和南海岛屿事关中国的主权和海洋资源,西藏和新疆问题("藏独"、"新独")不仅是内政也关系到领土完整,这些都是中国的核心利益,既不容许美国挑头说事,也不容许美国做幕后推手。如果美国在这些方面说三道四或者做"小动作",中方必会进行严正交涉,斗争到底。在这些方面,守不住底线,都是对国家核心利益的出让或出卖,而且会给以后处理这些事情留下"祸根"。

所谓"积极应对",就是"出招接招"。中国不会主动向美国发难,而美国借各种名义,或者利用某些事件向中国发难则会是常有的事。"出招接招",就是美国出什么招,我们要有应招,能接招。首先要弄清楚美国的真实意图。接招的最好办法是借力还力,这是中国太极的精髓。如美国批评中国的人权状况,我们可以揭露美国的种族歧视,也可以请美国人到中国来考察;美国人拿"藏独"来说事,我们可以以美国的南北战争为例来比喻;美国领导人说,南海问题关系到美国的核心利益,关系到国际航道的安全,我们可以说美国与南海相隔万里,南海航道一直都是安全的航道,这些都击中了美国的要害,使他无话可说。积极应对除了"出招接招"外,还有在与周边国家和地区关系问题上一旦出现突发事件时的应对。比如,南海诸岛问题,如果越南、菲律宾采取过激过火的政策,中国用武力解决南海诸岛问题,并宣布保证南海国际航道的安全,美国也不会军事介入,因为美国与越南、菲律宾没有军事同盟。但是美国与日本有军事同盟,所以钓鱼岛问题将是最棘手的问题。对于周边国家和地区的突发事件,中国的应对一定要快,快刀斩乱麻,速战速决,当美国回过神来时,已成既定事实,美国再想怎么样,也晚了。

所谓"斗而不破",就是恪守中美三个联合公报和2011年1月胡锦涛主席访问美国时与奥巴马总统签署的协议。对美国违反上述文件的说法和做法要敢于批评和抗议,该说的话要说,不能"嘴软",该做的事要做,不能"手软"。美国做霸主,强权政治弄惯了,总以为别人离开了美国不能过日子。事实上,我们有求于美国,美国也有求于我们。我们不能老是受制于人,我们还可以反制于人。我们自己手中也有"牌",比如购买的美国国债,对美国的进出口贸易,在美国旅游等,这些"牌"都可以用。因为,美国现在最缺的是钱,最多的是失业人员,把这些"牌"用好了,美国也会体会到中国的厉害,这也是给美国的反华势力上上课。"欺软怕硬"是我们与美国人交往得出的重要结论。除了上面提到的在人权、社会制度、发展道路、西藏、新疆问题上的斗争之外,还有美国的对台军售,都必须进行坚决的斗争。在中美关系上,坚持斗争是必要的,只有坚持斗争,才能澄清事实,分清是非,才能促进中美关系健康发展。但是,与美国的斗争也应当有底线,这个底线就是"斗而不破",是斗争,不是搞对抗。因为,中美两国因社会制度,价值观念不同,外交基础很脆弱,中美关系一旦破裂,修复起来很难。而不进行斗争,委曲求全反而会滋长美国霸权主义的野心。

美国战略"东移"是美国现阶段的战略选择。美国现在把中国作为"潜在的对手",作为主要矛盾来看待。我们该如何应对?聪明和智慧的做法是淡化美国"潜在对手"的意识,至少我们不认为自己是美国"潜在的对手",我们无意挑战美国的霸主地位,也无意损害美国的国家利益,我们现在没有能力这样做,即使将来强大了,也不会这样做。世界上的矛盾也在发生着变化,既有全球性的,如金融危机,也有地区性的,如目前的叙利亚局势、伊拉克局势、朝鲜半岛局势,还有大国间的矛盾,如美国与俄罗斯、美国与欧盟间的矛盾。如何充分地认识和利用好这些矛盾,使美国的注意力从亚太地区转向别处,从而使美国的战略再次实行转移,这不仅需要力量,更需要智慧。

美国战略东移与南海风云

  南海诸岛自古以来属于中国,这是国际公认的事实。自20世纪70年代以来,虽然越南、菲律宾、印尼、文莱占领了一些南海岛屿,悄悄地搞石油开发,但没有敢公开地挑战中国的主权。自2010年以来,越南、菲律宾把占领南海岛屿公开化,并试图合法化,公然挑战中国对南海诸岛的主权,除了为岛屿主权及其海洋资源等利益所驱使外,其背后的推手是美国。美国在南海问题上兴风作浪,这又与美国的全球战略东移相关。

  纵观二战后美国的全球战略,曾作过几次大的调整,20世纪70年代之前,美国全球战略有两个重点:一个是以北约为依托与以苏联为主的华沙条约组织相对抗;另一个是以美日同盟,加上韩国、台湾地区以及东南亚条约组织对中国实施政治上孤立,经济上封锁,军事上包围。

  20世纪70年代,毛泽东认为中国最大的威胁来自"北极熊",即前苏联,为了与"北极熊"相抗衡,他从全球战略的高度提出"三个世界划分"的理论,打开了中美关系的大门,恢复了中华人民共和国在联合的合法席位。由此带动了中日、中韩,以及中国与东盟各国的邦交和关系正常化,打破了美国的对华包围,实现了中美建交和关系正常化。美国开始从亚洲撤退,其主要标志是从越南、台湾地区撤军,从菲律宾军事基地撤出。所以,20世纪70年代以后,美国的战略重心转向欧洲。前苏联是他的主要对手。

  20世纪90年代,前苏联解体。接着是原来与北约相对抗的华沙条约组织土崩瓦解。原来的成员国纷纷要求加入北约。美国一时丧失了对手。美国是一个需要对手才能过日子的国家,没有了对手,他那庞大的军事力量就会无事可做。那么谁是对手呢?美国的智库,战略家们、政客们认为,"俄罗斯是失败了的对手","中国是潜在的对手"。在新旧世纪交替的时候,美国已有了战略东移的打算。21世纪初,美国对中国采取了强硬的外交姿态。美国总统小布什和他的国防部长在台湾问题上表示出了极其强烈的信号:"武力保卫台湾。"这是2001年五六月份说的话。到了2001年9月11日,国际恐怖主义组织对美国发动突然袭击,世贸大厦轰然倒塌,吓得美国人出了一身冷汗。美国开始重新审视国际局势。在当年上海召开的APEC会议上,与会的各国领导人做出了一个共同的判断:国际恐怖主义、民族分裂分离势力、伊斯兰极端宗教势力是影响世界稳定的三股势力。这三股势力是全世界共同的敌人。这三股势力当然也是美国最危险的敌人。这三股势力往往交织在一起,反恐成为进入21世纪以后美国的首要任务。为此,美国与各主要大国,包括中国、俄罗斯在内建立起了国际反恐统一战线。美国暂时放弃了战略东移的计划,也改变了原来对中国强硬的态度,各大国之间的关系比较缓和。

"9·11"事件以后,美国打着反恐的旗号,于2001年年底发动了对阿富汗的战争,于2003年年初发动了对伊拉克的战争,推翻了阿富汗塔利班政权和伊拉克萨达姆政权。2008年,奥巴马在竞选总统演说中就承诺要从伊拉克、阿富汗撤军。这个撤军计划已经付诸实施。2011年,阿拉伯世界发生了许多变故。由于中东地区的阿拉伯国家大都实行专制独裁,政府贪污腐败无能,引起人民的不满,在人民的抗议声中,突尼斯、埃及政权更迭,利比亚反对派则在北约空袭的支持下上台,卡扎菲死于非命。现在,也门、叙利亚的局势也处在动荡之中,这些地区的政权更迭,局势动荡,无疑都加强了以美国为首的西方国家在这个地区的影响。再加上今年美国又在巴基斯坦境内击毙基地组织头目本·拉登。美国认为,反恐战争已经取得了决定性的胜利。美国战略东移的计划又被重新提上了议事日程。

事实上,奥巴马上台以后,就开始筹划美国新一轮的全球战略。2008年,奥巴马提出"21世纪是美国的太平洋世纪"。

在这之前,美国关注的重点不是太平洋而是大西洋,特别是北大西洋。之后,美国总统和他的国务卿多次强调美国也是太平洋国家。美国关注的重心由大西洋转向太平洋,表明美国的战略重心东移了。美国目前处在严重的债务危机中,要紧缩财政预算,包括裁减军费,但是,美国新上任的国防部长说,美国不打算削弱在亚洲的军事力量。由此可见,美国战略东移已从舆论进入实施阶段。

美国战略重心东移,或曰"重返亚洲",其矛头指向谁呢?无论是从政治制度,意识形态,还是经济实力,发展后劲等方面看,美国无疑是把中国作为他的对手。因此,战略东移其实质是针对中国的。那么,突破口在哪里呢?美国就选择了几个国家与中国有争议的南海问题。

2010年,美国国务卿希拉里·克林顿提出:南海问题"关系到美国的核心利益"。南海与美国相距万里,除了隔着太平洋外,还隔着菲律宾、印度尼西亚、文莱、马来西亚、新加坡,怎么会关系到美国的核心利益呢?真是无稽之谈。2011年,美国总统奥巴马又说,南海关系到国际航道的安全,企图把南海问题国际化。南海从来就是安全的,并没有发生航船遭劫遭袭遭毁的事,这又是无稽之谈。这些经不住批驳的言论成了美国战略东移的理由。正是看到了美国战略东移,正是看到了美国企图把南海问题国际化,把南海的水搅混,有些国家自认为有美国在后面撑腰,也就有了自2010年以来,越南拉上美国、印度,菲律宾拉上美国、日本在南海问题上的嚣张而又拙劣的表演,造成南海风云诡异、变化莫测的态势。

"主权在我,搁置争议,共同开发",坚持与有争议的国家举行谈判解决问题,反对把南海问题多边化、地区化、国际化,这是中国的基本立场。相信中国政府和人民有智慧能处理好南海问题。但是,中国政府现在必须把底线守好。要让世人和相关国家明白,中国在南海问题上是有原则的,中国的主权不容挑战,而不是息事宁人的态度。同时,对美国战略东移必须保持高度的警惕,并及早做好应对的准备。

南海问题及其前途

南海,曾称南中国海,包括东沙群岛、西沙群岛、中沙群岛、曾母暗沙、黄岩岛和南沙群岛,海域356万平方公里,石油储量达1000亿吨,还有丰富的渔业资源和海底矿产资源,是中国也是世界航运的重要战略通道。

一、南海问题及其由来

南海及其群岛,是中国人最早发现并命名、标图的,自古以来就属于中国,这在历史上是没有疑义的。二战结束以后,中国国民政府收复南海诸岛宣示主权,并用地图标界,公示世界,越南、菲律宾等南海沿岸国家都是承认和接受的,并表示同意。直到20世纪70年代,经调查表明南海有巨大的油气储藏,南海周边的一些国家开始占领一些岛礁,并引进外国公司在南海搞石油钻探。南海问题逐渐显露出来。那时,由于国内"文革"尚未结束,政府主要精力集中在国内。当越南西贡兵悍然侵占我西沙群岛时,我军还是把越南西贡兵赶出了西沙。改革开放以后,邓小平关于南海问题提出了"主权在我,搁置争议,共同开发"的原则,释放出与南海周边国家"以邻为伴"的善意。越南、菲律宾等国并不领情,而是肆意侵占我南沙群岛诸岛礁,到目前为止,越南占了29个,菲律宾占了8个,马来西亚占了5个,文莱占了2个。除最大的岛——太平岛由中国台湾控制外,南沙群岛诸岛礁大都被周边国家占了。他们划定海域请外国石油公司钻探石油,目前南海已有上千口油井。越南原来是石油进口国,南海油田的开发,使之一跃成为石油出口国,中国从越南进口石油约占年进口总量的1.5%,300多万吨。我国政府讲的三句话"主权在我,搁置争议,共同开发",越南、菲律宾等国置若罔闻,将中国政府撇在了一边,搞单边开发、独自开发。

所谓南海问题主要是指南沙群岛岛礁被占领,海域被瓜分,资源被掠夺,越菲等国突破中国底线,频频制造事端的问题。中国政府仍保持理性以善意的态度与南海周边国家制定了《南海各方行为宣言》,希望在这个框架内既能维护中国的主权,又能维护南海的和平,促进相关国家的发展。然而,事与愿违!自2010年美国宣布战略东移,重返亚太,越南、菲律宾以为可以傍上美国,在南海问题上更加肆无忌惮地挑战中国的主权。一方面驱赶、扣留中国在南海作业的渔船;继续划定海域招标外国石油公司到南海钻探。另一方面,拉上美国、日本、印度等大国在南海搞联合军演,在国际上频频放话,企图使其占领的南海岛礁合法化。自 2010 年以来,南海风波一个接着一个,已成为中国人揪心的问题,也是中国政府越来越不能回避的问题。南海丰富的油气资源,海底矿物资源,渔业资源事关中华民族子孙后代的可持续发展。在我们手里拿回来,千秋伟业;在我们手里丢掉了,千古罪人。

二、解决南海问题的方式和前途

南海问题如何解决,事关南海的前途。

(一)谈。这是我们的本意。邓小平提出的"主权在我,搁置争议,共同开发",不仅仅是善意,也是那个时期所决定的。那时的我们要集中精力搞经济建设。从邓小平提出这三句话到现在快 30 年了,好不容易谈了个《南海各方行为宣言》。越南、菲律宾等国遵守了吗? 还不是照样的我行我素、肆意妄为!南海问题争议的是什么? 争议就在于主权。主权问题的争议能搁置得起来吗? 事关主权的问题能谈得拢吗? 根据南海问题的现实状况,这三句话可作适当调整:"主权在我,不容争议"。既然有大量的物证,文字资料能证明,"南海及其诸岛自古以来就是属于中国的",那么,在岛屿及其海域问题上,就应视为中国的疆域,不容许任何国家与我们争论主权问题。如果越南、菲律宾等国再与我们争主权,那是谈都不要谈的事。我们主张谈,谈什么呢? 比如中菲之间关于黄岩岛的事。黄岩岛自古以来就属于中国,这是不容争议的,是不可以谈的。最早的海洋法规定领海范围是 12 海里,后来有了个 200 海里专属经济区。按照现行的 200 海里专属经济区,菲律宾的巴拉望岛和中国的黄岩岛有互相交叉重叠的地方。黄岩岛与巴拉望岛相互交叉重叠的海域如何划界,中菲之间是可以谈的。因此,在主权归属问题上是很难谈得拢的,在双方主权确认的情况下,有争议的部分如何划界是可能谈得拢的。解决南海问题,希望用谈的方式,即用和平的外交方式解决,其作用是十分有限的。主权是谈不回来的。

(二)拖。维持现状,继续打"口水战"。拖,不是解决南海问题的积极态度。拖,对越南、菲律宾等国最为有利。因为,(1)岛礁已经被他们占有,时间越长越有利于他们占有的"合法化";(2)他们与外国石油公司合伙的油井日夜在冒着油,滚滚的石油意味着日夜都有石油美元进项;(3)越南正在向俄罗斯购买军舰和潜艇,菲律宾也正在向美国购买舰船,拖,有利于他们加强海军力量;(4)越南、菲律宾在积极地拉上美国、日本、印度、俄罗斯等大国在南海搞联合军演,这一点特别符合美国重返亚太的全球战略。反过来说,拖对我们最为不利。因为,(1)无限期地拖下去,会为越南、菲律宾现实上侵占,行使管辖权,使之侵占"合法化"提供方便;(2)石油资源每时每刻都在损失;(3)美国目前在南海问题表示中立的态度,中国有句老话,"夜长梦多",很难预测三五年、十年二十年后,美国会持什么样的态度;(4)中国人的忍耐是有限度的。中国人民对于南海问题,对于、越南、菲律宾的贪婪、愚蠢和猖狂已经是到了"是可忍,孰不可忍"。综合以上分析,南海问题,拖不是办法,我们想维持现状,别人却得寸进尺,现状是维持不了的。因此,权衡利弊,南海问题迟解决不如早解决,越拖越被动。

(三)打。这不是我们的本意,是不得已而为之。既然越南、菲律宾对中国在南海问题上的善意不领情,对中国的警告置若罔闻,仍然一意孤行,那就等于把中国人民逼到了底线,必须用武力捍卫南海的主权和资源。(1)既然"中国自古以来对南海拥有无可争辩的主权",为主权而战"师出有名"。现在看来,谈和拖有可能丢掉主权,"南海一战"不是以大欺小,以强凌弱,而是唯此才能恢复和行使主权。这几乎是南海前途的不二选择。(2)中国的海军能到达南海。与中国的军事力量相比较,越南、菲律宾还不是同量级的对手。只要下决心,认真地做好准备,"南海一战",中国必胜。当年的"西沙之战"就是成功的案例。(3)现在用武力解决南海问题美国不会军事干涉,因为,美国现在与越南、菲律宾都还没有结成军事同盟。

南海问题是个复杂的问题,必须认真谋划,顾及各方面的利益关系:(1)为恢复对南海诸岛行使主权,可要求有关国家从占领的岛礁上限期撤出,逾期不撤出的,武力解决。这叫先礼后兵。(2)宣布属于中国南海海域的油井、钻井平台一律收归国有,其外国公司的利益受到保护。由中国政府与外国公司重新签订合同,其利益分成保持不变,使外国公司的利益得到中国政府的合法保护。(3)中国对南海行使主权后,按照国际惯例,南海作为主要的国际航道其无害通行仍是自由的、安全的。(4)南海的石油和其他资源的开发利用,欢迎各国包括南海周边国家积极参与,利益共享。这些方面的工作做好了,解决南海问题我们就做到了有理有礼有节,在世界上就不会引起太大的风波。

解决南海问题要通盘考虑,目前,西沙群岛和中沙群岛属我国管辖,东沙群岛和南沙的太平属我国台湾管辖,中沙主要的黄岩岛被菲律宾侵占,南沙主要被越南、菲律宾侵占。解决南海问题不要留后遗症，除我国台湾控制的岛屿外，所有别国占领的岛礁一起解决。至于台湾控制的岛礁，则是中国人内部的事情。解决南海问题，台湾如能参加，其南沙的太平岛可用，那是事半功倍的事，也是台湾当局对中华民族捍卫领土主权的一大贡献。

中华民族是热爱和平的民族。中华民族有抵御和抗击外辱的历史传统。属于别人的领土、领海，我们一寸不要；属于自己的领土、领海，我们一寸不丢。在解决南海问题上，可以说中国人民已经同仇敌忾，众志成城。这是十分可贵的民心民意。民心不可逆，民意不可忤。

日本大地震的影响

第二次世界大战,以日本宣布战败而结束。作为战败国的日本不得不接受美军驻扎,接受由美国牵头制定的和平不战的宪法,以及割让北方四岛给前苏联。战后,日本在美国的扶持下很快崛起,到80年代中期,经济总量位全球第二,创造了许多神话:日本经济奇迹,安全帝国、金元帝国等。到了90年代,日本提出了要成为与经济实力相对应的政治大国、军事大国的战略,还想趁联合国改革之机,成为安理会常任理事国,突破和平宪法的框架,向海外派兵。然而,历史似乎总是与日本过不去,20世纪90年代中期的阪神大地震、奥姆真理教在东京地铁投放化学武器,粉碎了其安全帝国的神话;1997年亚洲金融危机,日本经济泡沫破灭,从此进入衰退和停滞时期,日本称之为"失去的十年"。这次由美国次贷危机引起的世界性的金融危机,再一次冲击了日本。2010年,当中国、美国经济开始出现好转,日本经济仍萎靡不振,但似乎出现了一些亮光。2011年3月11日,日本东北沿海发生了大地震,大地震引起的海啸,以及由大地震、海啸导致的核泄漏,三大灾害齐集,日本再一次遭到重创。损失到底有多大?目前还没有准确的统计数字,但就其后果来说是十分惨重的。其影响有多大?也很难作出精确评估,但有些方面的影响是可以看出来的。

一是灾后重建。少则3~5年,多则8~10年,日本主要精力将是放在修理自己的院子上。大地震和海啸造成的死亡人数估计在2万人以上,有形的经济损失在1500亿美元左右。铁路、公路、桥梁、机场、码头的修建、近海城镇的重建,以及遭灾区域生产力的恢复均需要5年左右才能完成。核泄漏的影响更为深远,可能很多年以后还会留有"后遗症"。因此,在比较长的一个时期内,日本的主要任务是灾后重建,日本要重振雄风,至少是10年以后的事。

二是俄日关系。2010年年底,俄罗斯总统梅德韦杰夫视察南千岛群岛(日本称北方四岛),日本对此表示了极大的愤怒,首相菅直人甚至不顾外交礼仪批评梅德韦杰夫此举是"不能容忍"的。日本对其北方四岛提出领土要求,绝不仅仅是出于对地理、资源、战略地位的考虑,更深层次是要推翻二战的结果,为战败国的地位翻案,为成为安理会常任理事国、成为政治大国铺路。大地震以后,北方四岛回归可能会暂时搁置;俄日关系会有所改善。

三是朝鲜半岛紧张局势会有所缓和。2010年,太平舰事件以后,出现了延坪岛炮击事件,美韩军事演习、美日韩军事演习连续不断,向朝鲜示威。朝鲜半岛密布战争的阴云,战争似乎有一触即发之势。在各方的斡旋下,最后一刻,朝鲜的忍让避免了战争的爆发。大地震以后,日本要忙于灾后重建,在朝鲜半岛兴风作浪的作用将会减小,有利于半岛紧张局势的缓和。

四是美日关系。美日关系是互为对外关系的基石。日本对外政策,向以"傍大腿"著称,即世界上谁的力量最强大,它就跟在谁后面。二战以后,日本一直以美国的外交政策为政策,但是由于军事基地问题,美日之间意见难以统一,美日关系出现了一些不愉快。大地震以后,美国立即对日展开援助,并派军舰去支援,这是"示好"给日本人民看;加上"核泄漏"肯定需要美国的技术援助,美日同盟关系将进一步加强。

五是中日关系。中日是近邻,中日两国要世世代代友好下去,但这往往是中国的一厢情愿。日本在二战和钓鱼岛问题上的顽固立场是影响两国关系的根本。自钓鱼岛撞船事件以来,中日关系降到了近年来的低点。中国政府对日本大地震表示了同情,对日本急需的救灾物资给予了无偿的援助。中日关系虽不会好到哪里去,但大地震后,中日关系会有所改善。

六是"核泄漏"的影响。福岛第一核电站的 1,2,3,4 号机组相继发生爆炸,"核泄漏"事件在世界范围内引起的恐慌,就如同日本大地震一样。首先是日本人自身,由于他们吃过美国在广岛、长崎扔下的原子弹的亏,对"核"特别敏感,东京的一些市民已纷纷逃离。其次是日本周边国家的人民也都担心受到核辐射。再就是"核能源"原来被认为是清洁能源,而现在一些国家特别是欧盟重新审视"核政策",对核电站采取更加严格的安全措施,有的主动关停核电站,有的终止核电站计划,这对世界能源市场的影响将是深远的。

总之,由于日本与周边的俄罗斯、中国、朝鲜、韩国之间存在着领土争端,震前曾闹得沸沸扬扬,但震后这些国家都对日本展开了援助。几年内日本可能无暇顾及到领土争端,东北亚的局势会趋向缓和。

大地震之前,菅直人内阁已经摇摇欲坠。菅直人的支持率下降到了 20% 以下。在巨大的灾难面前日本朝野会团结一致共渡难关,相信日本能克服困难,取得救灾的胜利,但"灾后重建"的路会很长很长。

钓鱼岛的历史和战略地位

南海风波未平,钓鱼岛风波又起。2012 年,是中日建交四十周年,本来是应该庆祝一番的,但是,日本右翼势力绑架日本政府,先是东京都知事石源慎太郎发动民间捐款,购买钓鱼岛,继而野田首相提出将钓鱼岛收购国有,以及右翼人士到钓鱼岛海域搞什么钓鱼比赛、"慰灵"活动等,旨在宣示对钓鱼岛拥有主权。这引起了全世界中国人的警惕和愤怒。8 月 15 日香港保钓人士冲破日舰的层层包围和封锁,把五星红旗插上了钓鱼岛,大长了中国人的志气。事情不会到此结束,中日两国在钓鱼岛问题上的斗争还会继续下去。

一、钓鱼岛自古以来就是中国的固有领土,中国对钓鱼岛拥有无可争辩的主权

这是中国外交部发言人谈到钓鱼岛时必说的两句话。这两句话的法理依据是什么呢?

（一）中国人最早发现钓鱼岛,最早给钓鱼岛命名和标图

根据现有的文字记录,1534 年,明朝册封使陈侃出使琉球王国,在《使琉球录》中就明确记载了"过钓鱼屿,过黄尾屿,过赤屿"等岛屿后进入琉球海域。1582 年,明朝将其列入版图,隶属福建省管辖。中国的渔民自古以来就在钓鱼岛海域捕鱼。清朝乾隆年间,林子平绘《三国通览图说琉球国部分图》,图中有钓鱼岛,并说明不属于琉球王国。根据联合国宪章的精神,谁最早发现,最早命名,最早开发,谁就对该地拥有主权。日本最早发现钓鱼岛是 1884 年,比中国晚了 350 年,因此,中国对钓鱼岛拥有主权是无可非议的。

（二）根据《开罗宣言》和《波茨坦公告》的精神,中国对钓鱼岛恢复行使主权

1879 年,日本吞并琉球群岛,清朝政府反对未果。同年,就琉球群岛归属进行谈判,双方都认为琉球群岛共 36 个岛屿,并不包括钓鱼岛。这时的日本还没有发现钓鱼岛。到 1884 年,日本才发现钓鱼岛。

1895 年,甲午战争,清政府战败,在签订《马关条约》前 3 个月,日本将钓鱼岛划归冲绳县管辖。《马关条约》中清政府将台湾及其岛屿割让给日本。

1900 年,日本将钓鱼岛群岛改名为"尖阁群岛"。

1943年12月1日，中美英三国分别在重庆、华盛顿、伦敦三地同时发表《开罗宣言》，其中明确规定：剥夺日本自1914年第一次世界大战开始后在太平洋上所夺得或占领之一切岛屿；在使日本所窃取于中国之领土，例如东北四省、台湾、澎湖群岛等，归还中国。

1945年7月26日，由美英中签署，后来前苏联也参加的对日本劝降书《波茨坦公告》规定：日本投降以后，其政权只限本州、北海道、九州、四国及由盟国指定的岛屿。这就规定了战后的日本版图，既不包括琉球群岛（冲绳），也不包括钓鱼岛。

1945年8月15日，日本天皇发布"停战投降诏书"，表示无条件接受《波茨坦公告》和《开罗宣言》。

1945年10月25日，中国政府恢复对台湾的主权，当然也就包括了对澎湖列岛、钓鱼岛的主权，当时钓鱼岛归台湾的宜兰县管辖。

（三）美国将钓鱼岛行政权转让给日本属私相授受

《开罗宣言》和《波茨坦公告》规定了战后日本的版图就是四个大岛，也不包括冲绳。关于冲绳的地位，现在有资料称：美国罗斯福总统曾两次征求蒋介石的意见。第一次，罗斯福对蒋介石说，战后将冲绳还给中国（注：琉球在历史上是中国的藩国），蒋介石没有吱声。又一次见面时，罗斯福第二次对蒋介石说将冲绳交给中国，蒋介石回答："没有这个准备。"罗斯福说："那就由联合国授权，由美中两国托管吧。"是什么原因造成蒋介石如此态度，我们不得而知。二战胜利前夕，罗斯福总统去世。二战后的冲绳实际成了美国人独管。

20世纪70年代初，美国决定从亚洲撤退，私自将冲绳交还给日本，同时也将钓鱼岛交给日本管辖。中国政府第二天发表声明：钓鱼岛自古以来就属于中国，反对将钓鱼岛交给日本。美国政府立即改口说，是将钓鱼岛的行政管辖权交给日本，而不是主权。对此，中国大陆、台湾都声明，钓鱼岛主权属于中国，反对将钓鱼岛行政管辖权交给日本。

美国未经联合国同意，也未和中国商量就擅自将由联合国授权由中美两国托管的冲绳和钓鱼岛交还日本，从法理上讲叫"私相授受"是恰如其分的。私相授受在法理上是无效的。

（四）对钓鱼岛的主权归属问题，日本有识之士也认为属于中国

对钓鱼岛的主权归属问题，不仅中国的学者进行研究，日本的学者也在研究，而日本的国民大都不知道钓鱼岛的历史沿革。2004年，日本横滨国立大学教授田中禧在查阅了大量的历史资料后，出版了《尖阁列岛（钓鱼岛）争议》一

书,其结论是:明朝以来各种各样的中国地图和文献都把钓鱼岛、黄尾屿、赤尾屿注在中国的版图内。没有人会说田中禧教授是日奸吧。

二、钓鱼岛的战略地位

钓鱼岛的陆地面积 3.4 平方公里,处在东经 123°~124°34′,北纬 25°40′~26°之间,是钓鱼岛列岛的主岛。钓鱼岛列岛共由 8 个岛组成,陆地面积共6.3 平方公里,海域面积 17 万平方公里。

（一）地理位置十分重要。钓鱼岛距台湾的基隆 190 公里,距福建的福州和冲绳的那坝市都是 420 公里,处在中国大陆、台湾与冲绳的要冲处。我国每天有大批的能源和商贸船舶要经钓鱼岛附近海域出入。一旦失去,我国的物资及能源风险就会成倍增大。

（二）资源丰富。钓鱼岛附近海域,渔业资源和矿产资源非常丰富。岛上盛产天然中草药,曾经是明清两朝太医院专属药岛。钓鱼岛属新三纪沉积盆地,经勘探海底蕴藏着丰富的石油资源,1982 年估计其石油贮量在 737 亿~1574 亿桶。

（三）战略地位极为重要。钓鱼岛及其海域不仅是我国重要的物资和能源战略通道,同时,在军事上也具有极为重要的战略地位。美国封锁和扼制我国的第一岛链是从日本、冲绳、钓鱼岛、台湾,到菲律宾、新加坡、马来西亚等一线。失去钓鱼岛,美国的岛链战略就能如愿以偿,我们就会受困在四海之内而出不了洋。我们要发展海军,就要建立自己的航母群。航母不是停在母港的摆设,航母要走向世界。一旦失去钓鱼岛,中国的航母就不能东出太平洋。而我国掌控了钓鱼岛,不仅能保证物资和能源商贸的航行安全,而且将美国的第一岛链撕开一个大的缺口,为中国海军未来的发展提供重要的战略通道。

美国正是认识到钓鱼岛如此重要的战略地位,才将钓鱼岛私相授受给日本;也正是因为钓鱼岛及其海域蕴藏着十分丰富的海洋资源,日本在美国的庇护下才敢冒天下之大不韪,不惜损害中日关系发展的大局,与中国叫板、较劲。

三、中国对钓鱼岛志在必得

中国称对钓鱼岛拥有无可争辩的主权,日本称对钓鱼岛也拥有主权,而且实际控制着钓鱼岛。日本违反了对中国政府的不住人、不驻军、不开发岛上资源的承诺,频频挑衅、惹事,中国该怎么做? 中国对钓鱼岛志在必得。

（一）这是一个涉及国家主权的问题，是对党和政府执政能力的考验。从香港澳门顺利回归，到与台湾共谋和平发展之路的历史和现实来看，相信党和政府的立场是坚定的，不会在我们手里丢掉主权。

（二）钓鱼岛拥有重要的战略地位，事关生存和战略出路，我们志在必得。日本右翼分子及其政府无论使出什么招数，我们都要见招接招，接招拆招，就是不能让日本占领钓鱼岛的阴谋得逞。我们已到底线，我们已没有退路。在钓鱼岛主权问题上，我们不得不争，不得不斗，是志在必得，要抱定坚决斗争到底的决心。

（三）对日本要有清醒的认识，保持高度的警惕。周恩来、邓小平针对钓鱼岛问题都曾讲过："下一代比我们聪明，会想出一个各方都能接受的方案，留给后人去解决"（大意）。日本右翼分子及其政府乘着美国重返亚太的时机，迫不及待地跳出来，公然向中国的领土主权挑战！我们还能等吗？不能！对日本，我们不能总是一厢情愿。我们要日本反省历史问题，他们认真地反省过吗？没有！我们希望中日两国世世代代友好下去，钓鱼岛的事情表明什么？表明他们不愿意！我们也希望中日两国和平共处，取长补短，共同发展，他们有这种心态吗？更是没有！当我们在经济总量超过日本，他成为老三，我们成为老二时，他抛出是什么呢？是"中国威胁论"。因此，在钓鱼岛问题上，推而广之在中日关系问题上，我们要丢掉一切幻想，保持清醒的头脑，才能保持高度的警惕，才不至于陷入过分的被动。

（四）团结就是力量。保钓是中国人的共同责任。需要民间的力量、官方的力量、两岸三地的力量，需要全世界爱国的华侨、华人的力量，而且这些力量要整合到一起，才能势不可挡。

可以这样说，这四个方面都有声音，有的也采取了行动，比如8月15日保钓人士登陆钓鱼岛的壮举：当14位保钓人士和记者被日本扣押时，中国外交部、香港特区政府、台湾地方当局都分别发表声明，与日方交涉，使14位被扣人员很快被释放。钓鱼岛是中国固有领土，二战以后归台湾宜兰县管辖，因此，台湾当局对于钓鱼岛更应该有积极的举动。台湾地区领导人马英九先生是在美国攻读法律的，他的博士论文就是论述东海大陆架和钓鱼岛归属问题。希望他能在中华民族伟大复兴的旗帜下，国共两党携起手来，像八年抗战那样共同对付日本，何愁钓鱼岛主权旁落。这是全体中国人的共同期待。

二战以后，美国的势力如日中天。毛泽东在延安发出"美帝国主义和一切反动派都是纸老虎"的宣言。他鼓舞着中国人民取得解放战争和抗美援朝、抗美援越战争的胜利。如今,美国因经济衰退,日本因福岛核泄漏和连续的经济衰退,正在成为纸老虎。我们的国力在上升。在钓鱼岛问题上,及至于在许多国际关系上,我们不与美国、日本搞对抗,但是,美日如果处处与中国为敌,硬是把我们逼到了墙角,我们也不要怕! 为了中华民族的现在和将来,为了捍卫国家主权和领土完整,我们应挺起胸膛,勇敢地应对一切挑战。

战后,日本一直做着大国梦

20世纪发生了两次世界大战,日本和德国都是战争的策源地和战败国。在二战即将结束时,美英苏中等大国,亦是二战的战胜国,为了防止日德重新挑起战争,祸及人类,决定对日德进行分区占领,分而治之。二战结束时,美苏分别占领了东德和西德,德国被一分为二。日本则是由前苏联占领了北方四岛,中国国民党为了争抢抗战胜利的果实,无暇顾及对日本本土作战,余者由美国独家占领。德国对战争进行了彻底的反省,敢于承担战争责任和战败国的罪名,向被德国法西斯侵略过的国家和人民谢罪、赔偿,并把这段极不光彩的历史写入教科书,教育子孙后代。德国获得了世界的谅解。两德统一以后,成为一个"正常国家"。而日本则不然。日本几乎是由美国独家占领的。在美国的庇护下,日本对战争采取了不认罪、不谢罪、不赔偿的态度;一批战犯没有受到应有的惩罚,如双手沾满中国人民鲜血的侵华日军总司令冈村宁次成为蒋介石的军事顾问,有的战犯虽经审判,判了绞刑,如东条英机,但被供奉进靖国神社;日本把侵华战争说成是为了把中国和东南亚国家从美英势力解放出来,建立所谓的"大东亚共荣圈",把屠杀了30万军民的"南京大屠杀"说成是中国人捏造的,并把这些写入教科书内,以掩盖其侵略的罪恶历史;日本天皇发布的投降诏书,明明是向同盟国投降,中国是抗日的主战场,是同盟国的主要成员之一,日本现在有人连这个都不承认了,只承认向美国投降而不承认向中国投降。如此等等,不一而足。日本对待二战的态度同德国是无法相比的。

今天看来,二战的成果主要有两个方面:一是规定了日本的版图仅限于本州、北海道、九州、四国及其由盟国指定的岛屿,剥夺日本从第一次世界大战爆发后,在太平洋上夺得或占领的一切岛屿。二是在美军的占领下,为日本制定了一部新宪法,并于1946年11月3日公布,俗称"和平宪法"。这部宪法建立了较为完善的议会制度,规定日本永远放弃战争,应成为无军备的国家,日本实行专守防御,不得向海外派兵驻军,禁止用军事手段解决国际争端。这两项成果如两条绳索捆绑住了日本的手脚,对抑制日本复活军国主义起了积极的作用。二战以后,特别是从20世纪80年代开始,日本右翼势力不断地挑战这两项成果,力图改变自己战败国的地位,成为一个"正常国家",并图谋成为经济大国、政治大国、军事大国。一言以蔽之,二战以后,日本一直在做着大国梦。

一、经济上所谓的"日本奇迹"

二战中,日本一方面从被占领国掠取大量的资源和财富,另一方面,在战争中也消耗了大量的人力、物力和财力。战争结束前夕,日本还吃了美国的原子弹,国力凋敝。战后,美国曾对日本提出了苛刻的战争赔偿。中国国民政府分三批从日本拆运回了一些机器设备,价值 2500 万美元左右。中国军民在战争中伤亡 3500 万人,一条人命不足 1 美元。由于日本战后装穷,加上美国改变了对日政策,日本对华赔偿也就不了了之。

战后不久,由于美苏冷战,也由于中国革命战争接近胜利,1948 年 1 月,美国陆军部长罗亚尔声称要使日本成为"经济上自主"的"远东反共堡垒",对日本的经济由抑制、打压变为扶持。1949 年,美国向日本提供了总额为 23 亿美元的贷款和援助,向日本提供了大量的粮食、原油、煤炭等物资。1950 年,朝鲜战争爆发,日本成为美国的"远东兵工厂"。

朝鲜战争基本结束后,日本获得了 24.7 亿美元的巨额外汇,日本经济恢复生机,并超过了战前水平,为日本以后的经济腾飞打下了基础。20 世纪 60~70 年代,越南战争使日本又一次获得了美军大量的订单,日本经济开始起飞。

20 世纪 70 年代末,中国开始实行改革开放,首先受益的是日本。那时日本的收音机、录音机、电视机等家用电器,正是中国紧缺的,中国成为日本电器最主要的倾销市场。日本的企业也开始进军中国,中国成为日本最主要的投资场所。20 世纪 80 年代,以美国为首的西方资本主义国家都陷入了"滞涨",而日本得益于中国的改革开放,经济仍高速发展,创造了所谓的"日本奇迹"。20 世纪 80 年代,日本如同腰缠万贯的"暴发户",以其雄厚的经济实力,敢于对美国说"不",气势汹汹地提出"收购美国"。日本人开着装满美钞的丰田面包车到美国去"圈地",收购了代表着美国现代化的"洛克菲勒"中心,收购了代表美国人体质和精神的"棒球俱乐部",收购了象征着美国人头脑(意识形态)的"好莱坞"。然而,好景不长。1997 年爆发的亚洲金融危机把日本一下子从巅峰摔到谷底,日本的经济泡沫破灭,所谓的"日本经济奇迹"成为历史。15 年过去了,日本经济增长始终处在 1% 与 -1% 之间。2008 年的世界金融危机,2011 年的海啸和福岛核泄漏对日本的经济无疑是雪上加霜。而正是在这15 年中,中国经济高速增长。2010 年第二季度超过日本,现在中国的经济总量大约是日本的1.4倍。

二、政治上谋求安理会常任理事国

当日本依靠其雄厚的经济实力提出"收购美国"时,日本的右翼势力提出要使日本成为与其经济大国地位相称的政治大国,成为"正常国家"。

所谓"正常国家"就是要摆脱战败国的地位,要摆脱"和平宪法"的束缚。日本右翼势力多次提出要"修宪",要修改不利于日本成为"正常国家",成为政治大国的条款,要搬掉绊脚石。应当说,美国有利用日本遏制中国的一面,也有对日本右翼势力发展警惕的一面。因为,近代以来,日本屡屡发动侵略战争,侵略扩张是日本民族意识的重要组成部分,这是全世界人民都知道的;日本偷袭珍珠港是美国的奇耻大辱,且有切肤之痛;"和平宪法"是美国制定的,右翼势力提出要修宪,司马昭之心,路人皆知,美国也是心知肚明的;而且,修宪的阴谋一旦得逞,日本成为"正常国家",美国就可能面临着从日本撤军的要求。在修宪的问题上,美国不支持。美国不点头,修宪也就不能付诸实施。

进入21世纪,在讨论联合国改革问题时,其中一项就是将现在联合国安理会常任理事国由5个增加到9个。日本对这件事特别感兴趣,特别兴奋,那时的日本外交进入特别活跃期。与世界主要大国沟通;希望能与德国、印度、巴西抱团成为常任理事国;对中小国家提供经济援助,希望能投他一票。"9·11"事件后,美国的注意力转入反恐,反对"三股势力"成为全世界的主要任务,联合国改革被搁置了,日本要成为联合国安理会常任理事国成为"一枕黄粱"。

三、军事上军国主义阴魂不散

战后,美国对日本军国主义的清算是很不彻底的,除了上面讲的对待战犯过于宽容,对于700多万日军也就是就地解除武装,没有使他们受到惩罚。这些人在美国的羽翼下摇身一变成了"无罪清白"的人,渗透到各行各业,各条战线,各级政府部门。如岸信介曾任东条英机内阁大臣,是甲级战犯,被捕后于1948年获释,1957年任内阁总理大臣,亲美反华反共,主张修宪,扩充军备,要求修改《警察职务法》,以复活战前法西斯主义的《治安体制》。又如永野茂名是日军大佐,战后成为陆上自卫队幕僚长,1994年又任内阁大臣,他曾叫嚷:"太平洋战争是为了解放殖民地,建立东亚共荣圈,不是侵略。"军国主义的余孽们组成1800个团体,成员达10万之众。其中有170多万老兵和200多万阵亡的军人家属遗族,他们都领过日本政府付给的丰厚津贴和抚恤金。美国对日军的宽容,日本政府对旧军人的优待,是日本军国主义绵延不绝的根源。

战后 60 多年,二战中的日本军人都相继离世,但是,军国主义阴魂不散,且时有抬头。其中心议题是修宪,扩充军备,使日本成为军事大国。

(一)要建立国防军。"和平宪法"规定"日本是无军备的国家",右翼势力提出日本要建立自己的国防军。最近在钓鱼岛事件上,日本有人再次提出建立国防军。

(二)扩充军备。日本的防卫主要是依托美国,但其防务开支数额巨大。如 1996 年日本防务预算达 500 亿美元,再加上军人退伍费,使得日本防务开支高居世界第二位。现在日本的防务支出大体位居世界的第四位或第五位。日本防卫预算用在自卫队人员身上的费用较少,主要用在先进的武器装备上。

(三)变"专守防卫"为"动态防卫"。"专守防卫"是指当某国对日本本土发起攻击时,日本自卫队可以进行防御作战。在钓鱼岛事件上,日本右翼提出"动态防御",即当不属于日本本土而日本自认为是他的岛屿受到进攻时,日本自卫队也可以离开本土作战。这就突破了"专守防御"的框架。

(四)向别国别地派兵。"和平宪法"规定日本不得向外派兵驻军。日本利用阿富汗战争,利用非洲维和,利用反海盗等实现了对外派兵、派维和部队、派军舰护航。

(五)向别国出售武器。《波茨坦公告》规定:日本不得保有可供重型武装作战的工业。这就更谈不上武器出口了。最近,在南海和钓鱼岛事件爆发后,日本同意向菲律宾出售 1000 吨级以上的船舶 12 艘,以增强菲律宾海上作战能力,并提出向越南、菲律宾提供军事技术援助。

(六)在钓鱼岛问题上公然叫嚣要动用海上自卫队。2012 年,日本上演了购买钓鱼岛的闹剧,受到了中国政府和人民的强烈反对。野田首相公然提出要动用海上自卫队保卫钓鱼岛,突破了日本宪法中禁止用军事手段解决国际争端的规定。野田的话是公然违背日本宪法的。

从战后到现在,日本军国主义阴魂不散,最近且有愈演愈烈之势,这是最值得警惕的。

四、在领土上对外扩张,挑战二战成果和战后秩序

二战后,日本对周边国家不断提出领土主权要求,企图推翻二战成果,打破二战后的秩序。日本天皇的投降诏书宣布无条件地接受《开罗宣言》和《波

茨坦公告》的各项条款,言犹在耳,日本就分别向邻国的领土提出主权要求:称竹岛(韩国称独岛)是日本的固有领土;称钓鱼岛(日本称尖阁列岛)是日本的固有领土;向俄罗斯提出了归还北方四岛(俄罗斯称南千岛群岛)的要求。韩国的独岛与中国的钓鱼岛历史情况相类似,不同的是独岛实际上控制在韩国手里,韩国称与日本不存在领土争议;钓鱼岛实际控制在日本手里,日本称与中国不存在领土争议。俄罗斯的南千岛群岛是二战中由前苏联占领的岛屿,已不包括在日本的主权范围之内。日本向中、韩、俄提出领土主权要求,就是要翻二战中战败国的案,就是要挑战二战的成果,挑衅二战后的国际秩序。这是绝对不能允许的。

综上所述,二战后的日本不思悔改,仍然做着大国梦,做着侵略扩张的梦。这是世人都很清楚的,世人对此也保持着高度警惕。只要日本对侵略战争的罪责不敢担当,对侵略战争的罪行不认罪、不谢罪,就不可能彻底清算日本军国主义的罪行,就可能重走日本军国主义的老路,因而也就不可能得到中国等东亚国家和人民的谅解,日本就圆不了大国梦。

对于日本"购买钓鱼岛"事件,许多专家、学者、政治家们都认为是石原、野田为了拉选票,这种认识是有一定的道理的,但是比较浮浅。从战后以来日本的一贯表现中就不难看出,这是由日本的大国野心和扩张侵略的本性所决定的,是具有必然性的。这是本文要说明的问题。

访朝见闻和思考

四年前,我随旅游团到东北旅游,其中一个项目是出境朝鲜游。我们是从延边的一个口岸出境的,早晨出境,第二天回到延边。在朝鲜的两天一夜,我对所见所闻,感受颇深,一直想把心中对朝鲜的印象和想法写出来。朝鲜本来就是世界热点之一,金正日去世以后,人们对朝鲜更为关注;这促使我动笔,把访朝时的见闻和这几年对朝鲜有关问题的思考写出来,对大家了解朝鲜可能会有所帮助。

一、访朝见闻

我们从口岸出境以后,大约深入到朝鲜境内 120 多公里,其间经过了相当于中国的一个县城、一个省城。对所见所闻的印象是:

(一)基础设施落后。我们所经过的公路,包括城市里的马路都是沙石路,没有柏油路,也没有水泥路。停电、停水是经常的事。我们入住的那家"宾馆",大约相当于我国 20 世纪 70 年代公社供销社的旅店。一间房子、大通铺,住 6～8 人。早上四点钟左右开始,供应两小时的自来水。我们入住时自来水停了,只能用浴缸里储备的凉水洗脸、刷牙、冲厕所。城里的公交车很少,车站上、车厢里挤满了人。公交车外表没有一块完整的漆,看上去如同报废车一样。小汽车、摩托车也很少见,见得比较多的是军车,军车都还是我国过去产的四轮老"解放",也都破旧不堪。自行车也很少见,老百姓外出主要还是靠两条腿走路。

(二)农村比较破旧。上个世纪 70 年代,我看过朝鲜的影片《鲜花盛开的村庄》,影片里的人漂亮、活泼、大方,笑容和歌声始终伴随着,白色的墙壁衬着青灰色的瓦,大大的窗户,房前有花园,房后有果园,人们过着田园诗般的生活。由于印象深刻,在访朝时我竭力地搜寻这样的农村,很遗憾没有找着。农村的住房都很陈旧,有的还显得很破败。地里的庄稼生长得很差。玉米秆只有 1 米左右高,上面结着一两个或两三个的棒棒,在公路边的一片菜地里,农民还在集体劳动,路上还游荡着几个军人。

(三)生活很困难。由于农业收成不好,朝鲜粮食和食品紧张。我们事先做了准备,带了很多方便面、面包、饼干、榨菜。主食我们勉强能吃饱,菜是以

"泡菜"为主,再加一只很小(国内看不到的)的鸡蛋。在我们吃住过的饭店、宾馆没有发现泔水缸,原因是剩饭很少,即使剩点工作人员也吃了,或者带回去给家里人吃。由于粮食和食品紧张,朝鲜的成年人,包括军人几乎都面有菜色。成年人的个子也不高,男的 1.60~1.65m,女的 1.5~1.55m。朝鲜人那伟岸的身材已不多见。我们将剩余的食品如方便面、面包、饼干送给宾馆里的女服务员,她们很高兴,并愉快地和游客合影。

(四)政治和军事色彩浓厚。朝鲜城市里广场很多,这些广场多为群众集会所用。广场上有巨幅的领袖画像和忠于领袖、忠于党的巨幅标语。我还看到一座标语山,即整座山刻成一条巨幅标语,估计每个字都有 $100\,m^2$ 左右。朝鲜的老百姓都穿黄灰色的服装,胸前都戴着领袖像章。据说朝鲜军队达百万之众,无论在城市还是农村都能看到军人。在朝鲜看不到商业广告,但无论是城市还是农村都有很多的宣传画,其内容除了忠于领袖、忠于党外,就是反美、反日、反韩、保卫祖国等。

住在朝鲜的那个晚上,我失眠了。朝鲜的贫穷和落后远比我原来想象的更甚。造成朝鲜贫穷和落后的原因是什么呢?难道像西方所说的是社会主义制度吗?还是有其他的原因呢?经过几年的思考,我认为原因是多方面的。

一是僵化的观念和体制。长期以来,朝鲜领导人对社会主义的理解一直抱着马列主义的本本不放。坚持计划经济体制,忽视发展商品经济,反对搞市场经济。朝鲜对于粮食副食品和大多数生活必需品一直实行配给制。我们在城市的大街上没有见到一个商店和饭店,想买个水果都很难。经济缺乏活力,商品供不应求,始终处在短缺状态。这跟我们改革开放前几乎完全一样。这使我想到邓小平说的一句话,"社会主义不搞改革开放,死路一条"。到朝鲜去受的最深刻的教育就是,社会主义必须坚持改革开放。

二是封闭的国际环境。朝鲜战争结束以后,以美国为首的西方国家,包括日本对朝鲜一直进行经济上的封锁。"朝核"问题发生后,联合国对朝鲜进行严厉的经济制裁,朝鲜也就一直处在封闭和半封闭的状态。所谓封闭的状态是指朝鲜不可能从西方发达国家获得经济和技术交流和援助;所谓半封闭的状态是指朝鲜只能从俄罗斯(前苏联)和中国获得一点经济和技术的援助。除了封闭的国际环境外,国内也比较封闭,比如不允许将手机带进朝鲜;旅游的线路都是规定好了的,中途有人要上厕所也不能停车;我们住在宾馆内不允许出大门;电视节目只有一个台;等等。现在的世界是个开放的世界,不开放,连国外的信息都不知道,怎么搞现代化呢?这是邓小平的话,用来帮助朝鲜总结也是管用的。

三是"先军政治"，没有把工作中心转移到经济建设上来。朝鲜战争结束以后，美国赖在韩国没有走。美国在韩国的驻军现在还有3万多人，美国与韩国保持着强大的军事压力，使朝鲜每日每时都感到军事威胁的存在。国家安全成为朝鲜的第一要务。金正日提出"先军政治"正是应这一现实的国际环境提出来的。美国拥有核武器，韩国生活在美国的核保护伞下。朝鲜认为只有自己拥有核武器才能有效地保卫国家安全。不论这个观点是否符合朝鲜的实际，但这是朝鲜人的逻辑。金正日的"先军政治"、"卫星和有核"战略的提出和实施，就不可能把工作中心放到经济建设上来。在一个拥有2400多万人口，地域不大，地理环境并不优越的国家，常年备有百万军队，并且又搞核武器，又搞卫星，又搞导弹，国家的财力、物力、人力都集中到了军事方面，这必然会对国民经济的发展，对人民的生产生活产生严重的影响。这是出于无奈和"没有办法"的事，是"不得已而为之"。

去朝鲜旅游是短暂的，范围也很小，是走马观花式的。"窥一斑以见全豹"，毕竟是浮浅的，不全面的，而且经过最近这几年的努力，朝鲜情况也在发生变化，也正在朝着积极的方向发展。

二、朝鲜的积极变化

朝鲜战争结束以后，在"冷战"体制下，朝鲜得到前苏联、东欧、中国的援助，有比较稳定的市场和能源保证。经济发展较快，一段时期比当时的中国、韩国发展的速度都快。比如，朝鲜的农业早就实现了机械化，城市化率也达到了70%。"冷战"结束以后，朝鲜的经济受到了较大的冲击，到20世纪90年代，70%的企业停工，加上连续的旱灾水灾、农业歉收，出现饥荒。最困难的时候，朝鲜提出"最艰难的进军"、"面对艰难笑着过"。凭着民族精神和些许的国际援助，在以美日为首的封锁和制裁下挺过来了。

金正日在成为朝鲜最高领导人后，朝鲜在政治、经济、军事、外交等各个方面都发生了一些积极的变化。

（一）"先军政治"。以军事为中心，各项工作都要为军事服务，这是由朝鲜所处的险恶的国际环境决定的。

（二）朝鲜自20世纪90年代起开始建设经济特区，设立开城工业园区，主要吸收韩资到开城建厂。金正日多次到中国参观访问，学习中国办经济特区的经验，学习中国改革开放的经验。2011年6月，中朝启动了黄金坪、威化岛经济区和罗先经贸区。

（三）开始关注民生。1998年朝鲜提出建设"强盛大国"的宏伟目标,2008年又提出要把金日成主席诞辰100周年的2012年作为"开启强盛国家大门"之年。所谓"强盛大国"就是政治思想强国、经济强国,军事强国,到2020年达到发达国家水平。朝鲜认为,政治思想强国,军事强国的目标已经实现,今后关键是经济强国建设。关于人民生活,朝鲜提出了"吃米饭、住瓦房、穿绸缎、喝肉汤",强调优先发展国防工业,同时发展轻工业和农业,着力提高人民的生活水平。

（四）调整了对外关系。金正日在位时,实现了美国卸任总统卡特访朝,日本在位首相小泉访朝,韩国总统金大中访朝等历史性的突破。围绕着"朝核"问题,在中国的斡旋下建立了"朝核"问题六方会谈的本质和机制,并取得了《9·19共同声明》的积极成果。只是由于朝鲜进行第二次核试验,使六方会谈中断。2009年4月朝鲜宣布退出六方会谈。2011年朝鲜多次表示同意无条件重开六方会谈。2011年朝美再次对话,朝鲜做出"三暂停一接受"的承诺,即朝美会谈期间,朝鲜暂停核试验,暂停中远导弹试射,暂停铀浓缩活动,接受国际原子能机构的核稽查。这是金正日担任朝鲜最高领导人后,关于"朝核"问题向国际社会做出的最积极的表态。另一方面,由于韩国李明博政权对金正日去世所作的不明智的举动伤害了朝鲜的"最高尊严",朝鲜发誓决不与李明博政权发生任何关系。当美韩在西海岸举行联合军事演习时,朝鲜又发出严正警告,美韩军事演习发射的炮弹哪怕激起朝鲜水域的一个水珠,朝鲜都将予以最严厉的回击。一软一硬,可见朝鲜娴熟的外交技巧。

以上这些积极的变化表明金正恩在内外形势的逼迫下,朝鲜的内外政策有可能做出某些调整,有可能在继承金日成主体思想,金正日"先军政治"的基础上走向改革开放之路。但是,这个过程将是缓慢的,路很长。

三、朝鲜政局的和平与稳定

当2011年12月19日朝鲜官方宣布金正日已于12月17日上午8时30分去世时,全世界为之愕然。不满30岁的金正恩成为朝鲜军队的最高指挥官、党和国家实际上的最高领导人。这位世界上最年轻的国家领导人能顺利接班吗?能驾驭局势吗?朝鲜能保持和平稳定吗?"后金正日时代"的朝鲜半岛的局势将会怎样演变呢?人们在惊愕之余不得不思考这些问题。从金正日去世到现在,时间虽然不长,但有理由相信,朝鲜能够维持和平与稳定的政局。

（一）**政治基础**。朝鲜的历史文化，60余年的政治体制惯性、宣传教育等因素，从金日成到金正日在朝鲜国民心目中具有神圣的地位。早在金正日健康出现警讯后，接班人问题就被提上了朝鲜的政治议程。2010年9月28日，金正恩在朝鲜劳动党代表会议上被选为中央军事委员会副委员长，实际上就是正式成为金正日的接班人。这种安排对朝鲜国内政治稳定起了至关重要的作用。在金正日去世后不久，军队向金正恩宣誓效忠，很快公布金正恩成为军队的最高司令官。最近，选举金正恩担任朝鲜劳动党第一书记，担任朝鲜军事委员会委员长，表明最高领导层在拥护金正恩成为继承人上达成共识，达到了一致。这是朝鲜政局稳定的政治基础。

（二）**经济社会基础**。朝鲜目前仍处在困难之中，但这些困难大都在克服之中，并在向着好的方面转变。电力短缺是长期制约朝鲜经济发展的主要瓶颈。近期，熙川大型水电站已顺利建成并有望很快并网发电，中国在罗先经贸区援建的火力发电厂也在紧张的筹建中，这两座电厂建成后，制约朝鲜经济发展的瓶颈就将解除。多年来，朝鲜农业收成不好，除了天灾外，主要受电力不足和化肥短缺两大因素影响。2011年，朝鲜已有一个化肥厂投产供货，2011年还将建成一个化肥厂，届时年生产能力将达到130万吨。而朝鲜国内只需120万吨化肥，不仅彻底结束了化肥完全依赖进口，而且每年还可以出口10万吨。电力和化肥保证供应，加上从2011年开始的大兴水利设施，朝鲜的农业必将走出困境。

现代工业基础建设稳步推进。朝鲜在上个世纪80年代工业化达到70%。近年来，金正日多次率高官访华参观考察，十分重视引进最新科技成果，学习先进管理经验，在工业领域广泛应用数控机床。朝鲜已建成六家汽车制造厂，能生产轿车、卡车、铲车。在高科技方面，金正日提出的"卫星和有核"，使朝鲜掌握了卫星和核技术。更为重要的是，政局能否稳定，关键在人心。朝鲜建立了较低层次的但覆盖面很大的社会福利体系。朝鲜实行公费医疗，全民义务教育，年轻人结婚可以得到政府提供的一小套住房。在朝鲜不存在看不起病，上不起学，也不存在无家可归者。近乎平均主义的分配制度使绝大多数人都面临着同样的境遇：穷，大家都一样穷；困难，大家一起克服。在朝鲜也不存在心理失衡的问题，即使有，决不具有普遍性。因此，尽管处在内忧（困难）外患之中，朝鲜社会还是相对稳定的。

（三）**国际环境**。中俄是朝鲜坚定的支持者，也是维护朝鲜政局稳定的最基本的外部因素。美国虽然高调宣布政治、经济、军事上重返亚太，但是，他还陷在金融危机和政府巨额的债务之中,再加上面临着2012年美国总统大选,就美国中短期的战略分析看,它也希望朝鲜能保持和平稳定,并不希望朝鲜乃至整个朝鲜半岛出事。

欧洲的主要国家目前都债务缠身,而且离朝鲜都比较远,并不关系到他们的切身利益,有事无事与他们关系都不大,从他们的角度看,最好也是无事。

日本是朝鲜的近邻。去年的大地震以及由此引起的海啸、福岛核电站的核泄漏已经够日本忙活的了,因此,就日本来说,也不希望朝鲜现在出事,能维持现状最好。韩国与朝鲜本是一家。朝韩分裂分治是二战的后遗症,也是冷战的后遗症。朝韩统一是半岛北南双方人民的共同愿望。问题在于如何实现统一,是通过谈判实现,还是通过战争实现;是双方和平共处,还是一方吃掉另一方。金正日和金大中实现过历史性的会晤,开启了北南统一的大门。后因朝核问题,天安舰事件,特别是李明博上台以后对朝采取强硬态度,加上金正日去世以后,李明博政权不理智、不礼貌的做法,激起了朝鲜的愤怒,表示要冻结与李明博政权的一切关系。从李明博上台以后对朝鲜的政策走向上看,李明博希望朝鲜有突发事件发生,如领导层出现政治反对派,朝鲜社会出现骚乱或动乱,这为韩国用武力统一朝鲜半岛提供契机。但是,朝鲜领导层没有政治反对派;朝鲜社会也没有发生骚乱和动乱,这使李明博政权无机可乘。李明博任期仅剩一年,韩国内部对李明博的对朝政策也有掣肘,所以,李明博希望朝鲜"生变"趁机武力统一半岛的计划会落空。

2012年是东北亚地区及其相关国家的大选之年。美国总统奥巴马要竞选连任;日本民主党9月份要重新选举党首,民主党是执政党,重新选举党首就等于重新选举首相,野田佳彦也面临着竞选的压力;韩国总统大选在2013年初举行,选战工作则集中在2012年;俄罗斯总统大选以普京胜利而告结束;中国共产党在11月召开十八大选举党的领导机构和领导人。有经验的政治家在大选之年都会采取比较理智的态度,其注意力主要放在国内以赢得大选;当选的领导人一旦取得政权之后,大都要用1~2年的时间来掌控局面,制定政策。因此,虽然朝鲜半岛军事演习此起彼伏,似乎箭在弦上,但从国际国内诸多因素分析可以得出结论,维持朝鲜的和平与稳定是有希望的;朝鲜能维持和平与稳定,就能维持朝鲜半岛的和平与稳定,从而也就维持了东北亚地区乃至整个亚太地区的和平与稳定。

四、中国对朝鲜的政策取向

朝鲜是与中国毗邻的社会主义国家,也是一个对中国国家安全具有重要意义的国家。近代以来,朝鲜半岛风云变幻,数次将中国拖入战争。尤其是20世纪50年代初,当美军和联合国军登陆朝鲜半岛,把朝鲜压到鸭绿江边时,毛泽东主席深感"唇亡齿寒",发出"抗美援朝、保家卫国"的伟大号召。中国人民志愿军赴朝作战,将美军压回"三八线"以南,以30万人的牺牲保住了朝鲜民主主义共和国,也保卫了中国东北的和平与稳定。在社会主义建设中,中国人民也给予了朝鲜巨大的援助。金正恩执政以后,中国对朝鲜的政策取向上应坚持以下几点。

(一)坚持维护和支持新政权的和平与稳定,充分发挥中国对朝鲜政局和平与稳定的影响力,帮助朝鲜党、政、军领导人团结在金正恩的周围,保持政权的平稳过渡。

(二)积极引导朝鲜沿着改革开放的道路继续前进。我们不输出模式,但是可以通过介绍我国改革开放以来所取得的成就所积累的经验,供朝鲜参考和借鉴。在这方面,金正日已开了头,要鼓励金正恩沿着这条道路继续走下去,不能停步,也不能半途而废走回头路。事实上,朝鲜要建设"强盛国家",这是必须要走的路。

(三)"弃核"。要劝说朝鲜放弃核武器,达到整个朝鲜半岛"无核化"。朝鲜与周边国家,与美国关系闹僵,焦点是"核问题"。朝鲜如能主动放弃核计划,与韩国、日本、美国的关系将会有很大的改善。甚至可以实现与日本、美国关系正常化;朝鲜如能主动放弃核计划,还可以得到韩日美的经济技术援助,这对于克服粮食、能源、原材料紧缺等困难会有很大的帮助;朝鲜如果主动放弃核计划,就可能与韩国、美国进行和平谈判。目前,朝鲜半岛仍然处于停战协定状态,如能将停战协定变成和平协定,朝鲜乃至整个朝鲜半岛的和平稳定才能得到根本的保证。关于朝核问题六方会谈框架,目前由于朝美之间互动,有重启六方会谈的迹象和希望。中国应坚持不懈地做劝说朝鲜"弃核"的工作;事情明摆着,朝鲜一天不"弃核",就回不到国际社会;"弃核"是朝鲜融入国际社会的前提条件。要劝说朝鲜"弃核"是非常困难的事。在朝鲜看来,他的安全得不到保障,要他"弃核"是无论如何也做不到的。自从有了朝核问题六方会谈,朝鲜的安全就不再是与韩国或者美国的双边、三边关系,而是六方的。当然主要是与韩美。因此,中国要充分发挥在六方会谈中的主导作用,要把朝鲜"弃核"与朝鲜的安全保障联系起来。就是说,不仅要劝说朝鲜"弃核",还要联手俄罗斯一起做美日韩的工作:美日韩要放弃对朝鲜的敌视态度,取消对朝鲜的制裁;美国要从韩国撤军;对朝鲜提供必需的经济技术援助等作为朝鲜"弃核"的条件,最终达到签订和平条约的目标,才能保证朝鲜和朝鲜半岛的永久和平与稳定。安全得到了保障,朝鲜也才有可能将工作由"先军政治"转到以经济建设为中心上来。

(四)进一步推动经贸合作。中国是朝鲜对外经贸合作的主要伙伴。对华贸易大致占朝鲜外对贸易的一半。中国要和朝鲜真诚合作,努力办好已经启动的两个开发区和一个经贸区。这不仅具有经济意义,而且具有引导和鼓励朝鲜走改革开放之路的示范效应。此外,对朝鲜紧缺的粮食、人民生活日用品、能源、原材料也要给予尽可能的援助,以帮助他们克服眼前的困难。"重视科学、突破尖端",朝鲜把科技作为建设强盛大国的生命线。在科技方面,中国相对于朝鲜具有优势,中国在这方面也可以给朝鲜以力所能及的帮助。帮助朝鲜发展,使朝鲜早日建成"强盛大国",也符合中国的国家利益。朝鲜强盛了,更利于朝鲜的和平与稳定,为我们东北地区提供一个安全稳定的边境环境。

(五)支持朝鲜半岛和平统一。从长期发展趋势看,朝鲜半岛统一前景还是比较明显和确切的。因为,实现北南统一,是北南政府的共同的政策基础,也是北南人民的共同心愿。上文提到,金正日与金大中的历史性会晤开启了北南统一的大门,后因各种原因,这个大门被关上了。由悼念金正日逝世所引发的朝鲜对韩国政府的严重不满,朝鲜发表声明:将永远不和韩国李明博政府合作,谴责并将清算韩国政府的行为。朝鲜基本放弃了对李明博政府的任何政治期待,寄希望于2013年韩国大选出现新的对朝友善的领导人。在北南合作统一方面要持积极的态度。因为一个统一的朝鲜半岛是消除自朝战结束以来东北亚动荡不安的根本之策;统一的朝鲜半岛对于中国的国家安全无疑具有重要意义;而且,支持北南统一,这和我们海峡两岸和平统一的主张是一致的。当然,我们支持朝鲜北南统一,就不能以意识形态社会制度画线,而是要多做促统一的劝说、调解工作;在北南双方发生矛盾、争执、对立时,应根据事情的本来面目和是非曲直,以国际关系准则做出公正的判断,说公平话,做公平事,这才经受得住历史的检验。

时下的朝鲜半岛危机四伏、战云密布,岛内的各种政治力量在较量,中俄美日等大国势力在博弈,错综复杂的国际国内形势考验着这位世界上最年轻的国家最高领导人金正恩的智慧和胆识。虽然他涉世不深、阅历不广、执政经验不足,但是他获得了朝鲜举国上下的拥护和爱戴。他执政以来,特别是在与美日韩博弈中娴熟地运用软硬两手,以及撇开韩国与美国私下里会谈,做出"三暂停一接受"的承诺,受到各方的欢迎和赞赏。金正恩执政不久,朝鲜宣布为了纪念金日成诞辰100周年,发射"光明星3号"卫星,遭到了美日韩等多国的反对,说是以发射卫星为名、行导弹发射为实。朝鲜一改多年来的封闭,邀请各国记者到发射场参观采访。100多名记者参观了发射场,证明了是卫星。接着他们又把记者拉到了平壤,参观和报道有关选举金正恩为军事委员会委员长,纪念金日成诞辰100周年的大型活动。这件事既澄清了发射卫星的事实,又展示给外界一个开放的姿态,同时各国记者为金正恩接班,为金日成诞辰100周年当了宣传员。这几件事初步显示出金正恩的眼界、胸怀和谋略。我们有理由相信,有朝鲜党、军队、人民的支持,只要金正恩能沿着金正日开启的改革开放的道路继续向前走,就一定能带领朝鲜实现"强盛大国"的目标。

二、国内时事篇

2011 年国内时事述评

2011 年国际局势急剧动荡,北非、西亚出现乱局,欧债、美债交织在一起加深了世界金融危机,经济萧条、失业率居高不下,美元贬值,财富缩水,人民生活水平下降。中国经历长期的高速增长后,也面临着诸多困难。党中央积极应对,2010 年初确立的控物价、保增长、调结构、惠民生、促和谐等方面取得了许多重大的成就。

一、控物价

2011 年,温家宝总理在人大做政府工作报告时,把控物价作为宏观调控的首要任务。连续 6 次调高银行准备金率,最高时达到 20%;连续 3 次加息,回笼货币,把紧货币投放这个总闸。物价在 7 月份达到最高值 +6.5%,8 月份拐头向下,11 月份回落到 +4.3%。

2011 年,中国还遇到了房价涨幅过猛的态势。中央对房地产实行严厉的调控措施,从年初国务院颁布的"国八条",到各地政府出台的"限购令",中国政府对房地产调控达到空前的力度,房地产市场开始降温。11 月份,70 个大中城市商品房销售价格环比指数继 10 月份房价首次负增长之后再次下跌,49 个城市房价出现下降,房价下行已成趋势,房价回归理性还要再走一段路。

中央对物价和房地产实行严厉的调控措施,关系到人民币币值的稳定,关系到经济和社会全面的稳定,关系到人民生活,关系到全面建设小康社会目标的实现。

二、保增长

2011 年,西方发达经济体面临着二战结束以来最严重的经济困难,全球经济增长疲软,国际金融市场剧烈动荡,国际贸易萎缩,各种形式的贸易保护主义抬头,贸易摩擦日益增多。中国是属于出口主导型的国家,对外贸易,尤其出口是中国经济增长的重要方面。2011 年中国的出口受到的影响很大,从年初的 +34%,逐月下降,到 11 月份只有 +15% 左右。在困难的情况下,党中央采取了若干措施保增长。

实施积极的财政政策,政府增加对基础设施的投入,用投资拉动内需来保增长。

实施扩大内需的政策,政府继续对购买小汽车实行补贴;对家电下乡、购买大型农机用具实行补贴;对教育、医疗卫生、科技加大投入;对贫困地区加大财政转移支付力度,用拉动内需来保增长。鼓励和支持出口和对外投资。在出口方面,稳定老客户,发展新客户,争取尽可能多的出口订单。在人民币升值的压力下,中央出台了支持中小微企业发展的金融政策,帮助中小微企业渡过难关。鼓励和支持有实力的企业到境外、国外投资。外贸虽然遇到了前所未有的困难,但在保增长中仍发挥了重要的作用。中国已成为世界上第一大出口国,第二大进口国。

投资、内需、外贸三管齐下,2011 年中国的经济增长预计能达到 9% 以上。这使中央确定的保证国民经济平稳较快增长的目标得以实施。这是个了不起的成就。

保增长,是中国综合国力发展的需要,是财政收入的需要,是就业的需要,也是提高人民生活水平的需要。

三、调结构

2011 年 3 月 4 日上午,十一届全国人大四次会议举行闭幕会,高票通过了"十二五"规划纲要。这个纲要的主题是科学发展,主线是加快转变经济发展方式。这个纲要是"十二五"的纲领。早在 2010 年年底,中央经济工作会议在部署"十二五"开局之年经济工作时,明确提出要切实地把重点放到加快转变经济发展方式上来,使经济增长速度与结构数量效益相统一,经济发展与人口资源环境相协调,切实做到在发展中促转变,在转变中谋发展。

2011 年,中央加大了对农业、水利投入的力度,全年支农经费超过 1 万亿元,农业基础得到了加强,粮食总产量登上了 1.1 万亿斤的新台阶;制定了钢铁、新材料等产业规划;出台了节能减排综合性工作方案;完成了 18 个工业行业淘汰落后产能的任务;建立三江源国家生态保护综合试验区;加快了建设资源节约型,环境友好型社会的步伐。

2011 年,中央提出了把战略性新兴产业培养成先导产业和支柱产业,出台鼓励软件、集成电路等战略性新兴产业发展政策,部署加快发展下一代互联网产业,成功实现了天宫一号与神舟八号交会对接。

2011 年 10 月 18 日,党的十七届六中全会审议通过了《中共中央深化文化体制改革推动社会主义文化大发展大繁荣若干重大问题的决定》,提出了努力建设社会主义文化强国的宏伟目标,指出了实现文化繁荣发展的前进方向,根本任务,出发点和落脚点,发展动力以及发展路径。

《决定》吹响了文化大发展大繁荣的进军号。"文化力"作为综合国力的重要组成部分,文化产业作为国民经济的重要产业,必将获得大幅度的提升。2011年,全国文化产业增加值突破1.1万亿元,占国内生产总值的2.78%。

2011年,中央鼓励和支持服务业的发展,允许外资进入服务业,国务院出台了发展物流业的文件,加强鲜活农产品流动体系建设;加大保障房建设,全年开工1000万套。

稳定农业,提升工业,大力发展第三产业,三种产业进一步趋向协同发展。这在2011年取得了实质性的进展。

调结构,促进经济发展方式的转变,有利于建设资源节约型、环境友好型社会,有利于解决资源和环境对国民经济发展的瓶颈制约,有利于提高国民经济的整体素质,是中国走向现代化的必由之路。

四、惠民生

民生问题,始终是党中央关注的头等大事。2011年,中央在惠民生方面倾注了极大的心血,采取了许多重大的措施,使13亿人民从中受益。

教育:在实施国家中长期教育改革和发展纲要一年多来,中央领导多次深入校园看望师生,出台了100多个文件,在集中连片特困地区开展试点,实施农村义务教育学生营养改善计划;解决校车安全问题;解决学龄前儿童上幼儿园问题。

医药卫生:2011年是医药卫生体制改革的攻坚之年。医改五项重点任务取得阶段性成果。基本医疗保障制度基本实现全覆盖;基本药物售价下降16.9%;基层卫生服务体系逐步健全,正在加快培养全科医生;对基本和重大公共卫生服务投入力度加大,数亿群众得到实惠;公立医院改革试点以及县级医院综合改革试点有序推进,困扰中国多年的"看病难"、"看病贵"的问题有所缓解。

就业:就业是民生之本,是保障和改善民生的头等大事。2011年新增就业有望突破1200万人,超额完成预期目标。年底,出台了促进就业的规划,为继续解决就业做出了新的部署:到"十二五"末,城镇登记失业率控制在5%以内,这是一个令西方发达国家都望尘莫及的数字。

社会保障:从2011年7月1日起,在全国范围内启动城镇居民养老保险试点,同时加快了新农保试点工作,这两个试点覆盖面都达到了60%,有上亿人将会从中受益。几千年来,中国人"老有所养"的愿望再经过几年的努力就能初步实现。

收入:2011年,城乡人均收入都有了大幅度的提高。工人工资增加,农民因丰收、进城打工收入增加得更快,预计超过10%,全国绝大多数省市区都调高了最低工资标准。2011年11月,中央召开扶贫工作会议,将农民纯收入2300元作为新的国家扶贫标准,比2009年的1296元提高了92%。个人所得税的起始点由原来的月收入2000元提高到3500元,全国大约有6000万人不再需要缴纳个人所得税。

住房:由于房价太高,中低收入者买不起商品房,为了实现"住有所居"的目标,中央在严厉调控房地产市场,促使房价向理性回归的同时,大力推进保障性安居工程,强令全国在2011年新开工1000万套保障房,计划在"十二五"期间建设3600万套城镇保障性住房,以"实现广大群众住有所居"的庄严承诺。2011年,中国保障性住房建设规模空前,土地、资金、质量、公平分配等众多难题在实践中逐步破解。

救灾:2011年,极端天气频繁发生,连着2010年冬季的春旱,东北部分地区的洪水,夏季的暴雨淹城,西南地区的重旱、极旱以及后来发生的洪涝灾害,云南盈江、西藏亚东、新疆伊犁的地震。各种自然灾害给群众的生产和生活造成了严重的困难。在中央的正确领导和中央财政大力支持下,灾区人民战胜了灾害,生产生活很快得到了恢复。

2011年,是人民得实惠最多的一年。有关民生的方方面面中央都考虑到了。"权为民所用,情为民所系,利为民所谋。"惠民生体现了科学发展观的本质——"以人为本",体现了共产党的执政宗旨,也反映了共产党执政能力的提高。

五、促和谐

中国社会处于转型期,有超过2亿流动人口,44万个社会组织,近5亿的网民,老年人口近2亿。如何有效地进行社会管理,促进社会和谐是一项亟待破解的课题。2011年春节过后,在中央党校举办了省部级、军队各大单位主要负责人就社会管理和创新的专题研讨班。胡锦涛在研讨班上提出"最大限度地激发社会活力,最大限度地增加和谐因素,最大限度地减少不和谐因素",提出了社会管理和创新的总要求。到7月,加强和创新社会管理的意见正式发布,进一步明确了加强和创新社会管理的指导思想、基本原则、目标任务和主要措施。相应的,中央社会治安综合治理委员会更名为中央社会管理综合治理委员会。

为了化解因拆迁引起的各种社会矛盾,2011 年初颁布了《国有土地上房屋征收与补偿条例》,将"搬迁"取代"拆迁",体现了对公民合法私有财产的尊重和保护;对农村的拆迁,中央多次下达通知,禁止"强迫农民上楼"。城乡拆迁要做到合法合理,文明拆迁,不让拆迁户经济上受损失。拆迁中的矛盾有所缓解。

为了维护社会稳定,促进社会和谐,中央采取了一系列的行动。打黑,以重庆打黑为重点,在全国范围内严厉打击黑恶势力,昔日称霸一方,恶贯满盈的"头面人物"被押上了审判台;扫黄,以打击北京"天上人间"为标志,在全国范围内对卖淫嫖娼的黑窝点进行清剿;打拐,严厉打击拐卖妇女儿童的犯罪活动,以贵州为重点,打击人贩子,解救包括婴幼儿在内的被拐卖的妇女儿童;追逃,年底组织"净网行动",对网上公布的在逃犯实施抓捕,取得了重大胜利;打假,打击制造假药、假烟、假酒,生产地沟油、瘦肉精,违规使用食品添加剂等违法犯罪活动。这一系列行动,打击了犯罪分子,鼓舞了人民,有力地促进了社会稳定和谐。

为了创新社会管理,促进和谐社会建设,形成了党委领导、政府负责、社会协同、公众参与的社会管理格局。和谐的基础在基层。在基层的服务和管理方面,推行社区网络化管理,实现基层服务管理全覆盖和精细化;整合公安、司法、民政等力量,打造基层社会服务管理平台;开通政府微博,设立市长热线,使基层的社情民意能得到及时的反映。

做好社会管理工作,促进社会和谐文明,是全面建设小康社会,坚持和发展中国特色社会主义的基本条件。和谐团结是力量所在,胜利之本。2011 年在促和谐方面所做的工作,为实现"十二五"规划夯实了基础。

纵观 2011 年,在十分困难的情况下,我们仍然取得了巨大的成就,这表明中央的大政方针是正确的,应对各种复杂局面的能力是强的,人民群众对党的路线方针政策是拥护的。但是,发展中也遇到了许多困难和矛盾,如物价仍在高位运行,房地产销售下滑,股市极度低迷,人民币外强内软等。人民群众心里也有些不太满意的地方,如中央虽然注意到了对贫困人口的帮扶救助,但是贫富悬殊过大的问题并没有得到有效的解决;中央惩治腐败的力度在加大,但腐败仍然在蔓延;中央对人权越来越重视,但地方上对人的民主权利,特别是私有财产的尊重和保护不够,人民群众期待着分配制度的改革和政治体制的改革,来逐步地解决这些问题。

2011 年是中国共产党建党 90 周年、辛亥革命 100 周年,从中央到地方都举行了隆重的庆祝活动,党的建设得到了进一步的加强。年底中央召开经济工作会议,面对复杂多变的国际国内形势,中央审时度势,提出 2012 年"稳中求进"的总基调,相信 2012 年各项工作会更上一层楼。

两大历史任务　三位伟大人物
——纪念中国共产党成立 90 周年、辛亥革命 100 周年

　　1911 年的辛亥革命,1921 年中国共产党的成立,是中国近代史上最重要的事件,其影响是深刻且深远的。我们隆重地纪念建党 90 周年,辛亥革命 100 周年,对于坚持党的基本理论和基本路线,坚定不移地走中国特色的社会主义道路,完成光荣的历史任务,实现中华民族的伟大复兴有着重要的现实意义。

一、中华民族近现代面临的两大历史任务

　　中华民族是伟大的民族,她所创造的灿烂的中华文明,对人类曾做出过巨大的贡献。但是,自清政府入关以后,由于担心倭寇骚扰,担心海外的反清复明势力的侵扰,清政府实行了海禁和封疆的闭关锁国政策,错过了西方工业革命的机遇而日渐沉沦。

　　1840 年 6 月,乔治·懿律率领的"东方远征军",向中国发动了第一次鸦片战争。帝国主义依靠坚船利炮,逼迫清政府签订了以五口通商割地赔款为主要内容的《南京条约》,打开了中国的大门。大批洋货的入境冲击了中国自给自足的自然经济,中国人民不仅要受地主的剥削和奴役,还要遭受资本家的剥削和奴役;土地的割让,以及洋人在华享有的特权,冲击了清政府的主权和内政,中国社会从此一步步进入半殖民地半封建社会。1840 年的鸦片战争,是中国近代史的开端。

　　近代以来,世界上大大小小的帝国主义国家都侵略过我们,欺负过我们。"人为刀俎,我为鱼肉。"我们是打了败仗割地赔款(第一、二次鸦片战争,中日战争、八国联军侵华战争),打了胜仗也要割地赔偿(中法战争、第一次世界大战),还有就是帝国主义竟然还在中国土地上互相打仗(日俄战争)。战争加深了中国人民的苦难,也加深了统治阶级内部的矛盾和倾轧。一部近代史是中华民族的屈辱史,是中国人民的苦难史,也是中国人民的斗争史、反抗史。求得民族独立和人民解放,实现国家繁荣富强和人民共同富裕,就是摆在中华民族面前的两大历史任务。为完成两大任务,中国无数的仁人志士为此探索过、奋斗过。

（一）太平天国的英雄们提出建立一个"有田同耕，有饭同食，有衣同穿，有钱同使，无处不均匀，无人不饱暖"的理想社会。他们虽然轰轰烈烈地干了一番，给清朝统治者以沉重打击，但是，终究因为农民的局限性（改朝换代）而不能找到解决中国近代社会问题的根本出路而归于失败。后来的义和团也是如此。

（二）洋务运动。曾国藩、李鸿章、左宗棠等主张学习西方的技术，通过兴办洋务达到富国强兵的目的。客观地说，洋务运动对于发展近代工业（军事工业、煤矿、造船、电报等）起过积极的作用。但是，由于没有触动腐败的政治制度，就决定了这个运动是很难取得成功的。1894年爆发了中日甲午战争，最终以北洋水师的全军覆灭宣告了洋务运动的失败。

（三）"戊戌变法"。中日甲午战争给中国人的思考是：一个弹丸小国的日本何以打败了清帝国呢？以康有为、梁启超为代表的资产阶级改良派，希望做通皇帝的工作，"以日本为向导，以日本为图样"，由光绪来推行政治、经济、军事、文化方面的改革。光绪皇帝于1898年6月颁布新政，进行改革，只搞了100天，就被慈禧太后扑灭了。"戊戌变法"的失败，标志着在强大的封建势力和帝国主义势力下，改良的道路是走不通的，中国资产阶级改良派也难担当中国近代面临的两大历史任务。

二、孙中山：中国资产阶级民主革命的先行者

（一）孙中山早期的思想和革命活动

孙中山，字孙文，出生于广东省香山县（今中山市）翠亨村的一个贫苦农民家庭。1892年，毕业于香港西医书院。

1903年，孙中山去东京建立革命军事学校时，第一次提出了"驱除鞑虏，恢复中华，创立民国，平均地权"的十六字纲领。

1905年11月26日，同盟会创办了机关刊物《民报》，孙中山在发刊词中将十六字纲领归结为民族、民权、民生三大主义。民族主义，"驱除鞑虏，恢复中华"，推翻清王朝，变半殖民地半封建社会的中国为独立的中国；民权主义，"创立民国"，推翻封建专制，建立资产阶级共和国；民生主义，"平均地权"。这是一个比较完整的资产阶级民主革命的纲领。

孙中山为推翻清朝统治，建立资产阶级共和国身体力行。（1）在国内外广泛宣传三民主义。（2）去国外筹款，解决经费问题。（3）他总结了改良派失败的原因，认为君主立宪制在中国行不通，不能走日本的道路；必须走法国

大革命的道路,通过武装斗争才能建立起资产阶级共和国。他前后 11 次组织和发动武装起义,每战每败,每败每战,忠勇不屈。

(二) 辛亥革命和南京临时政府的成立

1911 年 10 月 10 日,革命党人发动了武昌起义。这一年为农历的辛亥年,史称辛亥革命。

1911 年 10 月 10 日晚,新军工程第八营的革命党人在武昌打响了起义的第一枪,11 日晚和 12 日晚驻汉阳、汉口的新军也先后起义,武汉三镇完全为革命党人控制。武昌起义的胜利,很快得到了全国各地的响应,在短短的一个月内,有 10 多个省市宣布起义。武昌起义时,孙中山不在国内,直到同年 12 月 25 日他才回到上海。各省革命党人都因孙中山的威望推举孙中山当临时大总统。1912 年 1 月 1 日,孙中山在南京宣誓就职,宣告中华民国临时政府成立。临时政府在 3 个月内,颁布了不少有利于民族资本主义经济、政治和文化教育的法令:宣布人民有选举、参政等"公权",有言论、出版、集会、信教、居住等"私权";严禁酷刑、贩卖华工、人口;革除大人、老爷称呼;禁止蓄发、缠足、赌博、种植和吸食鸦片;保护工商业发展;废除清朝的一切苛捐杂税制度,奖励华侨在国内投资;以"自由平等博爱"等为公民道德。这些都表明,辛亥革命不仅是民族革命,同时也是社会革命。由于中国民族资产阶级的软弱和妥协。政权很快拱手交给了袁世凯,这标志着辛亥革命最后失败了,中国进入黑暗的北洋军阀统治时期。

(三) 孙中山后期的思想和革命活动

辛亥革命失败后,孙中山被迫去国外考察,后又回国,在苏联和中国共产党的帮助下,他决心改组国民党。

1924 年 1 月 20 日至 30 日,中国国民党第一次全国代表大会在广州举行,由孙中山主持。大会重新解释了三民主义。民族主义对外主张"中国民族自求解放",反对帝国主义侵略;对内主张"各民族一律平等",反对民族压迫。民权主义主张民主自由权利"为一般平民所共有,非为少数者所得而私",凡卖国罔民以效忠于帝国主义及军阀者,无论其为团体或个人,皆不能享有同等自由及权利。民生主义,就是一曰平均地权,二曰节制资本。后来把这个新解释称之为"新三民主义"。这次大会事实上确立了"联俄、联共、扶助农工"的三大政策。这表明孙中山是顺应时代潮流的,这时的孙中山在思想上有了一个质的飞跃。

打倒帝国主义,打倒军阀,实现国家的独立和统一,是孙中山孜孜以求的。

国民党一大以后,孙中山积极地准备北伐。北伐需要大批忠于革命的军事人才,也是在苏联和中国共产党的帮助下,1924年5月,黄埔军校开学,孙中山自任军校总理。他在开学典礼上说:"从今天起,把革命的事业重新来创造,要用这个学校内的学生做根本,成立革命军。"黄埔军校在北伐和抗战中起过重要的作用,至于蒋介石靠黄埔军校起家,后来残害革命,这是有违孙中山办校宗旨的。

1924年6月,国民党右派提出了"弹劾共产党案",孙中山坚定地站在共产党一边,维护了国共合作,将冯自由等极右翼开除出国民党。

1924年10月,广州发生了商团叛乱,孙中山团结共产党人平息了商团叛乱,使广东的革命局势转危为安。

1925年3月12日,孙中山在北京逝世。他在遗嘱中说:"为了完成国民革命,'必须唤起民众及联合世界上以平等待我之民族共同奋斗'。"他在《致苏俄遗书》中,希望中苏"两国在争取世界被压迫民族自由之大战中,携手并进以取得成功"。

孙中山长期在海外和国内从事革命活动,对世情和国情,特别是人民的痛苦生活有着很深刻的理解和同情。他毕生以推翻清政府统治,建立民国,实现民族独立,人民解放,国家富强,人民幸福为己任。他最早提出中华民族伟大复兴和振兴中华的伟大号召,为此,他披肝沥胆,百折不回。他有宽阔的视野,到晚年确立了"联俄、联共,扶助农工"的三大政策,重新解释了三民主义。中国共产党给予孙中山以崇高的评价。新中国成立以后,共产党没有忘记他,在天安门广场还竖立着他的画像,这就是对孙中山的充分肯定。

三、毛泽东:中国人民的伟大领袖

辛亥革命虽然失败了,但是,民主共和的思想从此深入人心,人民对革命的追求绵延不绝。相隔10年,中国共产党就宣告成立。早期的共产党人大都参加过辛亥革命。辛亥革命的成功,激励了他们的革命斗志;辛亥革命的失败,又使他们感到,在中国半殖民地半封建社会的历史条件下,建立资产阶级共和国是不可能的,必须重新探索救国救民的新理论、新道路。

（一）建党和建党初期的革命活动

1."五四"运动

北洋军阀统治时期,帝国主义加紧了对中国的瓜分。中国处在亡国灭种的边缘,其间,1914年爆发了帝国主义间的第一次世界大战。中国也是参战国,而且是战胜国(协约国)一方,但在 1919 年战后召开的巴黎和会上,中国代表的正义要求遭到拒绝,英法美三国完全接受日本的提议,将战前德国在山东所有特权无条件地让与日本。北洋政府屈服于帝国主义的压力,竟准备在丧权辱国的合约上签字,这激起了中国人民的极大义愤。5 月 4 日下午,北京大学等 13 所大专学校的三千余学生到天安门广场集会,提出"外争主权,内惩国贼","废除二十一条","还我青岛"等口号,强烈要求拒签合约,惩办卖国贼。这就是著名的"五四运动"。"五四运动"以反帝反封建为旗帜,成为中国新民主主义革命的开端。其重要的原因,一是 1917 年俄国十月革命的炮声给中国送来了马列主义,"五四运动"促进了马克思主义在中国的传播;二是"五四运动"中,一部分青年知识分子深入到工人阶级中做宣传,促进了马克思主义与中国工人运动相结合,中国工人阶级作为独力的政治力量登上历史舞台,为中国共产党的成立作了思想上、干部上的准备,从而掀开了中国民主革命新的一页。

2. 中国共产党的成立

"五四运动"前后,中国知识分子中的先进分子李大钊、陈独秀已经在中国宣传马克思主义,介绍俄国十月革命的情况,主张中国要走十月革命的道路。李大钊系统地介绍了马克思主义的唯物史观,政治经济学和科学社会主义原理。

这一时期,在国内介绍马克思主义的还有李达、谭平山等人,在国外主要是旅法勤工俭学人员。蔡和森最早提出"中国共产党"这一概念。1918 年毛泽东与蔡和森等人在长沙发起组织新民学会,从事革命活动。毛泽东主编《湘江评论》,歌颂十月革命,认为这个胜利必将普及于全世界,我们应当起而仿效。1920 年秋,新民学会已经拥有 100 多名会员,其中一些先进分子已经接受马克思主义,主张中国走十月革命的道路。1920 年初冬,在新民学会中秘密成立了共产党组织。到 1921 年 7 月,长沙党组织的成员有毛泽东、何叔衡、彭璜等人。与此同时,上海、北京、武汉、广州、济南,以及在旅日、旅法的华人中,也成立了共产党的早期组织。1921 年 6 月初,共产国际的代表马林和共产国际远东书记处代表尼克尔斯基先后到达上海,与李达、李汉俊建立了联系,认为应尽快召开全国代表大会,正式成立中国共产党。二李与当时在广州的陈独秀,北京的李大钊通过书信联系决定在上海召开中国共产党第一次全国代表大会,并随即写信通知北京、武汉、长沙、济南、广州以及旅日的党组织,各派两名代表到上海开会。

党的第一次全国代表大会于 1921 年 7 月 23 日晚在上海法租界望志路 106 号(今兴业路 76 号)李书城的住宅内开幕,共有代表 12 名。会议交流了各地党组织的情况,着重讨论了党的纲领和今后实际工作计划。7 月 30 日晚,有一名男子突然闯入会场,为安全代表们分批转移到浙江嘉兴南湖,在一艘游船上召开了最后一天的会议。毛泽东作为长沙的代表,与何叔衡一起出席了党的一大,参加了党的创建工作。党的一大宣告中国共产党正式成立,标志着从此中国出现了完全新式的,以马克思主义为行动指南的,以实现社会主义、共产主义为奋斗目标的统一的无产阶级政党。

一大通过的党的纲领是:革命军队必须与无产阶级一起推翻资本家阶级的政权(暴力革命);承认无产阶级专政;消灭资本家私有制,没收机器、土地、厂房和半成品等生产资料,归社会公有;联合共产国际;把工人、农民和士兵组织起来;党的根本目的是实行社会革命。党的纲领对党员条件作了规定。

党的一大还通过了《关于当前实际工作的决议》,集中力量领导工人运动,首先是组织工会和教育工人。一大以后,工人运动在全国范围内蓬勃兴起。

3. 党的二大、三大、四大

1922 年 7 月 16 日至 23 日,在上海举行了中国共产党第二次全国代表大会。党的二大初步阐明了现阶段中国革命的性质、对象、动力、策略、任务、目标和前途,形成了党的最低纲领。

1923 年 6 月 12 日至 20 日,在广州召开中国共产党第三次全国代表大会。大会决定,"采取党内合作的形式同国民党建立联合战线","共产党员以个人身份加入国民党",同时中共在政治上保持独立性。毛泽东当选为中央执行委员会委员,中央局成员、秘书。1924 年,实现了国共合作。

1925 年 1 月 11 日至 22 日,在上海举行中国共产党第四次全国代表大会,提出了关于无产阶级领导权和工农联盟问题。

在党的早期活动中,工作重点主要在城市搞工人运动。比较大的工人运动有香港海员大罢工(1922 年)、京汉铁路工人大罢工(1923 年)、五卅运动(1925 年)、省港工人大罢工(1925 年)。

4. 北伐战争和蒋介石背叛革命

1926 年 7 月 9 日,北伐战争在"打倒列强、除军阀"的口号声中正式开始。由于北伐战争的任务是推翻北洋军阀的反动统治,实现中华民族的独立、民主和统一,在共产党人的积极参与和鼎力支持下,北伐战争一路高歌,势如破竹,仅用了半年多的时间,就从广州打到了上海。在美英日帝国主义分子的软硬兼施下,在江浙财阀的拉拢和上海流氓势力的蛊惑下,蒋介石污蔑共产党要打倒国民党,主张立即以暴力手段"清党"。大批共产党人和革命人民被捕、被杀,这就是上海"四·一二"反革命政变。

5. 党的五大和大革命失败

1927 年 4 月 27 日在武汉召开中国共产党第五次全国代表大会,这是在"四·一二"反革命政变半个月后召开的。大会提出了争取无产阶级对革命的领导权,建立革命民主政权实行土地革命等一些正确的原则。但是,对于全党最关切的问题:如何正确认识严峻复杂的形势,如何应对蒋介石的叛变,没有提出应对之策,特别是对汪精卫控制的武汉政府抱有幻想。不久,汪精卫在武汉发动了"七·一五"反革命政变。

蒋汪合流,向共产党人和革命人民举起了反革命的屠刀,蒋介石提出:宁可错杀一千,决不放走一个。无数共产党员和革命人民倒在血泊之中,轰轰烈烈的大革命归于失败。

6. 共产党成立初期毛泽东主要的革命活动和著作

(1)毛泽东积极组织工农运动。1921 年秋冬到 1922 年 9 月,毛泽东到安源组织和部署安源路矿工人大罢工,并取得了胜利。1926 年 11 月,毛泽东任中共中央农民运动委员会书记,以湖南、湖北、江西、河南为重点,广泛地开展农民运动。在广州、武昌等地开办农民运动讲习所,亲自讲课。1927 年 1 月 4 日到 2 月 5 日,毛泽东在湘潭、湘乡等五县对农民运动进行了调查,撰写了《湖南农民运动考察报告》,在中共领导人中,毛泽东是最早重视农民问题的。他提出:"国民革命的中心问题,就是农民问题,一切都要靠农民问题的解决。"他制定了成立农民协会,建立农民武装,"一切权利归农会",实行减租减息,分配土地给农民等政治主张。

(2)《中国社会各阶段的分析》。1926 年 12 月 1 日,毛泽东发表了《中国社会各阶级的分析》,以马克思主义经济分析的方法,系统地论述了中国社会各阶级、各阶层所处的经济地位,以及他们对于革命的立场和态度,分清了革命的首要问题,敌我友的问题,指出帝国主义、官僚资本主义、地主是革命的对象;民族资产阶级具有两重性,可以是革命的朋友;无产阶级是革命的领导阶级;农民是革命的同盟军、主力军。这篇文章是毛泽东同志把马克思主义与中国社会实际相结合的最早尝试,解决了中国革命的首要问题,成为中国新民主主义革命的重要纲领。

（二）开辟中国革命的崭新道路：工农武装割据，农村包围城市

大革命失败了，但革命没有完结。悲愤的共产党人擦干身上的血迹，掩埋好同伴的尸体，决心以武装的革命，反对武装的反革命。党的五大提出武装斗争，会后，周恩来、贺龙、朱德、刘伯承等发动了"八一"南昌起义，打响了武装反抗国民党的第一枪。1927 年 12 月 11 日，张太雷、叶剑英领导和发动了广州起义，但这两次起义都失败了。

1. 党的八七会议和秋收起义

八七会议：1927 年 8 月 7 日中共中央在汉口召开紧急会议，毛泽东在会议发言中批判了陈独秀的右倾错误，提出了两个非常重要的问题：第一，"以后要非常注意军事，须知政权是由枪杆子中取得的"；第二，关于农民土地的问题。在这次会议上毛泽东当选为中共中央临时政治局候补委员。

秋收起义：八七会议后，中央决定派毛泽东为特派员，领导湘赣边境秋收起义。1927 年 9 月 9 日，发动了秋收起义。在遭到反动军队抵抗，加上起义部队中邱国轩团叛变，起义军严重受挫的情况下，毛泽东主张放弃攻打长沙的计划，把起义部队带到敌人力量薄弱的农村山区寻找落脚点。部队向南转移，在江西省永新县三湾村进行改编，由一个师缩编成一个团。在军队建立党组织，支部建在连上，确立了党对军队的领导。在南下的途中，选定位于湘赣边境的罗霄山脉中段及井冈山地区作为部队的立足点。

1928 年 4 月朱德、陈毅率领南昌起义和广州起义保留下来的部队，与毛泽东在宁冈砻市会师，成立中国工农革命军第四军，朱德任军长，毛泽东任党代表，从此开始了轰轰烈烈的井冈山革命根据地的建设和斗争时期，走上了一条在农村建立革命根据地，以保存和发展革命力量的正确道路。

2. 井冈山道路

1928 年 11 月 25 日毛泽东在给中共中央的报告中，提出并论证了工农武装割据的思想：在中央的领导下，把武装斗争、土地革命和建立革命政权三者结合起来，建立农村革命根据地，进行长期斗争，积蓄和发展革命力量。建立农村革命根据地，以农村包围城市，武装夺取政权，从以城市为中心转到以农村为中心。

这是一条有别于俄国十月革命的道路，是适合中国国情的崭新的革命道路。

3. 党的六大

1928 年 6 月 18 日至 7 月 11 日中国共产党第六次全国代表大会在莫斯科

召开。六大提出:"驱逐帝国主义者,完成中国的真正统一";"彻底的平民式的推翻地主阶级私有土地制度,实行土地革命";"力争建立工农兵代表会议(苏维埃)的政权",是当前中国革命的"中心任务"。对形势的判断:两个革命高潮之间,处于低潮,新的革命高潮不可避免。党的总路线:争取群众,准备起义,而不是立即举行全国性的起义。大会指出:"必须努力扩大农村革命根据地,发展红军,实行土地革命,建立苏维埃政权。"

4. 革命根据地蓬勃兴起

党的六大以后,各地党组织利用国民党新军阀混战(1929—1930年,蒋桂战争,蒋冯阎大战),发动农民开展游击战争,实行土地革命,建立革命政权,红军和根据地不断巩固和扩大,其中有湘赣、湘鄂赣、湘鄂西、鄂豫皖、海陆丰等。影响最大的是毛泽东、朱德领导的赣南、闽西根据地,即井冈山革命根据地。农村革命根据地发展的鼎盛时期,全国有十多块根据地,红军发展到30万人,大有燎原之势。1931年11月7日至20日,中华苏维埃第一次全国代表大会在瑞金叶坪村举行,选举毛泽东为中华苏维埃共和国临时中央政府主席,首都瑞金。

5. 三次"左"倾错误

大革命失败以后,从1927年到1934年间相继发生了瞿秋白的"左"倾盲动主义、李立三的"左"倾冒险主义、王明的"左"倾教条主义错误。三次"左"倾错误,尤以王明的错误损失巨大。党在白区的工作损失几乎100%,根据地的损失在90%以上。红军被迫放弃根据地,进行长征。

6. 根据地反围剿斗争

自1927年秋收起义的部队上井冈山建立根据地以后,蒋介石曾先后于1930年10月以10万大军,1931年2月以20万大军,1931年7月以30万大军对中央根据地进行了三次围剿。红军采用毛泽东的"诱敌深入"的方针避其主力,打其虚弱,歼敌一部,粉碎了蒋介石的三次围剿。红军越战越强,根据地越打越大。

1932年5月,蒋介石策划对中央苏区的第四次围剿。虽然那时毛泽东被撤销了红军中的一切领导职务,但是周恩来、朱德仍然运用一、二、三次反围剿的成功经验,取得了第四次反围剿的胜利。

1933年底,蒋介石自任总司令,调集100万军队,决定首先以50万军队分几路围剿中央根据地红军。这时,中央主力红军只有8万人。由于中共临时中央于1933年1月撤到中央苏区,博古等人直接领导第五次反围剿斗争,他们与毛泽东的反围剿战略战术相反,采取消极防御的战略方针和短促突击的战术,同用新式武器装备起来的国民党军队打正规战、阵地战、堡垒战,同敌人拼消耗。1934年4月,广昌保卫战红军伤亡高达5000人,被迫退出广昌。到9月下旬,中央根据地仅存瑞金、会昌、雩都、兴国、宁都、石城、宁化、长汀等县的狭小地区。红军只能被迫撤离中央根据地。

7. 长征中挽救了红军,挽救了党

1934年10月10日中央红军开始长征。湘江战役,红军以饥饿疲惫之师,苦战5个昼夜,突破四道封锁线,粉碎了蒋介石围歼红军于湘江以东的企图。红军也付出了惨烈的代价,由出发时8.6万人,锐减至3万人。湘江战役是中央红军长征中最壮烈的一战。湘江战役之后,蒋介石判明红军将沿湘桂边境北上湘西与红二、六军团会合,蒋在沿线调集重兵,修筑碉堡工事,企图将红军一网打尽。如果坚持与红二、六军团会合,红军就面临着全军覆灭的危险。紧要关头毛泽东提出放弃原定计划,立即转向西,到敌人军队薄弱的贵州开辟新的根据地。毛泽东的建议经过激烈争论后被采纳,避免了红军全军覆灭的危险。1935年1月7日红军占领遵义。自第五次反围剿以来,特别是湘江战役,红军损失惨重,干部战士特别是高级干部中逐渐滋长起对博古、李德军事指挥失误的不满和愤怒情绪,要求改变领导。毛泽东在行军路上对王稼祥、张闻天做工作,分析失败的原因,他的正确主张得到王、张的支持,周恩来、朱德也持支持的态度。利用打下遵义获取的短暂休整时间,1935年1月15日-17日,中央政治局在遵义召开扩大会议:会议批判了博古、李德军事指挥上的错误,确立了毛泽东在中共中央和红军中的领导地位(毛泽东任中央政治局常委)。2月5日,中央常委再次分工,根据毛泽东的建议,由张闻天代替博古负总责(总书记),决定毛泽东为周恩来在军事指挥上的帮助者,博古任总政治部代理主任。3月4日,红军二进遵义后设立前敌司令部,朱德为司令员,毛泽东为政治委员。到3月中旬成立了由毛泽东、周恩来、王稼祥组成的新的三人团,负责指挥全军的军事行动。遵义会议解决了党内所面临的最迫切的组织问题和军事问题,结束了"左"倾教条主义错误在中央的统治,在极端危急的历史关头,挽救了党,挽救了红军,挽救了中国革命。从此中国革命在毛泽东的正确领导下一步步走向胜利。这次会议是中共自成立以来第一次独立自主地解决自己的问题,也标志着中共在政治上走向了成熟。

遵义会议后,毛泽东指挥红军四渡赤水,于同年5月初巧渡金沙江。四渡赤水之战是红军化被动为主动的转折点,至此,红军摆脱了敌军的追堵拦截,

粉碎了蒋介石围歼红军于川、黔、滇边境的计划,取得长征中具有决定意义的胜利。6 月 18 日,中央红军与红四方面军会师于懋功。毛泽东坚持红军北上的方针,与张国焘发生分歧和争论。9 月,张国焘企图分裂和危害党中央。毛、张、周、博为避免红军内部出现分裂和残害,率领右路军北上。这是毛泽东又一次地挽救了红军、挽救了党。中央红军于 1935 年 10 月 19 日到达陕甘革命根据地吴起镇,中央红军长征结束。1936 年 10 月 9 日,红四方面军与红一方面军在会宁会师,红二、六军团于 10 月下旬与红一方面军会合,三大主力胜利会师,长征结束。从此开始了建设陕甘宁革命根据地的时期。

红军长征后,留在南方八省的红军和游击队进行了三年艰苦卓绝的游击战争。

（三）八年抗战的中流砥柱

1. 建立抗日民族统一战线

1931 年 9 月 18 日,日本侵占东北,东北军一枪未发地被调至关内,东北沦陷。1935 年发生华北事件,签订《何梅协定》,国民党政府实际上把包括北平、天津在内的河北、察哈尔两省的大部分主权奉送给了日本,这样,从关外到关内使中华民族陷入空前严重的民族危机。1935 年 12 月,北平爆发了"一二·九运动",这是在中共的领导下,由北平市学联组织发动的一次大规模的抗日救亡运动,是对"九·一八事变"、华北事件怒火的总喷发。

1935 年 12 月 17 日—25 日,中共中央在瓦窑堡召开政治局会议,会议决议:"一切不愿意当亡国奴,不愿当汉奸的中国人的唯一出路",就是"向着日本帝国主义及其走狗汉奸卖国贼展开神圣的民族战争"。会议决定建立广泛的抗日民族统一战线。在党员问题上提出两个先锋队:无产阶级的先锋队,它应该吸收先进的工人雇农入党,形成党内的工人骨干,同时它又是全民族的先锋队,因此一切愿意为着共产党的主张而奋斗的人,不问他们的阶级出身如何,都可以加入共产党。

三大主力会师以后,蒋介石调东北军与西北军以及以陈诚为司令的中央军进行剿共。瓦窑堡会议前后,中央加强了对东北军、西北军的统战工作。1936 年 4 月 9 日,实现了周恩来与张学良的秘密会谈,张学良接受了中共提出的"停止内战,共同抗日"的政治主张,并提出争取蒋介石抗日的意见。1936 年 8 月,中共中央将反蒋抗日变为逼蒋抗日,不再称蒋介石为卖国贼。

1935 年华北事件以后,蒋介石打算利用苏联牵制日本,与苏联政府的关系有所改善。他在"剿共"不能见效的情况下,打算利用抗日的旗帜以中共几乎不能接受的条件同共产党谈判,以达到"熔共"的目的。从 1935 年年底到 1936 年年初,国共已有接触。1936 年 12 月 12 日发生"西安事变",这是张杨两将军"兵谏"蒋介石抗日。中共坚决主张和平解决西安事变,反对新的内战,联合南京政府"左派",争取中派,反对亲日派。西安事变的和平解决,促进了中共逼蒋抗日方针的实现,成为转换时局的枢纽,十年内战结束。

1937 年 7 月 7 日,日本帝国主义制造卢沟桥事件,发动了全面侵华战争。接着发生了"八·一三"淞沪事件。在这两起事件中,中国军队都进行了英勇顽强地抵抗,结果都失败了。从 7 月中旬开始,国共两党进行谈判,到 9 月 22 日,国民党发表《中共中央为公布国共合作宣言》,23 日,蒋介石发表谈话,指出团结御侮的必要,承认了中共的合法性,标志着国共两党第二次合作正式形成。中共将红军改编为国民革命军第八路军,朱德为军长;将红军南方游击队改变为国民革命军陆军新编第四路军,叶挺为军长。

2. 全面抗战路线的制定

1937 年 8 月 22 日—25 日,中共中央在陕北洛川召开政治局扩大会议。会议提出:抗战是一场持久战,必须是全面的全民族的抗战。会议制定的基本的行动路线和工作方针是:在敌人的后方放手发动群众,开展独立自主的游击战争,配合正面战场,开辟敌后战场,建立抗日根据地。争取人民应有的政治经济权利,实行减租减息,拥蒋抗日。会议决定毛泽东为中共中央军事委员会(中央军委)书记(主席)。

3. 对日作战和抗日民主根据地建设

平型关大捷:1937 年 9 月 25 日,八路军 115 师取得了平型关战斗的胜利,歼敌 1300 多人,击毁汽车 100 多辆,缴获一批辎重和武器,打破了日军不可战胜的神话,振奋了全国民心。抗战初期,党建立了晋察冀、晋西北、大青山、晋西南、山东、晋冀豫和华中等抗日根据地以及陕甘宁边区。

百团大战:八路军从 1940 年 8 月 20 日—12 月 5 日,大小战斗 824 次,毙伤日军 20645 人,伪军 5155 人,俘虏日军 281 人,俘虏伪军 18407 人,日军投降 47 人,伪军反正 1845 人,破坏铁路 474 公里、公路 1500 多公里,缴获各类炮 55 门,各种枪械 5900 余支等。百团大战打出了八路军的声威,粉碎了对八路军"游而不击"的污蔑,迟滞了日本"南进"的时间,支持正面战场的作战,遏制了妥协投降的暗流。

4. 毛泽东的理论创新

关于抗日战争的理论。1938 年 5 月,毛泽东写了《论持久战》和《抗日游击战争的战略问题》:（1）提出中国的抗战是持久战,批判了"速胜论";（2）中国抗战的结果是中国必胜、日本必败,批判了"亡国论";（3）中国抗战要经过三个阶段:战略防御阶段,战略相持阶段,战略反攻阶段。持久战是抗战的总的战略方针,持久战的基础在于广大民众。兵民是胜利之本。这两篇著作以无可辩驳的逻辑力量阐明了抗战胜利的正确道路,成为指导全国抗战的军事理论纲领。整个抗战的过程和胜利结束,都证明了其正确性。

关于党的统一战线理论。抗战时期,国民党顽固派曾经掀起的两次反共高潮都被打退。打退第一次反共高潮后,毛泽东于 1940 年写了《目前抗日统一战线中的策略问题》,《放手发展抗日力量,抵抗反共顽固派的进攻》,《论政策》等,提出:为了取得抗战的胜利,必须建立广泛的抗日民族统一战线;统一战线要坚持独立自主的原则,放手发展抗日力量;坚持又联合又斗争,以斗争求团结;发展进步势力,争取中间势力,孤立顽固势力。

关于新民主主义革命理论的系统阐述。1939 年年底到 1940 年年初,毛泽东连续撰写了《〈共产党人〉发刊词》,《中国革命和中国共产党》,《新民主主义论》,比较系统地阐述了新民主主义革命的理论:

（1）中国革命必须分两步走:第一步,是推翻殖民地、半殖民地半封建的社会形态,使之变成一个独立的民主主义社会;第二步,是革命向前发展,建立一个社会主义社会。民主革命是社会主义革命的必要准备,社会主义革命是民主革命的必然趋势,与陈独秀的"二次革命论",与王明的"毕其功于一役"相区别。

（2）所谓新民主主义革命,就是无产阶级领导下的以工农联盟为基础的人民大众反帝反封建的革命,与社会主义和旧式民主革命相区别。

（3）实现无产阶级领导的中心问题是农民问题。农民问题是中国革命的基本问题,农民力量是中国革命的主要力量。解决领导谁,依靠谁的问题。

（4）新民主主义革命的目标是建立新民主主义的社会制度。政治上,建立无产阶级领导下的一切反帝反封建的人们联合专政的民主共和国。经济上,没收大资本归国家所有;保护民族工商业、没收地主的土地分给无地或少地的农民。文化上,民族的科学的大众的文化。

（5）无产阶级怎样实现自己的领导:"统一战线、武装斗争、党的建设"是中共的三大法宝。至此,中国革命有了一套马克思主义的理论指导。这个理论是中国化的马克思主义,经过延安整风,成为全党的指导思想——毛泽东思想。

5. 延安整风和党的七大

1941 年,太平洋战争爆发,国际反法西斯统一战线形成。侵华日军调整了侵华战争的策略:以确保占领区为主,通过诱降和有限的军事进攻,迫使重庆国民政府屈服。这样,各抗日根据地的主要斗争形式就是"扫荡"与"反扫荡","蚕食"与"反蚕食",根据地军民进入最困难的时期。陕甘宁边区为了克服物资匮乏的困难,开展了大生产运动。1942 年春,开始了延安整风运动。

(1)反对主观主义以整顿学风。强调理论联系实际,实事求是。结束了把马克思主义教条化,共产国际指示、苏联经验神圣化的倾向。

(2)反对宗派主义以整顿党风。削平山头,搞五湖四海,达到党内空前的团结。

(3)反对党八股以整顿文风,批判党八股是教条主义的工具,假大空,无的放矢。提倡文章,讲话要有的放矢、言之有物。

整风的方针:"惩前毖后,治病救人",公式是团结—批评—团结。

这是一次马克思主义的自我教育运动。通过整风,全党在思想上、组织上达到了空前的一致。在整风的过程中,对于我党历史上的若干重大问题进行了马克思主义的分析和总结,党的六届七中全会对历史上若干重大问题做出结论后,整风运动胜利结束。

党的七大于 1945 年 4 月 23 日至 6 月 11 日在延安举行。七大制定的政治路线是:放手发动群众,壮大人民力量,在我党的领导下,打败日本侵略者,解放全国人民,建立一个新民主主义的中国。七大制定的军事路线是:人民的军队,人民的战争,人民战争的路线和战略战术,构成了人民武装抗日的军事路线,是解放区战场在军事上取得胜利的关键所在。

七大的党章规定:中国共产党以毛泽东思想作为自己一切工作的指针,确立了毛泽东思想在全党的指导地位。

6. 抗战胜利

1945 年 8 月 15 日,日本宣布无条件投降。抗日战争取得了最终的胜利。这场战争中国军民伤亡总数 3500 万人以上,直接经济损失 1000 亿美元,间接经济损失 5000 亿美元。

抗日战争是近百年来中国人民第一次取得完全胜利的伟大民族解放战争,奠定了中国在世界上的大国地位。

抗战胜利的原因很多,有国际反法西斯联盟的配合,有中国人民的拼死抗战。最重要的是,中国已经有了使自己走向伟大复兴的现实的政治力量——

中国共产党。党领导人民抗日武装对敌作战 12.5 万次,消灭日、伪军 171.4 万人,其中日军 52.7 万人,缴获各种枪支 69.4 万支,各种炮 1800 余门。这大大减轻了国民党正面战场的压力,也成为促使国民党抗战到底的重要因素和重要的政治力量。抗战中,毛泽东为我们党制定了正确的路线、方针政策。党员发展到 121 万多,军队发展到 120 余万,民兵发展到 260 万,抗日民主根据地发展到近 100 万平方公里,人口近 1 亿。抗战壮大了人民革命力量,极大地推进了中国社会的历程进程,为新民主主义革命的彻底胜利奠定了坚实的基础。

(四)新中国的伟大缔造者

1. 重庆谈判

抗战胜利以后,中国面临着两种命运两个前途的选择。中共和毛泽东提出在和平民主团结的基础上,实现全国的统一,建设独立自由与富强的新中国。为此,毛泽东、周恩来、王若飞赴重庆与国民党谈判。重庆谈判从 8 月 25 日开始到 10 月 10 日结束,签订了《政府与中共代表会谈纪要》(即《双十协定》);双方协议必须共同努力,以和平、民主、团结、统一为基础,"长期合作共同努力,建设独立、自由和富强的新中国"。10 月 11 日,毛泽东回到延安。

抗战胜利后,国民党一方面与我党谈和平建国,另一方面抢占地盘,抢占胜利果实,一刻也没有停止。针对蒋介石夺取华北、华中和东北的战略意图,毛泽东提出了"向北发展,向南防御"的战略方针。向北发展的核心是控制东北。中共中央先后派出 2 万名干部和 11 万部队迅速开往东北,接受日本的投降和从苏军手中接管地盘。向南防御,即将分散在南方各地的兵力集中到长江以北,避免了被各个击破的危险。这样的布局,为解放战争打下基础,是有远见卓识的。

2. 粉碎国民党军队的战略进攻

挫败国民党的全面进攻。全面内战的爆发:1946 年 6 月 26 日,以重兵包围中原野战军李先念部为起点,国民党向各解放区展开了大规模的进攻,总兵力达到 193 个旅 160 万人。我军在 8 个月内共歼敌 70 万。结果国民党的进攻被我军全面粉碎。毛泽东在 1946 年 10 月 1 日发出的党内指示中提出,"我必胜,蒋必败",并提出:集中优势兵力,各个歼灭敌人是唯一正确的作战方法,主张打运动战、歼灭战。

挫败国民党军队的重点进攻。全面进攻被挫败后,蒋介石自觉兵力不足,放弃全面进攻,改以进攻陕北、山东解放区为重点,实行重点进攻。1947 年 3 月,毛泽东带领中央机关主动撤离延安,转战陕北,并指挥着全国各战场的作战。

陕北战场,我军采用"蘑菇战术"牵着胡宗南的鼻子走,取得了青化砭、羊马河、蟠龙三次歼灭战的胜利,歼灭敌人1.4万人。

山东战场,在孟良崮地区围歼敌五大主力之一的王牌74师3万余人,给蒋介石的心理以沉重的打击。这样蒋介石的重点进攻亦被粉碎。

3. 人民解放军转入战略进攻

解放战争一年后,敌我力量发生了变化,国民党军由430万人减少到373万人,我军则从127万人增加到195万人。根据敌我力量的变化的战场情况,1947年1月毛泽东就开始考虑晋冀鲁豫野战军向中原出动,转至外线作战经略中原。自古有逐鹿中原,得中原者得天下的说法。1947年6月30日晚,刘邓4个纵队12万人一举突破黄河天险,挺进鲁西南,发起鲁西南战役,歼敌6万余人,由此揭开了人民解放军战略进攻的序幕。接着,千里跃进大别山,于8月进入大别山区。

到1947年底,战争已经不再是在解放区进行,而是在国民党统治区进行。人民军队被"围剿"的历史已过去,标志着长期以来所处的战略防御的结束,这是一个重大的历史转折点。

4. 党的"十二月会议"和"九月会议"

"十二月会议":1947年12月25日至28日,中共中央在陕北米脂县杨家沟召开扩大会议。会议主要讨论毛泽东的《目前形势和我们的任务》的报告,阐明了打倒蒋介石、夺取全国胜利的军事经济政治等方面的方针政策,提出十大军事原则,其核心是打歼灭战,歼灭敌人的有生力量,经济上提出新民主主义革命的三大经济纲领。

在战略进攻的一年中,歼敌152万人,我军发展到280万人,为进行战略决战创造了条件。

"九月会议":1948年9月8日至13日在西柏坡召开政治扩大会议。会议提出全党的战略任务,建设500万人民解放军,从1947年7月算起,在大约5年时间内,歼灭敌正规军500个旅左右,从根本上打倒国民党的反动统治。

为此会议要求:"要敢于打前所未有的大仗,敢于同敌人的强大兵团作战,敢于攻击敌人重兵据守和坚固设防的大城市以争取全国胜利。"

会议提出准备于1949年内召开政治协商会议,成立新中国的临时中央政府,以取代国民党政府。

会议要求迅速有计划地训练大批能够管理军事、政治、党务、文化教育等各项工作的干部(3~4万人),接管新解放区。

九月会议后,各野战军发起了规模空前的秋季攻势:东北野战军发起了辽沈战役;华东、中原野战军发起了淮海战役;东北、华北野战军发起了平津战役。

三大战役从1948年9月12日开始到1949年1月31日结束,历时142天,共歼灭敌正规军144个师,非正规军29个师共154万人。国民党的主要军事力量基本上被摧毁。1949年4月20日又发起了渡江战役,4月23日南京解放。至此,国民党政府彻底垮台。

毛泽东在西柏坡的窑洞里指挥了三大战役,是一位伟大的军事战略家,真正是"运筹帷幄之中,决胜千里之外"。

5. 党的七届二中全会

1949年3月5日至13日在西柏坡举行了党的七届二中全会,会议确定党的工作重心由乡村转到城市。提出要学会管理城市,并将恢复和发展城市生产作为中心任务。毛泽东在会上提出两个务必:全党同志务必继续地保持谦虚谨慎、不骄、不躁的作风,务必继续地保持艰苦奋斗的作风。这对进城以后、执政以后的党和党员预先敲响了警钟。会后,3月25日,毛泽东及中央机关迁至北平。

6. 中国人民政治协商会议和新中国的成立

1949年9月21日至30日,中国人民政治协商会议第一届全体会议在北平召开,会议决定了国名、国歌、国旗、国徽、首都、纪元等,选举产生了中华人民共和国中央人民政府。

1949年10月1日,毛泽东庄严宣告:中华人民共和国中央人民政府成立了。

新中国的成立,标志着民族独立,人民解放的历史任务基本完成。接着要做的是使国家繁荣富强,人民共同富裕。

(五)组织和领导中国的社会主义革命和建设

新中国成立后,政府迅速投入到战后重建,恢复国民经济中。其间经历了土地改革,镇反,抗美援朝,三反五反,第一个五年计划,过渡时期的总路线(社会主义革命)。抗美援朝我们胜利了;第一个五年计划提前一年多完成;过渡时期的总路线原来打算用三到五个五年计划完成,结果只用了三年多的时间,工人、农民包括资本家就敲锣打鼓地进入了社会主义。到党的八大召开的时候,全党沉浸在胜利的喜悦之中。同时,党内也逐渐滋长起骄傲自满的情绪,不那么谨慎了,急躁起来了,也不愿意听取不同意见了。因而有了1957年反右派斗争的扩大化,有了1958年的"大跃进"的"左倾"错误,有了1959年反彭德怀问题的党内斗争扩大化。接着发生了自然灾害,进入三年困难时期,到1963年基本走出了困境。1964年到1965年,经济有了较大的好转,人民生活有了很大的改善。1964年,毛泽东、周恩来提出了四个现代化的宏伟目标。正当全国人民为着这个目标奋斗时,1966年"文化大革命"开始了。这个后来被称为"浩劫"的运动一搞就是十年。直到1976年粉碎"四人帮"才基本结束。

建国后,毛泽东的大贡献:

(1)过渡时期的总路线,从根本上铲除了剥削制度。用"赎买"的方式和平过渡到社会主义,是个创造。

(2)《论十大关系》、《关于正确处理人民内部矛盾的问题》是他对中国建立社会主义的总结和思考。文章中有许多思想、观点,至今仍能发挥指导作用。

(3)他提出的"独立自主,和平共处,不称霸","三个世界"的理论等构成的外交路线和方针是正确的,至今仍是我们对外政策的基点。

(4)这个时期,我国的经济、教育、科技等各方面,也都取得了伟大的成就。

对毛泽东的一生,党的十一届六中全会的《关于建国以来党的若干历史问题的决议》作了公正的评价。

四、邓小平:中国改革开放的总设计师

邓小平,四川广元人,早年赴法国勤工俭学,是广西左右江起义的领导者。井冈山时期担任过中心县委书记,长征途中,担任中央秘书长。抗战时期,先担任八路军政治部副主任,后担任129师政委。解放战争时期担任中原野战军政委。在战略决战阶段,为了便于与华东野战军协同作战,成立总前委,担任总前委书记。建国后担任国务院副总理,八大时担任总书记。"文革"时受到冲击和迫害。"文革"结束以后,他成为党实际上的领导核心。

邓小平对中华民族伟大复兴的历史贡献:

(一)为争取民族独立,人民解放的新民主主义革命立下了汗马功劳,是开国元勋之一。他与刘伯承、陈毅、粟裕等一起带领和指挥部队歼灭了蒋介石驻扎在该地区的主力(淮海、渡江两大战役),直接摧毁了国民党南京政府的统治,解放了大西南。

（二）拨乱反正。"文革"结束时，国民经济到了崩溃的边缘，百业待兴，百废待举。邓小平复出后，提出"解放思想，实事求是"，在党的十一届三中全会上，停止使用以阶级斗争为纲的口号，把党和国家工作的重心转到经济建设上来，解放大批老干部，平反冤假错案。

（三）科学地评价毛泽东同志的历史地位和毛泽东思想。"文革"结束以后，在总结历史经验教训，拨乱反正的过程中，存在着一股"非毛化"的倾向，也存在着"两个凡是"的倾向。能否对毛泽东和毛泽东思想做出科学的评价，关系到能否统一思想，能否保持社会稳定，能否开拓改革开放的新局面。在讨论"建国以来党的若干历史问题决议时"，邓小平多次发表讲话，他提出，如果这个问题不能正确解决，决议可以不做。他集中全党的智慧，提出毛泽东同志是伟大的无产阶级革命家，中国人民的伟大领袖，伟大的马克思主义者，他晚年所犯的错误是一个伟大的马克思主义者所犯的错误；毛泽东思想是被实践证明了的正确思想，是不包括错误在内的（是剔除了所谓无产阶级专政下继续革命理论的），因此，毛泽东思想仍然是我们党的指导思想；并概括出毛泽东思想的活的灵魂是"实事求是，独立自主，群众路线"。对毛泽东的历史地位和毛泽东思想的科学评价，以及十一届六中全会通过的《关于建国以来党的若干历史问题的决议》，对于解放思想，统一思想，维护稳定，开拓新局面起了极为重要的保证作用。

（四）开辟建设中国特色社会主义的伟大道路

1. 邓小平在十二大开幕词中提出：把马克思主义的普遍原理和中国的国情相结合，走自己的路，建设有中国特色的社会主义，从此开辟了建设有中国特色的社会主义的伟大道路。

2. 社会主义初级阶段理论。邓小平从分析中国的国情出发，认为我国还处在社会主义初级阶段；确认我国的性质是社会主义，但由于生产力落后，又是不成熟、不够格的社会主义；初级阶段至少一百年。

3. 制定了党的社会主义初级阶段的基本路线：领导和团结全国各族人民，以经济建设为中心，坚持四项基本原则，坚持改革开放，独立自主，艰苦创业，为建设富强、民主、文明的社会主义现代化国家而奋斗。核心是一个中心，两个基本点。

4. 制定了实现现代化的战略目标，战略步骤，战略重点。

战略目标：富强、民主、文明的社会主义现代化国家。

战略步骤：分三步走。第一步，解决温饱；第二步，实现小康；第三步，实现社会主义现代化。

战略重点：能源、交通、教育和科技。

5. 用"一国两制"的办法实现香港、澳门回归和统一台湾。香港、澳门问题是殖民主义的历史遗留问题，台湾则是国内战争的历史遗留问题。实现国家的最终统一是中国核心利益的要求，是中华民族的共同愿望，也是中国共产党人的历史使命。如何实现祖国的最终统一？邓小平以战略家的胸怀和睿智提出，"和平统一，一国两制"，即在一个中国的前提下，实行两种制度，大陆实行社会主义，港澳台实行资本主义，用和平的方式实现香港、澳门回归，实现与台湾的统一。

1997 年 7 月 1 日顺利实现香港回归。1999 年 12 月 20 日顺利实现澳门回归。

在台湾问题上，打开了海峡两岸的冰封。两岸从福建沿海与金门、马祖地区直接往来到现在的两岸经济合作框架建立，向祖国统一迈出了坚定的步伐。

6. 实行独立自主的和平外交政策，打开了外交工作的新局面。

新中国成立后，长期以来，以美国为首的西方国家对我们实行政治上孤立，经济上封锁，军事上包围，使我国处于非常不利的地位。邓小平在对外政策上坚持和实行：

（1）独立自主。不结盟，不与大国结盟。

（2）以和平共处五项原则处理国与国之间的关系。不干涉别国的内政，尊重各国人民自主选择道路。

（3）支持和帮助发展中国家。中国是发展中国家，反霸不称霸。

（4）广交朋友。和所有的国家友好相处，不以意识形态画线。

（5）韬光养晦。把自己国内的事情办好，与美国不搞对抗。在中小国家中不当头。

（6）睦邻友好。做好邻居，好兄弟，好伙伴。对周边有领土争议的，通过谈判解决争端。不诉诸武力，不以武力相威胁。

邓小平外交思想的核心是：维护国家的主权和领土的完整（国家核心利益），争取和平的国际环境，为国内的经济建设服务，争取国际上的资金和技术为现代化服务。这都做到了。

7. 国防和军队建设。

邓小平十分关心和重视国防和军队建设。（1）他提出了军队建设要服从和服务于经济建设的大局，军队要学会忍耐。（2）人民军队要革命化、正规化、现代化。(3)适应现代战争的要求,实行军事变革。

8. 改革开放和现代化建设。

党的十一届三中全会决定要进行改革,会后不久,就决定要实行对外开放。邓小平开启了我国改革开放和现代化建设的伟大新时代。

改革首先从农村的家庭联产承包责任制开始;1984年,城市经济体制改革开始启动;1992年,确立社会主义市场经济体制作为改革的目标模式。邓小平提出社会主义也可以搞市场经济,这是一个伟大的创造。1979年开始实行对外开放,从试办4个经济特区,到沿海14个城市实行对外开放,到确定浦东实行开放,海南岛设省,实行全省对外开放,逐步形成了我国全方位、多层次、多渠道的开放局面。

邓小平的改革开放理论:

(1)改革是社会主义的唯一出路,不改革,死路一条。

(2)我国的根本制度是好的,必须坚持四项基本原则,但是我国的体制存在着种种弊端,必须进行体制的革命。改革旧体制,建立新体制,改革是中国的第二次革命。

(3)改革的胆子要大,步子要快,要解放思想。一切阻碍生产力发展的体制、机制、制度都必须改。评判改革成败得失的标准:是否有利于生产力的发展,是否有利于综合国力的增强,是否有利于人民生活水平的提高。改革的目的就是解放和发展生产力。

(4)改革要在党的领导下循序推进,先农村后城市,先经济后政治;改革要经过试验,典型示范,不搞强迫。改革是摸着石头过河。

(5)我们现在所处的世界是经济全球化、信息化的时代,是个开放的世界。中国离不开世界,世界也离不开中国,关起门来搞经济建设是不行的,连外面的信息都不知道,怎么去搞现代化呢?我们搞现代化,需要资金、先进技术,因此,中国实行改革开放,不是权宜之计,而是必须长期坚持的大政策。所以,邓小平把改革开放作为两个基本点之一,写入党的基本路线。

邓小平关于现代化建设的思想:

(1)现代化建设是我们党的宏伟目标,是我们肩负的历史使命,是毛泽东等老一辈无产阶级革命家未竟的事业,也是全国人民的共同理想和愿望。

(2)实现社会主义现代化要分三步走。

(3)现代化是一个综合概念,是与世界当代水平相联系的一个概念,是与综合国力相联系的,还是与人民生活相联系的——共同富裕;因此,邓小平的现代化目标是与我们党所肩负的第二个历史使命——国家繁荣富强，人民共同富裕相联系的。实现现代化，就标志着第二项历史使命的实现。

邓小平把共同富裕作为社会主义的本质内容。他说社会主义的本质是解放生产力，发展生产力，消灭剥削，消除两极分化，最终实现共同富裕。共同富裕是其核心内容，简而言之，社会主义本质就是共同富裕。在改革开放之初，为了打破平均主义，"大锅饭"，他提出允许一部分人和一部分地区先富起来，说这是一个"大政策"。到 1992 年年初南方谈话的时候，他强调先富带后富，最终达到共同富裕。他认为，在建设小康社会的过程中，要特别重视共同富裕。以上这些，构成了邓小平理论的逻辑体系和主要内容。并成为我们党的指导思想。

新中国成立以来，特别是改革开放 30 多年来，我们取得了举世瞩目的成就。我国的综合国力大大增强，单就经济总量来说，在 2010 年第二季度就超出了日本，成为仅次于美国的第二大经济体，我们彻底结束了计划经济时期那种供应紧缺的状况，现在的供求关系是富足有余。我们也结束了人民生活缺吃少穿的状况，现在总体上解决了温饱，进入小康社会。30 多年的时间不算太长，我们摘掉了贫穷落后大国的帽子，由于人口多，我们还处于初级阶段，但是在世界上堪称政治大国、经济大国。那种受人欺负，受人凌辱，受人制裁的时代也已结束。虽然我们实现现代化，完成第二项历史使命，还有很长的路要走，可能在前进中还会遇到许多难以想象的困难。但是，目标已经确定，方向已经探明，道路已经打通。只要我们继续高举中国特色社会主义的伟大旗帜，以科学发展观为指导，坚持党的基本路线，我们就一定能实现中华民族的伟大复兴。

在实现中华民族伟大复兴的历史征程中，孙中山是伟大的，他领导人民推翻了帝制，建立了共和；毛泽东是伟大的，他领导人民实现了民族独立，人民解放；邓小平是伟大的，他领导人民实行改革开放和现代化建设，为实现国家的繁荣富强，人民共同富裕开辟了崭新的道路。老百姓心里有杆秤：毛泽东让中国人民站起来了，邓小平让中国人民富起来了。任何历史时代都有自己的历史使命，都需要有领袖来担当。中国近代以来的两大历史使命，造就了 20 世纪中国的三位伟大人物，这就是孙中山、毛泽东和邓小平。中国人民永远不会忘记他们对于中华民族复兴的伟大贡献。

不动摇　不懈怠　不折腾

　　胡锦涛在庆祝建党 90 周年大会上号召全党同志牢记肩负的历史使命，"不动摇，不懈怠，不折腾"，坚定不移地沿着中国特色社会主义道路奋勇前进。这三个"不"是对建党 90 年来，特别是新中国成立以来党的正反两方面经验的深刻总结，也是对今后我们党团结带领全国各族人民，创造幸福生活和中华民族美好未来的告诫。认真学习和深刻领会并在实践中坚持这三个"不"意义重大。

一、坚持走中国特色社会主义道路不动摇

　　1956 年年底和 1957 年年初，毛泽东召集中央、国务院 34 个部委开座谈会，中心议题是在中国如何建立社会主义经济、政治、文化制度，如何建设社会主义，形成了他的光辉著作《论十大关系》、《关于正确处理人民内部矛盾的问题》。文章提出要向自然开战，向生产的深度和广度进军，其倾向是把工作重心转移到经济建设上来；提出正确区分和处理人民内部矛盾，是党和国家政治生活的主题；提出中国要走出一条既有别于西方，也有别于苏联的工业化道路，即按照农轻重次序安排国民经济和土洋结合，两条腿走路的方针。这是毛泽东对中国社会主义建设的最早探索。这个探索因为 1957 年的反右派斗争被中断了。1958 年的"大跃进"、人民公社运动，提出"一天等于 20 年"，跑步进入共产主义，已经不是在探索社会主义，而是讨论在中国实现共产主义的问题了。到 1960 年，毛泽东重提以阶级斗争为纲。经过三年困难时期，到 1964 年国民经济得到恢复性的发展，毛泽东、周恩来向全国人民发出了"实现四个现代化"的号召。1966 年，开始了十年"文化大革命"，四个现代化被搁置了。从 1956 年到 1976 年，曾经有过正确的目标和方向，结果都没有能坚持，甚至走向了反面，原因很多，其中最主要的是没有搞清楚什么是社会主义，什么是中国的国情，把中国建设成一个什么样的国家，以及走什么样的道路等重大问题。这些重大问题没有搞清楚，左右摇摆，反复多变就在所难免了。

　　十年"文革"的"浩劫"带给我们党沉痛地教训。邓小平是我们党内最早思考这些问题的领导之一。他提出"解放思想，实事求是"，为我们党重新确立了正确的思想路线；他提出停止使用以阶级斗争为纲的口号，把党和国家工作的

重心转移到经济建设上来,为我们党拨正了政治路线。1982 年他在党的十二大开幕词中提出,把马克思主义的普遍原理和中国的实际相结合,走自己的路,建设有中国特色的社会主义。1987 年,他从中国的现实出发,提出我国还处在社会主义初级阶段,初级阶段至少一百年。同年召开的党的十三大制定了党在社会主义初级阶段的基本路线。1992 年初,他科学地回答了什么是社会主义,社会主义的本质就是"解放生产力,发展生产力,消灭剥削、消除两极分化,最终实现共同富裕"。十三大还制定了建设富强、民主、文明的社会主义现代化国家的奋斗目标,以及实现这个目标分三步走的战略步骤。邓小平在领导中国改革开放和现代化建设的伟大实践中,科学地回答了中国如何建设社会主义的若干重大理论和实践问题,形成了中国特色社会主义理论的第一个形态——邓小平理论。

改革开放 30 多年来,我们党坚定不移地走中国特色社会主义道路,取得了举世瞩目和世界公认的伟大成就,成为名副其实的经济政治大国。新中国成立以来前 20 年的失误在于左右摇摆不定,后 30 年的成功在于坚持走中国特色社会主义道路不动摇。那么,什么是中国特色社会主义道路呢?胡锦涛在"七·一"讲话中把它概括为:在中国共产党领导下,坚持四项基本原则,坚持改革开放,解放和发展生产力,巩固和完善社会主义制度,建设社会主义市场经济,社会主义民主政治,社会主义先进文化,社会主义和谐社会,建设富强、民主、文明和谐的社会主义现代化国家。这条道路是实现社会主义现代化的必由之路,也是创造人民美好生活的必由之路,动摇不得。

二、抢抓机遇,加快发展不懈怠

中华民族曾经走在世界的前列。但是,当西方以蒸汽机为标志的第一次工业革命蓬勃兴起时,清政府不以为然,错过了发展的历史机遇,与西方相比,渐行渐远,西方跑到了前头,我们落伍、落后了,挨了多次打。当西方在进行以电气化为标志的第二次科技革命时,我们正在为民族独立、人民解放进行革命。新中国成立以后,我们曾顺应世界潮流,先后提出"工业化"、"四个现代化"的目标,又因几次"左"倾错误的干扰,不仅没能实现这些目标,而且与西方发达国家的差距越拉越大。

中国共产党十一届三中全会,开创了改革开放和现代化建设的新时代,为把我国建设成为富强、民主、文明的社会主义现代化国家,在继续实现工业化、电气化的同时,抢抓机遇,加快发展,不懈怠,逐步缩小了与西方发达国家之间的距离。

（一）抢抓有利的国际环境

邓小平审时度势,指出和平发展是时代主题,新的世界大战可以避免。他把人们从那种新的世界大战不可避免,要立足于早打、大打、打核大战的战争阴影中解放出来。这样,我们才能放下心来,安下心来,一心一意地搞建设,求发展,才能做到"任尔东南西北风,咬定青山不放松",向着现代化的目标,加快发展的步伐。

（二）抢抓新科技革命的机遇

20世纪下半叶逐步兴起了以原子能、海洋工程、生物工程、电子信息工程和航天航空技术为标志的第三次科技革命,我们虽然见事迟、起步晚,但是,从20世纪最后20年开始到现在,我们紧紧抓住了这个历史机遇。在继续工业化、电气化的同时,大力发展高科技的新兴产业,既加快了工业化、电气化的发展进程,又缩短了我们与西方发达国家在科技方面的差距,在有些高科技领域我们并不差,甚至还走在世界的前列。如果说我们由于历史的原因错过了第一、二次科技革命的机遇,那么,最近30多年,我们紧紧抓住了第三次科技革命的机遇,才有了快速健康的发展。

（三）抢抓经济转型升级的机遇

20世纪70年代发生的石油危机,给西方发达国家的国民经济以重创。日本、美国、欧洲在石油危机的打击下,逐步开始了经济转型升级。我国从20世纪90年代也提出了经济转型升级(当时称转变经济增长方式)。经济转型升级包括三个方面:一是产品转型升级;产品转向小型、节能、环保;二是产业结构转型升级,产业由重第二产业,转向重第三产业发展;三是经济发展方式转型,由注重人力、物力、财力的投入为主的外延型,转向主要依靠科技进步和人的素质的提高促进经济增长为主。我们虽然在20世纪90年代提出来经济转型升级,但是真正抓落实并且收到显著成效是进入21世纪后的事情。目前,这项工作正在加大力度进行。

邓小平生前关注的重点之一就是抢抓机遇,加快发展。他认为机遇一晃就过去了,时间耽误不起。江泽民、胡锦涛也反复告诫全党,我们处在最好的发展机遇期,我们一定要抢抓机遇。不懈怠,对干部特别是领导干部确实有个责任心和精神状态的要求。有的人心不在焉,有的人沉湎于声色犬马、纸醉金迷、灯红酒绿、觥筹交错之中,不仅负不起责任,还要浪费财力、物力,与胡锦涛"不懈怠"的要求是背道而驰的,这些人应当猛醒了。以饱满的热情,昂扬的斗志,拿出十分的干劲,尽十分的努力,加快发展。机遇不可错过,在机遇面前,不能懈怠,不能犹豫彷徨。

三、落实科学发展观"不折腾"

建国以后,闹"折腾"的事情并不少见,有时甚至是"折腾"不断。从 1956 年到 1976 年这 20 年,有政治路线上的"折腾",如从经济建设为中心到重提以阶级斗争为纲,政治运动不断,实际上"折腾"也就不断,十年"文化大革命"是最大的"折腾"。改革开放以来,总体上是快速平稳健康的发展,在经济建设上,"折腾"的也不算少,如以粮为纲,向荒山要粮,向草原要粮,向湖泊要粮,造成水土流失,生态环境恶化,不得不再退回来,搞退粮还林,退粮还草,退粮还湖。再就是工业化造成空气、水、土地等的环境污染,我们要拿出更多的财力加以治理。每次"折腾"都是要付出代价的,除了经济损失外,更重要的是民心伤不起,时间耽误不起。老百姓最怕的是"折腾",老百姓最盼的是"不折腾"!从大的方面说,坚持走中国特色的社会主义道路不动摇,就不会发生全国性的"大折腾"。但是,各地方不等于就不会发生"小折腾",现在最容易发生"折腾"的事情,主要集中在地方经济社会发展过程中各种矛盾的处理,而能正确处理地方经济社会发展中的各类矛盾最根本的是要落实科学发展观。

(一)要切实把当地老百姓的生存和发展放在第一位。科学发展观的本质是以人为本。必须始终坚持以经济建设为中心,经济建设的目的是为人的生存和发展服务。现在讲人的生存并不是指缺吃少穿生活不下去,而是指生存的质量,特别是环境质量、食品质量,任何违背人的生存质量,影响人的身体健康的事都在禁止之列。地方领导在该地区的经济社会发展中,首先要对全体人民的生存和发展负责,对人民幸福的未来负责,只有造福的义务,没有造孽的权利。

(二)要搞好规划。规划既管当前,也管未来。规划要做到与经济社会全面协调可持续发展。以往制定的主要是经济发展规划,现在开始重视民生了,把经济和各项社会事业都纳入到规划之中,这是个具有历史意义的进步。但是,现在也有问题,规划不具有连续性,"书记一动,规划重弄",这种现象时有发生。如某县级市,换了几位书记,规划就弄了几次。某书记提出城市向东发展,来了一位书记提出城市向北发展,又来了一位书记提出城市向南发展,真不知道再来一位书记会不会提出城市向西发展。城市向东、向北、向南发展都要按照书记的要求重新搞规划设计,投入的人力、财力且不论,每次规划重弄后,在实施过程中包括房屋拆迁,土地调整,基础设施建设造成的损失就更大。一纸调令,领导高升去了,还是当地的老百姓"买单",当地的干部群众把这类事称之为"瞎折腾"。规划是龙头,规划要具有科学性、超前性、连续性,这是做到"不折腾"的重要一环。

(三)化解风险,防止群体事件。社会总体是稳定的,但是风险也是存在的。风险主要有:腐败问题、地方政府尤其是县乡政府的高负债问题、高物价问题、高房价问题、农村的征地拆迁问题。这些风险目前还在可控的范围内。一旦失控就有可能引发群体性事件,就会发生"折腾",不仅会影响经济社会的发展,更重要的是耽误了时间,丧失了机遇,会影响到我们奋斗目标的实现。因此,地方党委政府要避免当地的"瞎折腾",必须逐步化减这些风险,直至消除这些风险,才可能把当地建设成富裕、民主、文明、和谐的社会。

改革要坚持"以人为本"

进入 21 世纪之初,中央提出"以人为本,全面协调可持续发展"的科学发展观,这是关于发展问题的指导原则,其核心是"以人为本",今天看来,不仅发展要如此,改革也要坚持"以人为本"。

1978 年年底召开的党的十一届三中全会,提出改革,要允许一部分人先富起来,实行联产承包责任制,开始了农村的改革。80 年代初,以简政放权让利,实行承包制,开始了城市经济体制改革。1992 年确立了"社会主义市场经济"作为改革的目标模式,开始了全面改革。因此,20 世纪最后 20 年是从让一部分人先富、让利、追求效率等方面搞改革,目的是促进经济增长。那时有句话,一切阻碍经济发展的体制、机制都要改革。改革确实极大地促进了经济增长。20 年间,中国经济增长了 18 倍还要多,人民生活不仅解决了温饱,而且总体上达到小康水平。改革取得了举世瞩目的成就。

进入 21 世纪,各种社会矛盾暴露出来,如资源瓶颈,环境恶化,人们心理失衡,"拿起筷子吃肉,放下筷子骂娘"的多了,"上学难"、"治病难"、"买房难",这难那难越来越多。为什么经济发展了,生活改善了,还会出现这些问题呢?人们不得不思考,改革是为了经济增长,经济增长又是为了什么呢?怎么来解决这些社会问题呢?2003 年中央提出了科学发展观。科学发展观的本质是发展,发展要依靠人,是为了人的全面协调可持续发展。

改革开放前 20 年是"以物为本"的改革,对于经济增长,综合国力的增强,人民生活水平的提高起了极大的作用,但是围绕着人的方面,如医疗制度改革、教育制度改革、住房制度改革、分配制度改革等就不那么成功。"上学难"、"治病难"、"买房难",贫富悬殊太大等是人们心理失衡的主要因素。解决这些问题,改革必须要"以人为本"。这不是否定前 20 年的改革,它是现在和今后一个时期改革的必经阶段。坚持"以人为本"的改革方向,是改革的深入和发展,是更高层次的改革。"科学发展观"提出以后,中央大力推进教育制度改革以解决"上学难",推进医疗制度改革以解决"治病难",推进住房制度改革以解决"买房难",并已经关注到分配,逐步解决贫富悬殊过大的问题。

改革要坚持"以人为本",一是坚持改革要有利于人的发展,有利于人的积极性、创造性即人的聪明技能的发挥。这对社会的每个成员都一样,相当于

"普惠制"。二是要让社会的每个成员都能分享发展的成果。由于人的能力有大小,机会有多少,因此人有强弱之分。要特别关注特殊群体,如残疾人、重病患者、丧失劳动能力者。社会保障系统、救济系统和社会慈善事业应多照顾特殊群体,让他们也能获得有尊严的生活,这相当于"优惠制"。

改革要坚持"以人为本",这是社会主义的本质要求,也是社会公平正义的要求,同时也是解决改革开放以来所积累的经济和社会问题的办法。改革中出现的问题还要由改革来解决,"以物为本"出现的问题用"以人为本"来解决,这样不仅能促进经济的增长,而且能促使社会更加稳定和谐。

对开放的思考

我国对外开放已经搞了三十多年了,加入世贸组织也有了十个年头。从最初的加工贸易,试办经济特区,到形成现在的宽领域、多层次、全方位的开放格局,中国的经济、社会发生了深刻的变化。对外开放的初衷是引进外资、引进先进的管理理念和制度,引进科学技术即先进的技术装备和工艺流程,加速我国的社会主义市场经济和现代化建设,这些目的都达到了。客观公正地说,改革开放三十多年来,特别是"入世"十年来,我们取得的举世瞩目的成就中就有对外开放的成果,我国现在是世界上第二大经济体,出口贸易世界第一,进口贸易世界第二,同时,实行对外开放也是我们取得重大成就的重要原因之一。

一、对外开放付出的代价与积累的问题

反思对外开放三十多年的历程,我们付出的代价是巨大的,积累的问题也是很多的。主要表现在:

(一)**对外开放是不对称的**。三十多年的对外开放主要是招商引资,对外投资较少。对外开放之初,我们大规模的搞招商引资。大量的外资进入中国,对于解决中国资金不足,尤其是外汇紧缺起了很大作用。也正是由于以招商引资为主,大力地发展对外贸易,形成较大的贸易顺差,再加上对外投资不足,造成了现在3万多亿美元的外汇储备的积淀。

(二)**GDP 增长很快,社会财富增长缓慢**。在对外开放中,为了吸引到外资,中央制定了很多优惠政策,如减免税等。这在改革开放之初是必要的。除了中央制定的优惠政策外,地方各级政府又制定了一些优惠政策,几乎是层层优惠,优惠层层加码。有的地方对外商实行"零"地价;有的地方允许外商以设备投资参股;有的地方允许以技术参股。总之,中国对外商给予了极大的优惠。外商设厂以后,在政策上获得了很大的利益,在生产经营过程中又获得了很多利润。这样,中国的 GDP 获得了连年高速增长,而社会财富却增长较慢。对于外商投资企业,我们只能说增加了工人就业,职工拿到了工资,但地方和国家所得的税费甚少,利益和利润都进了外商的腰包。当世界金融危机来袭时,这些外资企业将在中国获得的利润汇回国内母公司,帮助他们渡过难关。

从公布的资料看,外国许多大公司,甚至是百年老店轰然倒闭,但到目前为止,还没有听到在中国投资的公司倒闭的消息,如德国大众汽车,已经收回了相当于其当年投资十几倍的利润。所以当美国、日本等老牌汽车公司面临困境,而德国大众则无困境之忧。这是很能说明问题的。

(三)没有能引进到最先进的科学技术。 引进先进的科学技术是对外开放的重要战略目标之一。由于当代最先进的科学技术绝大部分掌握在以美国为首的西方发达国家手里,他们对中国实行技术封锁,以防范中国"做大",所以,当代最先进的科学技术我们是引不进来的。我们能引进的大概也就是当代二三流的技术。真正的高科技只能靠我们自主创新。即使引进二三流的技术,他们仍然是以所谓的知识产权保护为借口,提取高额的利润,我们也只能拿到利润的"零头"。这个"零头"实际上是发达国家工人的高工资与中国工人的低工资的差额部分。在招商引资的过程中,大致的情况是,稍有些科技含量的项目,外商一般是以独资的形式投资,以防止技术泄漏。对于中国民族工业中的品牌,他们大都是采用合资参股的形式,其产品的品牌和市场由他们分享去了。想想中国原来那么多的民族品牌,现在还剩几个?屈指可数大概也就是云南白药、茅台酒、中华烟、海尔电器等,中国民族品牌躯壳化了。再就是产业转移。发达国家比较重视环境保护,对有污染的项目有着严格的准入制度和环保要求。这类对环境有污染的项目就进入了中国,实际上是把污染转移到中国,把环境污染的包袱放在了中国人的肩上。如外资进来搞的大的化工、造纸、火力发电、冶炼等项目。而我们对环境污染进行治理需要大量的资金,这又只能由中国政府和人民来"买单"。

(四)外贸出口代价太大。 对外开放以来,中国的重商主义日趋严重。为了创外汇,国家出台了许多鼓励出口的优惠政策,主要是出口退税政策和压低人民币汇率。生产出来的大量产品低价甚至是亏本出口到国外,国家给予的退税补贴实际上补贴了国外的消费者。20世纪后20年和21世纪之初,一些企业弄虚作假,搞假保单,骗取国家的退税。我们出口的产品价格很低,出口量大,帮助发达国家抑制了物价上涨,却常遭到人家的"反倾销"制裁,帮了人家的忙还不落好。我们出口的产品可能科技含量不太高,但是这些产品毕竟是耗费了人力、原材料和能源生产出来的,其耗费也都是物质财富,不是光凭空气吹出来的,海水泡出来的。多少年来,我们大量的低价的亏本的产品销到国外去了,而我们需要买的高新技术及其产品人家又不对我们开放,贸易顺差年年扩大,外汇储备年年增加,到现在已有了3万多亿美元。

这 3 万多亿美元是随时都可能贬值的纸币,它不是 3 万多亿美元的"黄金储备"。美国债台高筑,最缺的就是钱,我们买了美国 1 万 4 千多亿美元的国债,至今还有 1.14 万亿美元的国债,是帮了美国的大忙了。可是美国人并不领情,还经常拿中美之间的贸易顺差说事,压人民币升值,并且把全球战略"东移",用来对付中国。世界上有两种说法,一是怕中国的商品出口,导致商品价格下跌,主要是指日用消费品;二是怕中国进口原材料和能源,导致价格上涨。强大的日用消费品的生产必然要耗费大量的原材料和能源。平心而论,这种说法和担心不是一点道理都没有。大量的能源消耗也加剧了环境污染。如果仍然实行出口主导型,而且出口又以低廉商品为主,向世界承诺的节能减排的目标是很难实现的。

三十多年的对外开放成绩是巨大的,问题是社会财富流失过多,环境污染压力加大,民族工业的品牌被躯壳化,巨额的外汇储备面临着贬值。但是,总体上说对外开放功大于过,利大于弊,我们仍然要继续坚持对外开放。

二、对外开放要作政策调整

总结三十多年对外开放的经验和教训,尤其是从教训方面而论,并结合我国目前外汇储备丰厚,现代化建设资金供给充盈,高科技项目难以引进等实际状况,开放要作政策调整,对此提出如下建议:

(一)要从招商引资为主转向对外投资为主。对外开放至今,我们的开放主要是单向的,是以引进来为主。虽然中央早就提出了"走出去"的战略,对外投资总体上还是零散的、小规模的,与引进来是不对称的。现在,我们具备了"走出去"投资的条件。一是有巨额的外汇储备,有钱拿出去;二是西方正面临着金融危机,他们最缺的是钱。总体上说,由于债务缠身,西方的经济还深陷在困境之中,暂时还看不到走出困境的势头,美元、欧元的贬值是一种趋势。我国用外汇储备买他们的国债是贬值,存在他们银行里,利息很低,也是贬值。这么庞大的外汇储备与其让它慢慢贬值,不如拿出来到国外去投资。还有,就是从外汇储备的安全着想,美国有学者提出:中国放弃对美国 1.14 万亿美元的债权主张,美国放弃对台湾的承诺。这虽然是行不通的,但他表明有人在打中国外汇储备的主意。到国外去投资,一是投资设厂,重点可放在非洲和拉美那些政局比较稳定的国家,新兴市场国家如俄罗斯、巴西、印度等,把我们的强项推出去。二是收购、兼并发达国处于困境的企业,如铁矿、铜矿、石油、天然气等,这些是我国的紧缺资源。参股、控股这类企业对国民经济具有长远的战略意义。把部分外汇储备拿出来到国外、境外去办企业,总比买国债、存银行好,即使对外投资中出现失误,造成点损失,也比天天贬值好。比如说,中国有强大的钢铁生产能力,如果能在巴西、澳大利亚投资设厂,既有充足的原料来源,也节省矿石的运费,并减轻国内环境污染的压力。国家应积极地鼓励国内的钢铁企业搬到国外去。如果现有的钢铁企业要扩张,谁有钱上钢铁项目,也鼓励他们到国外去建厂。可以给他们优惠,就像当年对外商优惠一样。

(二)要从重量的扩张转到重质的提高上。三十多年的对外开放,我们是以量的扩张为主。从中央到地方,每年都下达招商引资的任务,完成了有奖励,干部可以提拔,有的地方甚至把引进外资多少作为年终综合评优的"一票否决"。许多地方大规模组团出国出境搞招商引资推介会,其声势远远大于实际效果。这里面有打着招商引资旗号出国出境旅游的,也有弄虚作假的。某个县级市自招商引资以来,公布的数字累计起来有 300 亿美元之巨。而实际上呢,十分之一都没有,可见水分多大。从现在的形势看,地方上大规模的招商引资活动一定要从实际出发,不能再搞那种只图形式,不计效果的形式主义了,不只浪费钱财,而且有损形象。招商引资还是要的,但不是什么样的外资,什么样的项目都可以引进。现在引进外资项目要划上几条杠杠:一是不符合国家产业政策的不能引进,国家应公布产业政策报告。二是对环境有污染、对工人健康有损害的项目不能引进,环保部门应严格审核和审批,实行"一票否决"。三是国内已有的项目,只要不是紧缺的,原则上不要重复引进设厂。四是引进项目的重点应放在农业、基础设施建设、服务业、环境保护和具有科技优势项目等方面。一定要使招商引资符合国家的产业政策、环保要求,符合我国现代化建设的实际需要。从量的扩张转到质的提高上,国家和地方可以把招商引资作为统计资料,不要再作为任务指标下达,也不要作为考核指标,更不要作为对干部的考核指标。

(三)从优惠政策鼓励外商投资转到实行国民待遇。中国的对外开放能走到今天这样,与中央和地方给予外商的优惠政策有极大的关系。减免税、减免地价,提供现成的免费的基础设施以及一路绿灯的优质服务等。这里就产生了一个长期以来存在的问题,即外商与内商的不平等待遇。中国加入世贸组织已经十年了。世贸组织有两个原则:一个是最惠国待遇,这是国与国之间的优惠,是对等的;第二个是国民待遇,这是普惠制,是指在一个国家内,所有的企业法人都是平等的,不能对甲企业优惠,对乙企业不优惠。对甲企业优惠了,对乙企业不优惠,就是对乙企业歧视。因此,国民待遇原则又叫做非歧视原则。继续对外资企业优惠,其实质就是对内资企业的歧视。这是不符合世贸组织国民待遇原则的。世贸组织设立国民待遇原则的初衷是防止一国国内歧视外资企业,而我们长期以来是对外资企业太优惠了,这也不符合世贸组织的原则。作为世贸组织的成员国,在大的政策方面实行国民待遇原则了,但是到了地方上可能就是另一回事了。保不准有的地方政府为了把外商吸引过来,在税费、地价、基础设施等方面仍然给外商以巨大的优惠。

(四)对外贸易要由分散型竞争转到集团和行业竞争。长期以来,我国的进出口贸易是以企业自主经营为主。我国的企业数量多、规模小,在国际竞争中处于弱势,缺少话语权。由于企业数量多,相互压价,形成出口产品价格上不去,只能是低价、微利甚至亏本。中国出口产品价格低廉,在国际上具有低价竞争优势,市场占有优势,结果遭到"反倾销"、制裁、配额等限制。在进口产品中,也是以企业自主经营为主。上面讲到了,西方发达国家高新技术产品对我国实行了封锁,想进口进不来,中国进口产品主要是能源、原材料、成套设备等。在这方面,定价权也不在我们手里,比如,我国每年进口的铁矿石占世界市场的很大份额,按理中国应当对铁矿石有充分的话语权和定价权,由于内部钢铁企业各自为战,恶性竞争,形不成合力,价格还是人家说了算,铁矿石的价格翻了倍,而钢铁的价格并没有多大上涨,整个钢铁行业面临着微利和亏本。有鉴于此,在进出口贸易方面,要将现在的以企业为主转变到以行业公会为主。各类产品成立公会,建立公会会员制度,政府不直接插手,由企业民间组织公会出面谈价格,无论是进口还是出口都可以采取这种形式,形成在国际竞争中的合力。这样,出口产品可以把价格提上去,进口产品可以把价格降下来,这是利国利民的举措。政府在这件事上只要起个提倡和指导的作用,由行业公会自主运作。这样也规避了世贸组织的有关规定,不算违规。

三十多年的开放成绩巨大,代价也很大,重要的是我们有了经验教训,使我们更加聪明、开明、精明、高明起来。以上四个方面调整到位了,我们的开放必将升华到一个新的高度,我国现代化建设的进程必将大大加快。

化"危"为"机"靠制度

　　这个世界真是"危机四伏"。就国际上看，1997年爆发了亚洲金融风暴，这场风暴使日本和亚洲的"四小龙"受到重创。那时敢对美国说"不"，并提出要"收购美国"的日本，至今还没有恢复元气。当伊拉克入侵科威特，美国把伊拉克从科威特赶出，一扫"越南战争恐怖症"，精神大为振奋，没多久，发生了"9·11"事件——世贸大厦被炸，美国人又吓出了一身冷汗。美国打着反恐的旗号相继发动了阿富汗战争、伊拉克战争，至今还没有拔出腿来。2007年由美国次贷危机引起的"金融海啸"，似乎一夜之间，美国"金元帝国"的大厦呼啦啦地倒塌下来，很快殃及到欧盟、日本、北美等地，席卷了全球，许多国家至今还深陷在"金融海啸"的泥沼里。由于巨额的财政赤字，美国政府甚至面临着"关门打烊"的可能。2011年，日本大海啸、核泄漏事件，对已经"失去10年"的日本，更是雪上加霜。在经济全球化时代，这些都不可避免的对中国产生较大的影响。

　　就国内来看，我们遭受的天灾人祸也不算少。洪涝、干旱灾害连年，汶川大地震、玉树大地震、舟曲泥石流等极端自然灾害，我们都顺利渡过了难关，灾后重建也取得了胜利。这次利比亚发生骚乱，中国在利比亚工作的35860人顺利撤回国内，无一人死亡，无一人成为难民。就人祸方面看，中国也存在着民族分离、分裂主义势力，也存在着恐怖分子，他们往往同国际上的三股势力相互勾结，不断地制造麻烦，但都被我们一次次地粉碎，维护了社会稳定和民族大团结。

　　中国在每一次危机面前都能应对自如，且能化"危"为"机"，即把危机变成机遇。我们正是在国际局势急剧动荡，国内天灾人祸不断的情况下，用了不太长的时间，经济总量连续超过意大利、法国、英国、德国、日本，位列世界第二，并成功举办了北京奥运会、上海世博会，在世界经济衰退的浪潮中率先走出困境，成为世界经济复苏的引擎。所有这些，除了中国高层领导人的智慧外，最根本的还是靠制度。

　　以人民代表大会制度，共产党领导的多党合作和政治协商制度，民族区域自治制度为基本的政治制度；以公有制为主体，多种所有制经济共同发展的社会主义市场经济为基本的经济制度；以马列主义、毛泽东思想、邓小平理论为指导的民族的科学的大众的社会主义文化,构成我国的基本制度。

我国基本制度的特征和优越性是:首先维护人民的根本利益、体现人民的意志,而不是维护某一阶层,某一集团的利益。二是一元化的指导思想,保证了13多亿人统一的意志、价值取向和道德准则,遇到危机能万众一心,同心同德,共同面对。三是富有效力。在危机面前,只要中央做出决策,各级党委、政府坚决贯彻执行,成为全民行动。四是能集中力量办大事。一旦危机出现,如出现大的自然灾害或者出现像利比亚大撤离的事件,能集中全国的人力、财力、物力,全力以赴,使危机得到及时、稳妥的处理。并能化危机为机遇,加快发展的步伐。

回想几十年来,特别是近一二十年国际国内的风风雨雨,我们不仅没有被压垮,反而能抢抓机遇,化"危"为"机",加快发展,年均增速都在10%以上。这同那些号称制度先进的美国、英国、日本等国形成了强烈的反差。过去那些批评中国制度一无是处的外国学者,如今也认为中国的制度有可取之处。但是,我们的制度还有不尽如人意之处,还需要进行改革,但基本制度是好的,必须坚持。

对物价上涨要具体分析

2008 年到 2009 年,由于受金融风暴的影响,我们曾经为市场不旺,物价低迷而发愁。去年以来物价以较快的速度上涨,引起人们的普遍关注和不满。物价关系民生,关系全局,关系稳定,控制物价成为中央政府 2011 年的战略任务之一。

物价上涨有不可抗逆的因素。一是国际大宗商品,如石油、粮食、能源和原材料的涨价。在经济全球化时代,世界市场的物价上涨必然影响国内大宗商品的涨价,这叫做输入性的涨价。二是随着经济高速增长,居民收入的增加,物价相应的上涨,物价不可能长期停滞在一个水平上。因此,从经济学的意义上讲,物价上涨是必然的。这两个因素导致的物价上涨老百姓可以理解,也是可以接受的。比如,这几年由于国际油价上涨,中央政府一年都几次调高汽油、柴油的价格,老百姓也都平稳地接受了。

老百姓对物价上涨不满意的是:

(一)由于货币发行量过大而导致物价上涨。物价的涨落取决于两个方面,一是商品供应量,二是货币发行量。商品供应量一定,货币发行量的多少决定物价的涨落。这两年经济平稳较快地发展,商品供应量没有减少,应是增加的,为什么物价上涨较快呢?最主要的是 2008 年年底到 2009 年年底,货币发行量过大引起的。那时 4 万亿的经济刺激计划使我们很快摆脱了世界金融风暴的影响,功不可没。然而事物总是有利有弊的,物价上涨是我们不得不面对的 4 万亿经济刺激计划带来的"苦果"。贷款放出去容易,收回就难了,看来这"苦果"还得慢慢地"品尝"。当然,说"苦果"是严重了点,因为经济增长与物价上涨相比仍然是利大于弊。在国际上,人民币对美元是升值了,在国内人民币是贬值了。这是老百姓的切身感受。

(二)某些商品的人为炒作。这几年炒作之声不绝于耳,几乎是炒什么,什么就疯涨。改革开放以来,一些暴富起来的人手里掌握了大量的资金。资金存在银行里,由于利息低,以一年期为例,几乎是负利息(存款利率低于物价上涨率)。资金总要找出路,当他们炒股遭到打压后,有的去炒楼市,导致楼市疯涨,有的去炒农产品,如炒棉花、炒大豆、炒绿豆、炒大蒜、炒茶叶,现在据说还有在炒玉石、炒黄金、炒白银等。他们炒到哪儿,哪儿的物价就成倍甚至成几倍地涨。政府对于恶意炒作,哄抬物价必须高度重视,并给予严厉的打击,方能平抑物价,维持市场正常秩序。幸亏政府有足够的储备拿出来平抑物价,否则老百姓怎么受得了呢!

（三）生产者没有得到相应的好处。农副产品适当涨价,逐步缩小工农产品剪刀差,可以增加农民收入。事实上,农民得到的实惠仍然来自于取消农业税和政府补贴。粮食主要由国家收购,棉花、大豆、绿豆、大蒜在炒作的背景下,收购价格会有所提高,种植者会得到些好处,但大头肯定是被炒家拿去了。2011 年春节前我看到一则报道,大白菜在地头的收购价是 0.28 元/斤,加上运输成本送到批发市场是 0.35 元/斤,而零售市场上是每斤 1 元以上,蔬菜价格上涨了,菜农却没有得到实惠,大额的差价由批零商家赚去了。这正像农村里养猪的没有赚到钱,钱让小刀手(卖肉)赚去了,也像发电厂没有赚到钱,钱让供电商赚去了一样。

中央说,我国粮食储备达到 40%,远远高于国际上 18% 的标准,工业品是供大于求,这是平抑物价的物质基础。把多发的票子收回去,对人为炒作保持高压态势,把流通领域规范好,再加上其他措施相配合,平抑物价是可以奏效的。

"三让一控"稳房价

衣食住行是人类生活和发展的最基本的物质基础。中国有句老话"安居乐业",说明住房的重要性。最近几年,房价疯涨,中低收入者买不起住房,房价成为老百姓热议的话题,也成为近几年来"两会"的代表、委员们热议的话题。中央提出科学发展观后,民生成为执政党的首要问题,房价也就成为中央领导关注的焦点之一。

关于房价,仁者见仁,智者见智,相关的文章铺天盖地。我觉得看待房价问题要分析房价构成的因素。房价主要由地价、建筑成本、各种税费、开发商利润等因素构成,还要考虑涉及房价的关系人,如政府、开发商、银行、购房者等之间的关系。这些方面又都和构成房价的主要因素交织在一起。

第一是政府。政府是土地出让者,税费征收者。县级政府花几万元一亩从农民手中获得土地,然后以几十万,甚至上百万一亩出售给开发商,其差价是几倍甚至几十倍。房屋在销售时,政府的各种税费高达每平方米几百元。城市政府(地级市以上)得到的地价差价和每平方米的税费还会远远高于县级政府,卖地和税费收入成为政府的第二财政,这是不争的事实。政府热衷于此还有两个重要的原因,一是财政压力。地方政府的财力十分有限,一些本来应当由省和中央政府负担的,如九年制义务教育、军人优抚金等,其绝大部分由地方政府负担,地方政府入不敷出。再就是发展的压力。发展是硬道理,是上级考核的重要指标。除了经济发展外,还有架桥筑路、环境保护、社会保障等。地方政府的支出越来越大。这些费用从哪里来?最直接最简便的就是卖地搞房地产。

第二是开发商。资本来到人间每个毛孔里都滴着肮脏的血,这是马克思对原始资本的评价。追求利润最大化,这是资本的本性,这一点看来至今仍没有变。改革开放以来,房地产行业成为利润最为丰厚的行业,在中国最富有的人中70%都与房地产有关。前两年,国资委要求非房地产为主业的上市公司退出房地产行业,结果退出者寥寥无几。为什么不退出?还不是因为这个行业利润高。房地产商追逐利润,这无可厚非。但是,对其利润率,中央或者地方政府应当有个最高限额,超额的部分应清退给购房者而不是由政府罚没。当然,这需要严格的会计和审计制度作保证。温家宝总理在网上要求开发商流淌道德的血液,但愿不是"言者谆谆,听者藐藐"。

第三是银行。银行是做资金生意的,获取的是存贷差价。银行是房地产商的主要资金供应者,房地产商通过银行获得土地,然后又把土地作为抵押向银行借款砌房子,房子的图纸出来就开始售房收取预售房款。因此好多的开发商是通过有限的资金,玩"空手道"暴富起来的,在这里银行起了重要的支撑作用。一方面银行向开发商提供运作资金;另一方面又向购房者提供按揭贷款。

第四是购房者。购房的目的是居住。这几年出现的情况是急需住房的中低收入者买不起房,但是,房地产销售市场很旺,原因是房价再高总有人买。究其原因:一是高收入者买得起房,二是炒房产。由于这几年股市一直像得了瘟病一样,进去就亏钱,一些拥有大量资金的人就把钱投到房产上,少则一年,多则几年,就能获得一倍至几倍的红利。我国还处在社会主义初级阶段,保证户有一套、人有一间房是小康社会住房的主要指标。住房住房,房是用来住的,要首先保证居住者的需要。

社会上有两种说法,一种是房价高是政府、开发商、银行勾结在一起欺负老百姓;另一种是开发商绑架了政府和银行,鱼肉老百姓。孰是孰非,各人会有自己的判断。中央政府先后出台了"国八条"、新"国八条",各地也都出了"限购令"。效果如何呢?房地产销售市场冷了,但房价并没有降下来,这不是中央政府的政策预期。房地产不仅是国民经济中的一个支柱产业,而且关系到民生、关系到全面实现小康社会的战略目标,必须健康地向前发展。

如果以上四个方面的分析能站住脚的话,那么,在贯彻"国八条"、新"国八条"抑制房价上涨上,应该做到"三让一控":

一是中央要让利于地方政府。中央政府集中财力办大事是应该的,但是如果中央集中的财力太大,地方政府就可能成为赤字政府,财权与事权失调。只要地方政府仍把房地产收入作为第二财政,地价就降不下来,各项税费就降不下来,"地王"还会不断产生。北京的一个"地王",按规划,房价中的地价已占到每平方米一万六千元,加上各类税费、建筑销售成本等,房价也要每平方米三万元左右。因此,降房价首先是要降地价;降地价,中央政府要让利于地方政府。

二是规范房地产的利润率。政府应有强制性的措施,使房地产商既有利可图,又不能获得高额利润,强制房地产商让利于民。

三是银行对于规范的房地产公司实行贷款优惠利率,实行让利,减少其财务支出。

四是对房地产领域的投机者实行严格的控制,直至把他们逐出。这方面除了"限购令"外,还需要股市的配合。股市不能再瘟下去了。股市稍好一点,多少有点投资效应,可以吸引房地产领域的投机资金进入股市,这样既可以振作一下股市,又可以减少房地产市场人为炒作的因素。

这几个方面互相配合,或许能稳住房价,保证房地产业健康地向前发展。

房改要有新设计

　　住房制度改革是一项涉及上亿家庭、几亿人切身利益和生活状况的重大改革。这次改革帮助上亿的人口解决了住房问题。但是,还有上亿人口的住房仍是头等难题,而解决这些人住房的困难也越来越大。

　　目前的状况是:城市有上亿的人口住房紧张,或住房面积太小,设施不配套,或无房可住(主要是农民工,新就业的大学生),迫切需要住房、改善居住条件;房价太贵,一般老百姓买不起房,有能力买房的大都已经买了,现在没有房子的大都是无力买房者,虽然政府采取行政手段遏制房价上涨过快,然而就是把房价打压下30%左右,仍然是买不起房;房源较多,城市里的空置房大约占到30%以上,开发商手里现有的房子卖不出去,空置房和待售房是个十分庞大的数字;国家在房改的制度设计上有很大的缺陷,把房屋作为生产力的要素进入市场,许多人把资金投放到房产上作为投资甚至是投机。房市上过度的投资和投机是造成房价上涨的重要因素。

　　针对以上大批低收入者要房住,国家急需帮助群众解决住房问题,大量的闲置房、待售房关着的情况,房改还是要进行下去的,但在制度设计上要有新的思路。

一、房子是用来居住的

　　房改的目标是什么?房改的目标应当是"住者有其屋"。吃穿住行是人的最基本的生存和生活条件。"住者有其屋",每个人都有房住。记得在21世纪初提出建设"全面小康"社会时,"户有一套房,人有一间房",这个标准是既考虑到中国老百姓的实际需要,又是从中国处在社会主义初级阶段的实际出发的。而现在的情况是穷人无房,或者有房无套,一家几口人挤在一间、两间不配套的房子里,造房子的农民工住在工棚里,进城务工人员住在出租屋、地下室里,有钱的则是有几套房、豪华别墅。房改要回归到住房的本来属性,就是为了居住。因此,应当把投资、投机者从房市里赶出去。怎么赶出去?不是用行政手段,而是运用经济手段,就是提高房产交易所得税。目前的房产税只有几个百分点,不足以把投资、投机者从房市赶出去,而且房产税也不宜提得太高,用征收房产交易所得税且提高税率的方式能说得通。房产交易所得税要设计好,房主在交易中所得的增值部分只能略高于银行储蓄的相应利息,其超过的部分以房产交易所得税征收。为了避免"上有政策,下有对策",逃避该税,可以设立房产交易所,归政府的住建局。所有的二手房交易都必须经过房产交易所,否则房产证不予变更。高额征收房产交易所得税应当是一项较长时期的政策。只要中国还处在社会主义初级阶段,住房的属性没有改变,该项政策就不要改变。这是压低房价,把房价控制在老百姓和政府都期待的价格范围内,制止哄抬房价的有效办法。也只有这样,使投资、投机房市者无利可图,才能把他们赶出去。那些待价而沽的空置房拥有者看到在较长的时间里都无利可图了,也会出手,而那些掌握在开发商手里的待售房,他们终究会想各种办法出手的。政策运用好,这批空置房、待售房能出手,房源就很充裕了。

二、房改不能只走私有化一条路

中国特色的社会主义基本经济制度是公有制为主体,多种所有制经济共同发展的社会主义市场经济。房改在一开始是走了一条私有化的道路。把所有的公有住房一律作价卖给了个人,新建的商品房也都是以全部产权的形式卖给个人。这样做帮助政府解决了建商品房所需的启动资金,房屋的产权也清晰了,这是有积极作用的。

但是,房改发展到今天,确有很大一部分低收入群体就是无力购买商品房。对低收入群体来说,也需要衣食住行。衣食行的问题可以通过最低生活保障给予解决,而住的问题就不是一两个钱能解决的。这部分人的居住只能依靠国家和政府来解决。国家和地方各级政府,尤其是城市政府要拿出钱来砌房子,以收取租金的形式租赁给低收入群体、刚就业的大学生。当然,这不是把房子送给低收入者,只是帮助他们解决无房住的困难,产权还是公有的。公有房屋出租,是一项十分有利于进城务工人员,以及在企业务工的外地人员解决住房的有效途径。政府在这方面要做的事情是加强社会治安管理,改善环境卫生以及房屋安全等问题。

三、选用三种类型的房解决住房问题

自房改以来,政策上给各种类型的房子起了好多名字,一般老百姓也弄不清楚是怎么回事。房改之初是商品房,为了保障职工也有房,提出了经济适用房;现在是商品房、安置房和保障房,商品房是市场价,安置房、保障房是优惠价,或者说是成本价,甚至是优惠以后的成本价,它与市场价的差价可能在

30%~40%。如果一套商品房按100万元计,同样面积的保障房,只需60万~70万。各个城市对于享受保障房都有政策规定,如家庭人均收入3000元以上的就不能享受,3000元以下的就可以享受,这样家庭人均收入2900元与3100元的就形成了新的不公平、不合理。这种不公平、不合理对于家庭来说不是小数字,是30万~40万元的来去。为了解决住房政策上的名目繁多以及政策造成的新的不公平,在解决老百姓住房问题上宜选用三种类型的房:

(一)**商品房**。商品房的价格随行就市,享有全部产权,可以继承,主要面向中高收入者。

(二)**公租房**。政府拿钱砌的房子,房屋产权在政府,居住者交房租,主要面向低收入者,如刚就业的大学生。

(三)**安置房**。因发展的需要征用土地,对被拆迁住户进行安置所建的房屋。征地拆迁要符合规划,不得搞随意拆迁;征用的土地应当作价给拆迁户,拆毁的房屋应当按面积或货币化安置,或以房屋的平方换平方,安置房应当按就近不就远的原则,不能让拆迁户吃亏。农村的征地拆迁户,除了价格计算上不让群众吃亏,原则上安排宅基地。为了节约耕地,应引导、鼓励农村拆迁户进入新市镇。

中国股市面面观

新中国的股市走过了 20 多个年头,它对于中国经济的发展起到了重大的作用,它也经历了艰难曲折的过程,如今仍是步履蹒跚,问题多多。

中国股市的方方面面,主要是构成股市的证监会、上市公司、股民(基金和散户)和其他等方面。本文也就这几个方面作些分析,谈些自己的观点。

一、中国证监会

中国证监会属国务院领导下的部级机关,负责股市的管理、监督、相关法规的制定修订,是中国股市的主管机构。一般来说,对一国股市影响最大的是该国的经济基本面、该国的财政政策和货币政策,而在中国,证监会对股市的影响可能比以上三个方面的影响都大。

证监会对股市的影响主要体现在股票和基金的发行上。公司能否上市,以多大的盘子上市;基金能否成立,基金的盘子多大,都由证监会审批。照理说,中国的股市是可以平稳健康地向前发展的,但是,近几年来,股市几次大的跌宕起伏都与证监会有关。2007 年,由于过度地批准基金公司上市,而新股上市较少,供不应求,申购到新股就能获得 50% 以上甚至一倍以上的收益。到 10 月中旬,股指(本文单指沪指)冲上了 6124.04 点。国务院大幅度地上调印花税,股市开始迅速下跌。同年 11 月 5 日,中石油 1615 亿 A 股上市,首批 40 亿流通股发行价每股 16.70 元,中石油募集资金 662 亿多元。上市首日开盘价 48.6 元,收盘价 43.96 元,换手率达到 51.58%。中石油上市后股指一路下滑。2008 年,世界金融危机导致了全球股市下挫。中国的经济也受到金融危机的影响,但总体影响不大,中国经济仍保持着 8% 左右的增长。但是到 2008 年 10 月底中国的股市却从 6124.04 点跌至 1664.93 点,跌去 70%,其跌幅在世界范围内都是罕见的。这个跌幅与中国经济的基本面是大相径庭的。这其中最主要的原因是中石油募集的资金被抽走后,很多基金股民被中石油套住,股市的赚钱效应开始减退,散户离场,股民们赎回基金,而新股不断上市,形成供过于求。当股指跌至 1800 点时,证监会声明一段时间内不再发行新股,又陆续批准基金上市,从 2008 年 11 月份开始,在中国政府 4 万亿刺激经济增长计划的鼓舞下,中国股市开始从沟底艰难地爬坡。但是,2009 年中国建筑、2010

年中国农业银行等"巨无霸"的上市,对股市打击很大,直到目前还仍然在3000点上下震荡徘徊。而世界上许多国家的股市有的已经收复失地,有的收复了80%以上的失地,像中国股市这样仍有50%以上的失地没有收复的可能是绝无仅有的。

证监会除了批准新股、基金上市外,还有批准已上市公司增发股票的权力。而增发股票的公司大都是国有企业、国有商业银行,这些上市公司增发数量巨大,从股市抽取的资金数量也巨大;再加上国家收取的股市印花税每年都在1500亿元以上,证券公司收取的手续费在2000亿元以上,中国的股市能有多少钱? 中国的股民能有多少钱? 四面八方从中国股市拿钱,拿走的总是股民们的钱吧! 证监会应该懂得并做到:① 中国的股市不是发票子的银行,中国的股民不是银行家,股市不是上市公司圈钱的场所,证监会不应成为上市公司圈钱的工具,证监会应当既对上市公司负责,更要对股民负责。② 证监会应当对中国股市的平稳健康发展负责,要根据股市资金流入流出的情况,把握好新股上市、股票增发、基金上市的闸门,达到供求基本平衡。③ 证监会应加强对股市的监管力度,对违规违法的上市公司、证券公司、基金公司、股民,包括证券交易所在内,都应彻查到位,并给予相应的处罚,决不能姑息养奸。

二、上市公司

国有企业尤其是带"中"字号的国有企业几乎都是上市公司,它们构成中国上市公司的主体。上市公司中还有一些优质的民营企业,包括创业板在内的优质的中小企业,虽然数量众多,但体量上远不及国有企业。上市公司通过发行股票,从股市中募集了大量资金,对上市公司跨越式发展起到了促进作用。但是,中国的上市公司也存在着许多问题。

一是上市公司关心的是股票的发行价。发行价越高,募集到的资金也就越多,至于上市以后股价如何,他们一般不是太关心的。股民们买了他们的股票,赚钱、亏本似乎都与他们无关。

二是圈钱。当公司资金不足时,首先考虑是增发股票,一旦增发获得成功,就能从股市圈到更多的钱。能够获得增发机会的几乎都是大型国有企业。

三是信息披露方面。对突发事件报道不及时;报表不准确,报表发布以后再修正,更正的现象较多;将计划中的事情先捅出来,如资产重组、企业兼并扩张等,编故事,诱使股民上当受骗。如600426富龙热电,从2007年就开始讲故事,说是有资产注入,又说有重组等,到2010年,每股亏损0.13元,而股价则从 6 元多涨到 24 元。前段时间,富龙热电的方案证监会没有通过,连续三个跌停,跌到 14 元,由于故事没有讲完,现在又涨至 17 元。

四是没有回报之心。股民购买股票,都希望从企业的利润中获得分红。中国的上市公司,如 600497 驰宏锌锗,600519 贵州茅台那样能送配股票,拿现金分红利给投资者的实在太少,而吝啬鬼、"铁公鸡"者居多。600188 兖州煤业 2010 年,每股净资产 7.87 元,每股未分利润 4.389 元,全年分配预案是每 10 股派 5.9 元(含税),该股自 2005 年到 2010 年 6 年间每股分红累计只有 1.81 元,这算是吝啬鬼吧。"铁公鸡"一毛不拔的有 250 多家上市公司,竟然十年没有分红。外国的上市公司,把回报投资者放在第一位,一般要将一半左右的利润分红给投资者。相比之下,中国上市公司的老板们心肠是够"黑"的了。

中国上市公司的老板们、老总们怎么说都是千万富翁。财富有了,身价高了,该要注意自身形象和企业形象了。

一是要有良心、道德,当企业发展中需要钱的时候,从股市上拿走了钱,解决了企业生产经营或扩张中的资金不足的问题,当企业获得利润,特别是获得丰厚的利润后,应该首先考虑怎样来回报投资者,起码要按照证监会规定的拿 30% 的利润分红回报投资者,这是个底线。而不能老是做吝啬鬼、"铁公鸡"。

二是要按照规定及时、真实、准确地披露与企业生产经营和发展相关的重大事项,不能隐瞒不报,不能报喜不报忧,尤其是不能编故事。对于社会上流传的不真实的信息要及时予以澄清,不能任其以讹传讹。再就是报表不能造假,上市公司必须对报表的真实性、准确性负责。

三是上市公司必须科学决策、严格管理、减少浪费,降低成本,努力把企业做大做强、做到可持续发展。这既是企业自身发展的需要,也是投资者所希望的,做到对企业负责和对投资者负责的一致性。凡是上市公司在上市时肯定都是很优秀的,为什么上市几年,很快就亏损,落入 ST 了呢?原因可能很多,但是,决策失误、管理不善是其中最重要的原因。上市公司的老板们、老总们应当努力学习,认真总结,提高决策水平和管理能力,才能确保企业的成长性和优质资产。

三、股民、基金

如果把买股票的、买基金的都算成股民的话,中国的股民人数曾经上过亿。其中绝大多数是没有经过专业培训,有的甚至连股票基本常识都不知晓的,随着入市的潮流进了股市。这从一定程度上决定了中国的股民投资性不足、投机性较重。表现为：一是买卖频繁、今天买明天卖。二是跟风，说巴菲特买了什么股票了，大家都跟着买，王亚伟买了什么股票了，大家也都跟着买。三是听故事，四处打探消息，花钱买消息，只要听到哪个股票有资产注入，有重组概念或者要被借壳了，大家都争着去买。四是不注重上市公司的市盈率、成长性。好的上市公司股价不高，差的上市公司股价不低，这是中国股市的常态。如600019宝钢股份，2010年每股收益0.74元，每股净资产5.98元，每股未分利润1.694元，每股资本公积金2.145元，这几项相加每股10.559元，而近一年多来股价一直在7~8元之间徘徊，最近还跌到了6元。而000703ST光华，2011年一季报每股收益0.002元，每股净资产1.32元，每股未分利润0.084元，每股资本公积金0.019元，现在的股价还站在50元以上。真是匪夷所思！

现在中国的基金经理们大都是科班出身，或者是在股市中摸爬滚打多年的战将。设立基金一是将非懂行的股民的钱集中起来由专业人员组成的团队（基金公司）炒股；二是为了稳定股市防止大起大落，在股市下挫的时候能够接手，在股市上涨的时候能够减持，发挥基金在股市中的调节作用。很遗憾，基金不仅没能起到这种作用，反而起到了推波助澜的作用，散户抛，他们提前抛，抛得更快；散户买，他们也买，买得更多。基金散户化，由于基金体量大，大跌大涨都与基金作祟相关。自2007年股市下挫以来，不仅忠实的股民们被套住，基民们也都被套住了。这实在是大不幸。我们不能期望基金公司的经理们都成为共产党员，都能体会并按照中央的意图在维护股市稳定中起中坚作用，如中金公司那样，但是，希望他们不要以大吃小，不要推波助澜，更不要兴风作浪。这是基金公司经理们应该具备的起码的职业道德。

四、其他：证券交易所、证券公司、股市评论等

证券交易所、证券公司，这是股市交易的场所或服务载体，他们主要是为客户提供快捷方便的服务，保证客户的资料信息，特别是账户的保密和安全。这几年，无论是证券交易所，还是证券公司都有了大的进步。股市评论，是股民们十分关心的。能够做股评的大都是这方面的专家学者，或者是基金公司、证券公司的高级管理人员。股评有的侧重于技术分析，有的侧重于宏观经济或者微观经济的分析，有的侧重于国家政策分析等。他们的分析都是很有道理的。但是，由于中国的股市常常不按规矩出牌，按股民们的话来说"股市股市，就是靠讲故事"，所以，股评做得再有道理，股市则是另一回事。听股评上

了当,也是常事。有的股评是御用的,专门说官话;有的股评是昧着良心在做,说瞎话。股评人也是鱼龙混杂,如此下去,伤透了股民的心。我们不要求股评做得多么准确,多么精确。我们只期望做股评的人能说真话,要引导,不要误导。再就是股市骗子,他们打着××公司的旗号,有什么内部消息,只要交钱,他指定买什么股票,稳赚钱。所交费用,少则几千元,多则两三万元,结果不仅没有赚到钱,反而被套住了。对于股市骗子应出重拳给予打击。

新中国股市只有 20 多年历史,还很年轻,还很不成熟,也不很规范。需要各方加以改进,通过各方的努力,使中国股市逐步走上健康发展的轨道。中国股市,任重道远!

解决"分配不公"的宏观政策选择

"分配不公"是这几年来国人热议的话题,也是 2011 年"两会"上人大代表和政协委员们最为关注的问题。温家宝总理在 3 月 15 日的记者会上庄严承诺,本届政府还有一年的任期,要解决好几件困难的事情,第一项就是解决"分配不公",要制定合理的分配政策。

改革开放之初,批判了计划经济体制下的平均主义、"大锅饭"、"铁饭碗"等,允许一部分人和一部分地区先富起来,邓小平把这一政策称之为"大政策",对于解放思想具有极大的意义,同时也调动了人民群众生产经营的积极性,促进了社会生产力的发展。三十多年来,改革开放取得了巨大成就,人民生活总体上都得到了很大的改善,但是,"分配不公"的问题越来越严重,人民对此越来越不满意。记得 1989 年江泽民同志到中央主持工作,他在当年的《求是》杂志上发表的文章就是讲的"分配不公"的问题。胡锦涛主持中央工作后,也多次讲到分配问题,强调要建设和谐社会。和谐社会要建立在公平正义之上。公平正义包括尊重人权、民主、分配。其中,人权和民主是和谐社会的政治基础,分配是和谐社会的经济基础。

解决"分配不公",其实质是国民创造的财富如何合理合法公平地进行分配,是经济利益调整的问题,涉及国家与地方,国家、企业、人民群众的利益重新分配的大问题。这个问题解决得好,利国利民,可强国富民;解决得不好,要么国富民穷,这不利于调动人民群众的积极性,也不利于社会的稳定,要么国弱民富,这不利于国家安全,也不利于中华民族的伟大复兴。因此,解决"分配不公"一定要积极慎重,权衡利弊,在宏观政策的选择上一定要兴利除弊。

一、在中央和地方的关系上,中央要让利给地方

2011 年,全国 GDP 总量突破 47 万亿元,中央财政收入突破 10 万亿元。这一数据说明两个问题,一是税负重。财政收入占到 GDP 的 20% 以上,而中国的财政收入主体是税收。二是表明中央财力集中度过高。先不说税负太重,单就中央财力集中度过高而言,造成的结果是,从省到市到县到乡,各级政府大都是赤字财政,债台高筑。地方政府的债务占财政收入的比重从省到市到县越来越高,特别是县级政府的债务所占比重更高。一般地说,"财政分灶"吃

饭以后,有的县级政府上缴市、省、中央的钱占到一半以上,而很多事情还要地方政府"买单"。在现行的税种税率下,增值税的部分应留一半,甚至更高的比例给县级政府。增值税如能按照6∶1.5∶1.5∶1的比例由县级政府留存和上缴给市、省、中央,则地方各级政府的欠债问题会有所缓解并逐步解决。

二、在国家、企业、个人的关系上要统筹兼顾

税收代表国家利益,利润代表企业利益,工资代表企业职工利益。上文讲了国家税负重了,企业赢利的空间就小了,而企业赢利的空间小了,企业职工涨工资就很难。除了税负重之外,还有各种"费"的负担重。再就是贷款利率高,造成企业财务成本的上升。解决"分配不公"的重点就是增加企业职工工资,特别是一线生产工人的工资。总体上是,在各类拿工资的人员中,企业一线工人的工资最低,而一线工人是职工的主体,也是劳动创造财富的主体,这个主体的量特别庞大。这部分人的工资得不到显著而合理的增长,解决"分配不公"问题很可能就是句空话。企业要有合理的利润,工人工资又要增长,怎么办?切实可行的办法:一是给企业减税;二是银行贷款利率降低1~2个百分点;三是明确规定国家减税、银行让利的主要部分要用于为职工,特别是为一线职工涨工资;四是规范各级地方政府的收费项目。中央政府对各级地方政府出台的收费项目要清理。中央政府最好能列出可以收费的项目及限额,不在其列的或超出其限额的收费税为不合法或不合规,企业可以拒付,以切实帮助企业减轻负担,把企业为职工增加工资落实到实处。

三、在中央和国有企业垄断行业的关系上,中央要拿大头

国有企业垄断行业关系到国民经济命脉。改革开放以来,中央对国有企业实行了许多特殊的政策,以帮助国有企业搞活,做大做强。从本质上说,国有企业属于共和国的全体人民所有。如今,国有企业都成了"经济巨人",对经济发展起着举足轻重的作用。垄断行业由于关系到国民经济的命脉,一般也都只有国有企业能涉足其中。在分配上,国有企业、垄断行业存在两个问题,一是企业职工特别是高管收入太高。有一份资料显示,银行、通讯、电力、石油化工、烟草等行业职工占全国职工总数的8.3%,他们的收入占到全国职工总收入的53%。可见这些行业职工收入远远高于全国职工的平均收入。一般行业职工的年收入在2~3万元,而垄断行业职工的年收入在25~35万元。在垄断行业内部高管的收入又远远高于其职工的收入,高管的收入平均在百万元

以上,有的董事长、总经理的收入甚至高达上千万元。与中国普通行业的职工收入相比,是何等的差距。二是上缴给国家的少。国有企业凭借垄断优势能获得超额利润,在政策上有的能获得政府财政补贴,如中石油、中石化;他们还能获得较低利率的银行贷款。但是,他们上缴给国家的却较少,尤其是在利润方面。中央对国企所得税是按照 15%、10%、5% 三个档次收取的。国企垄断行业所获得的利润绝大部分留在了企业。这是很不合理的。亏了有国家财政补贴,赚了绝大部分留在企业。这种优惠政策只有国企和垄断行业能享受,民营企业是不可能享受的。这是造成"分配不公"的重要原因。解决"分配不公",中央对国企和垄断行业要采取措施:一是核定其工资水平,可以高些,但是不能高出社会职工平均工资的 1 倍;高管的收入也可以高些,但是不能高出本企业平均工资的 2 倍。二是规范国企垄断行业职工的福利、行政管理费用等。三是国企垄断行业的利润绝大部分应上缴给中央政府,至少 70% 以上应上缴给中央政府。这笔钱可用于中央对地方,对企业让利以后充当财政收入减少的部分。预计国企、垄断行业现在年利润合计在 3 万亿元左右,如按 70%上缴给中央财政支配,从理论上也是说得通的。将所获得的利润绝大部分上缴给主人——人民——中央人民政府,是天经地义的事情。国有商业银行都成了上市公司,他们一方面到股市上圈钱,一方面利用存贷差赚了个盆满钵满,在其巨额利润中拿出一部分与股民分红,留一定的比例作资本金,扣除职工工资福利和运营成本外,其余的都应上缴中央财政。中石油、中石化的油,有进口石油,也有国产石油,而汽油、柴油、航空油、石化产品的销售价与国际市场上的石油并价,形成柴汽油一年涨几次价,而国产的石油价格远远低于世界油价,这方面的差价都进了中石油、中石化的口袋。不仅如此,中石油、中石化还从国家财政拿补贴。这是很不合理的。既然是在按市场经济要求涨价,那么就应当将国际石油价与国产石油价的差价部分收归中央财政,更不应该再伸手向中央要补贴,否则国人怎么能服气呢!中央财政收入的重点应放到依靠国有企业的利润上来,这样才能从根本上把分配关系理顺。

四、扶贫与社会保障制度,中央和各级地方政府要兜底

中央财政主要用于国防、教育、科技、卫生等各项社会事业,以及保证国家机器的正常运转。扶贫和社会保障经费的支出也是中央和地方财政的任务。市场经济是竞争经济,讲的是效率,在国民收入的初次分配中必然有着差距,这是由于人的能力的大小,机会不均等,家庭赡养人口的多寡等因素所决定

的。这种差距造成了社会上有的人处在强势,有的人处在弱势,有的人早就过上了优越的生活,有的人还生活在贫困线以下。然而,社会主义的本质是共同富裕。一个社会不能只讲效率,还要讲公平。社会主义尤其要讲公平。社会是否公平,从物质利益上讲就是分配要公平。对弱势群体要扶贫,要建立医疗、教育、养老、救助、失业等社会保障制度,使社会的每个成员都能体面地有尊严地生活下去。这方面需要花钱。这方面的钱主要应由中央和地方各级财政出。这属于国民收入的二次分配。在改革开放初期,为了打破平均主义、"大锅饭"我们主要讲效率;现在当社会"分配不公"成为严重的问题,形成贫富悬殊过大,应当重点强调社会公平问题。扶贫和建立社会保障制度是维护社会公平的基础条件,也可以称作底线。十六大以来,中央财政和各级地方财政在扶贫和建立社会保障制度方面投入的钱在逐年增加。这方面的工作还要坚持继续做下去。

解决"分配不公"涉及13亿多人的切身利益,也涉及方方面面,是一项系统工程,很棘手,很难办。本文仅仅是从宏观方面提出要正确处理好4个方面的利益关系,作为宏观政策的选择。制定具体的分配政策属于技术层面的,那是更加复杂的事,应由专家们去设计和计算。

解决"医患矛盾"重点在医

2011 年 3 月 26 日中央电视台"新闻 1 + 1"栏目播出在哈尔滨医院一个 18 岁的男孩用水果刀捅死了一位 28 岁的医学硕士,捅伤 3 人。这是件令人发指的刑事案件。丁香网在对这件事的调查中,有 65% 的网民对这件事表示"高兴",真是令人匪夷所思!

医生,救死扶伤,在所有的职业中具有崇高的地位,被称之为"白衣天使"。一位风华正茂的医生被无故地杀害了,却有 65% 的网民表示了"高兴"。"白衣天使"似乎成了"魔鬼",反差太大了。原因何在呢?肯定与"医患矛盾"有关。

医生的职责就是救死扶伤、治病救人。患者生病了去找医生看病付给相应的医疗费用。患者的病治好了心里会记住医生,甚至会一辈子记住,心存感激。医生一天要接待很多病人,并不一定能记住每个人。医患关系就是这么简单。从 20 世纪八九十年代开始,"看病难,看病贵"的问题出现了,并且日趋严重,于是"医患矛盾"这个词也出现了。最近几年,中央推行新的医疗制度改革,"看病难,看病贵"的问题已有所缓解。"医患矛盾"也理应有缓解,但是,丁香网的调查结果却令人失望。"医患矛盾"所反映的是患者对医生和医院的不满。主要表现为 4 个方面:

一、服务态度

医生对于患者,应视为亲人,态度应是平等的、友善的。许多有杰出贡献的医学大家们都恪守这一条。为患者服务好,这是做医生的根本,也应是医德的第一条。但是现在有的医护人员对待患者表情冷漠、语言生硬,缺少温情和热情,患者及其家人很难与医护人员沟通。看门诊时,患者排着队等医生看病,有的医生对患者熟视无睹,或与同行,或与熟悉的患者聊天,或打电话,或接电话,旁若无人。更有甚者,有的医生干脆离开工作岗位,干别的事情去了,把患者晾在一边,等他把事情干完了再来,离下班时间也就不远了。许多患者对此状况心生怨气,敢怒不敢言,因为还要求他看病。

二、繁杂的检测

现在医生坐堂看病,除了填写患者的自然情况,简要地问一下病情,接着就是开出几张甚至更多的检测单子,看一些常见病也是如此。望闻问切很少全用了,给人的感觉是医生看病越来越依赖检验检测手段了,似乎没有几张检测单子就不能判断是什么病,不知道是什么病,也就开不出药方来了。照理检测的项目多了应该更有利于医生判断病情,对症下药,但是,医院的误诊率高了,医疗事故多了。患者多花了钱,病没有治好,反而耽误了时间,加重了病情,有的甚至丧失了最佳的治疗时机……

三、收费高

据说现在住进了医院只要是服务都要收费,如量血压、量体温、抽血等都收费。在医院的药费贵是不争的事实。在医院里拿同样的药要比药店里的贵20%~30%。一个人患了感冒到医院去就诊,从开始到治好,花费都在600~1000元。而在药店里买点药吃吃,大概在200元左右。前几年曾有报道,医生与药商串通起来拿提成;医院与药商勾结起来,拿回扣。一种药从出厂价到患者手里,其间经过10多个环节,每个环节都要刮一层皮,出厂的药价到患者手中时就涨了十几倍。现在实行政府采购,医药分离,反对以药养医,药价也有所下降,但是,医生从药中拿提成,医院从药中拿回扣的现象是不是就杜绝了呢?可能不会这么快,也不会那么彻底。药费贵,住院费用多,这是患者的切身感受。而且还有这样一种现象,县级医院的收费比省级医院的还要高。老百姓中流传的"县级医院的医疗水平,协和医院的收费标准",说的就是这个意思。

四、收"红包"

医生收"红包",不知始于何时。现在几乎所有的医院都有告示,"禁止送红包",这从反面说明,收"红包"是一种比较普遍的现象。"禁止送红包",这是好的。但是,许多事情往往是"禁而不止"的。患者就医,该交的费用都交了,还要送什么红包呢?然而,给医生送红包好像成了一种普遍的社会心理。但凡要动手术的,首先想到的是找一个好医生,然后给主刀医生、麻醉师、护士长送红包。送了、收了,患者及其家人心里才踏实,否则晚上觉都睡不好。医生"收红包"是很不好的。无论是患者有钱还是没钱,这"红包"都不能收。首先,患者生病了,医生收红包,有"乘人之危"之嫌。其次,患者中有有钱的,送上"红包"并不在乎,没钱的甚至连治病住院的钱都有困难的,这"红包"收了,就是作孽了,这就不是积德行善而是缺德无耻了。第三,"红包"有价、医德无价,收了"红包",失去的是医德人品。患者的病好了,他认为是"红包"起了作用。

以上所列举的"医患矛盾"的 4 个方面,表明医生和医院在医风、医术、医德等方面都存在些问题。凡此种种,怎么可能使患者对医生和医院产生尊敬、信任和满意呢? 在"医患矛盾"中,其主要的责任应在医生和医院,因此,解决"医患矛盾",重塑医生"白衣天使"形象的重点在医。

20 世纪五六十年代,农村缺医少药,我曾立志做一名医生,为老百姓解除病痛。"文化大革命"我中断了的学业,理想成了梦想。现已进入花甲之年,想到少年壮志,至今仍唏嘘不已。如今,人们对医生的看法下降到如此地步,我是心痛不已。其实,医生不仅职业高尚,而且工作很辛苦,凡医护人员都是要值夜班的,节假日也是要值班的。他们每天要面对的是病人的那张脸,病人的脸决不是阳光灿烂的,而是萎靡痛楚的。他们每天要做的事是琐碎繁杂的,而且是日复一日,年复一年。医生中也有医术高明者,能"妙手回春",药到病除的。

总之,医生的绝大多数是好的,是深受人们尊敬和喜爱的。这应当是基本的且是符合实际的判断。那些服务态度不好,医术不精,拿提成、收红包的毕竟是少数。然而正是少数人的行为影响了整个医疗队伍在公众中的形象。老百姓常用"一摊鸡屎坏了一缸好酱"来形容个别和一般的关系。还要提倡"向白求恩同志学习",学习白求恩同志"对工作极端的负责任,对同志对人民的极端的热忱","对技术精益求精"。医生有了高尚的医德和精湛的医术,以上 4个方面的问题就不会存在了,在人们的心目中就会重塑"白衣天使"的形象,"医患矛盾"就会减少直至消失。

防范地方金融风险

　　2008 年,由美国"次贷危机"引发了一场世界性的金融危机。开始在 7 + 1 框架内,继而在 G20 框架内,以至全世界拼着老命来解决这场世界性的金融危机,眼看就要见着效果了,2011 年又出现了欧元区的债务危机。欧元区经过反复磋商,终于有了一个解决的方案,但是效果如何,人们只能拭目以待。

　　在这场危机中,中国只是受到了影响,并没有伤筋动骨,原因很简单:中国经济一直保持着强劲的增长势头;中国政府有雄厚的财政资源,包括巨额的财政收入和外汇储备;中国的债务控制在比较安全的规模上。中国政府不存在金融危机。但是,这并不等于天下太平,可以高枕无忧。中国存在着潜在的金融危机,主要表现在各级地方政府的债务和不规范的民间借贷,说是潜在的,是因为还在可控范围内,既然是在可控的范围内,就不能说是金融危机,说金融风险比较恰当。

一、地方各级政府债务风险

　　地方各级政府,尤其是县、市(地级市)政府都是赤字政府,债务数额庞大。一是规模大,一般县的债务在几十亿元甚至上百亿,市政府在几百亿甚至上千亿,这是指县、市政府的债务总盘子;二是债务名目繁多,五花八门,真正记在财政部门账上的不多;三是越是经济发达的地区,政府债务规模越大,贫穷落后地区的债务规模会小些;四是政府债务的绝大部分是以各种名义(包装)向银行的借款。有资料称地方各级政府债务的总规模达 8 万亿人民币,有人说达 10 万亿元,更有人预计在 10 万亿元以上。造成地方各级政府债务累累的原因很多,主要是:(1) 中央政府收的太多,留给地方的,尤其是县、市政府的太少;(2) 财权与事权严重失调,大部分税由中央政府收走了,而许多事情则给地方办,如九年制义务教育、医疗保险、养老保险等绝大部分款项由地方政府开支,地方政府供养的人越来越多,要花钱的地方越来越多;(3) 地方要发展,经济要发展,城市、乡镇要发展,生态环境要改善,在赤字财政的情况下,这方面的钱,大都是负债经营的;(4) 也有地方政府由于决策失误而造成的损失。除了地方政府的高负债外,中央部门的债务也是不容忽视的,如铁道部到 2011 年一季度末,总负债高达 19836 亿元。如果再把石油、电信、交通等部门的负债加起来,数字不会低于 10 万亿元。中国不存在主权债务危机,但是,地方政府和中央部门的债务风险是客观存在的。

二、民间借贷风险

民间借贷属于民间的经济交往活动,自古有之,非今日之事。现在把民间借贷作为风险来防范是因为:(1)民间借贷规模大。有资料称,民间借贷的资金存量在 3 万亿元左右,实际情况可能远远高于这个数字。温州民间借贷资金在1100亿元以上。2011 年报道称苏北一个乡的非法集资规模就在 3.2 亿元以上。(2)参与人数多,涉及面广。温州市有 89% 的家庭个人和 59% 的企业都参与了民间借贷活动。笔者了解到某个村里有个搞民间借贷的"地下钱庄",附近几个村民小组的 80% 以上的家庭个人和附近几个企业几乎都参与其中。规模大约有 3000 万元以上了。(3)利息高。放贷者一般以月息 2% ~ 3% 揽钱,然后以月息 5% ~6% ,甚至 10% 放款,赚取其中的差价。(4)容易酿成灾难性事件。这里有两种情况,一种情况是借款方无力还债。当借款方逾期还不了本息,就会越滚越大,大到无法应对时,企业倒闭,人为了躲债,一走了之。这样的事时有发生,有的人在外躲几年、十几年,甚至一辈子。笔者的亲戚、邻居中都发生过这类事,所以笔者对高利贷深恶痛绝。温州把这类躲债称之为"跑高速"。据说,今年以来,温州企业中"跑高速"的已经有上百人。还有一种情况是,放贷者"崩盘"。放贷者自有资金很少,80% 以上是靠借贷来的。一般的说,他只要按期支付利息,就能拆东墙补西墙地维持下去,就不会东窗事发。但是,哪一天到期放款及利息收不回来,借的钱的利息还不出去,资金链断裂了,再也混不下去了,一传十,十传百,债主都上门了,灾难也就发生了。因为,放贷者所借的钱中,有的是养老的钱,有的是准备儿女结婚的钱,有的是准备砌房子的钱,现在钱没了,借贷者的失落、痛苦是可想而知的。他们为了自己的钱会找放贷者拼命,找政府寻求保护。这时,一切都晚了。这样的事情,不仅会给当事的老百姓带来损失和痛苦,也会在地方造成群体性事件。自改革开放以来,我们已经经历多次民间借贷的风险,如民间的非法集资(无锡邓兵案件),农村合作基金会,事未忘,痛犹在。我们应该吸取教训,不能只吃堑不长智,对民间借贷风险要高度重视,防患于未然。

三、防范地方金融风险

防范金融风险,是世界性的话题,在中国,本质上是中央政府考虑的问题。

它不仅牵涉到财政政策、货币政策、法律,也牵涉到现行的金融体制。笔者仅就防范地方政府债务风险和民间借贷风险提出如下建议:

（一）调整中央和地方的利益关系

中央集中财力有利于办大事,有利于支持贫困落后地区的发展,有利于国防和军队建设,这是应该的。但是,中央集中财力过多,留给地方的少了,也不利于地方的发展,特别是不利于地方的财政收支平衡。地方政府都是赤字政府,债台高筑,这是中央政府必须正视并要着力解决的问题。解决的办法有两个,一是调整税收分成比例,将现行的中央收取的75%的增值税下调至60%左右,25%留给县级政府,15%留给市、省两级政府。还有就是维持现行的分税比例,将财政、事权统一起来,教育、医疗卫生、社会养老等事业性支出由县、市、省、中央共同承担,削减县级政府在这方面的刚性支出。保证县级政府既能维持正常的运转、发展,也能逐年偿还债务,至少不能债务越积越多。利用这两种办法中的一种,或者这两种办法同时使用,才能化解地方政府的债务风险。

（二）调整干部考核内容

既往和现行的干部考核内容中,没有负债率这一项。现在看来,增加这一项内容是十分必要的。现在推行干部异地交流制度,地方上的党政主要领导大都是外地派来的。他们在未到任之前,上级领导就给他们压上很重的担子,寄予很大的期望。他们到任之后,会提出宏伟的、激动人心的目标和口号,如"一年小变样,三年大变样,五年翻一番","三五年再造一座新城"等,这些目标和口号是需要钱来支撑的。为了实现这个目标和口号,他们会千方百计、挖空心思地要钱、找钱、借钱,干过两三年、三四年,政绩出来了,拍拍屁股高升去了,债务留给继任者。继任者来了又是这一套,周而复始,因而政府债务越积越多。可以这么说,在目前的干部任用和考核制度下,是很少有人考虑还债的,只是想怎么借到钱。因而也就形成了这么一种现象,一个地方的干部升迁越频繁,地方政府的债务就越重。因此,对干部任用和考核,不仅要考核政绩,也要考核负债率。要把地方政府的负债率控制在一个合理的范围内,划出底线即债务不能超过GDP的多少、财政收入的多少,不能突破;既要看经济增长率,也要看债务增长率,对于超出债务底线,对于负债率的增长远远高于经济增长率的干部就不能提拔走,应当将他留任还债。

（三）调整金融政策

目前的金融政策,总体偏紧,应当做适度的调整。

（1）调高存款利率。2011 年中央政府的目标是把物价控制在 +4.5% 以内,从实际情况看,物价上涨可能会达到 5% 以上。而一年期的存款利息只有 3.5% ,是负利率,影响到人们存款的积极性。一年期存款利率至少要调整到正利率,即调整到 5% ~6% 。调高了存款利率,也不需要调高贷款利率。因为,现行的贷款利率都在 7% 以上。大部分商业银行对中小企业贷款利率是在 8.1% ~9.18% ,加上银行的其他费用,实际拿到手的贷款年息在 10% 左右。存贷差很大,有上调存款利率的空间。

（2）适度放松银根。目前,银行准备金率已达 20% ,处在历史最高位。一方面银行有钱放不出去,另一方面中小微企业缺钱,运转困难。建议把银行准备金率下调 1 至 2 个百分点,这部分钱应明令放贷给中小微企业。中央虽然一再强调并发文要求加大对中小微企业贷款的力度,而商业银行在实际执行过程中并没有这样做,中央对中小微企业支持是口惠而实不惠。一些中小微企业为了维持企业的运转只好通过民间借贷的渠道,用高息借贷,甚至是高利贷来解决企业流动资金。这不仅增加了中小微企业的财务成本,而且容易酿成民间借贷的危机。一些中小微企业倒闭,大都是倒在高息借贷或高利贷上。而这些企业一旦倒闭,民间借贷的资金链断裂,就会在局部地区酿成现实的风波。因此,适度地放松银根在现阶段是必要的。怎么才算是适度的呢? 就是中小微企业在发展运行过程中,属于正常的资金缺口能通过银行信贷得到解决,而不需要通过民间的高息借贷或高利贷来解决。

（3）规范民间借贷市场,取缔高利贷。目前,民间借贷市场包括正常的借贷、融资、集资、高利贷。正常的借贷、融资、集资对于搞活经济,解决资金瓶颈是有益的。但是,非法融资、非法集资、高利贷的作用必然是一时的,后果是灾难性的。因此,对于民间借贷市场,作为政府或金融监管部门必须出台法规或条例,做到有章可循。① 对于民间借贷组织的审批要慎之又慎,一要看实力,即资金规模;二要看人员素质,是否慎行;三要看规章制度是否健全。试想,银行有那么多的专业人员,有那么严格的审批制度,尚且会出现烂账、呆账,前些年的农村合作基金会也有专业人员,也有规章制度,结果是一笔糊涂账,造成那么大的损失。政府花了九牛二虎之力,历经几年才加以解决。我们绝不能再重蹈合作基金会的覆辙。② 对民间的非法融资、非法集资、高利贷要坚决取缔。政府部门、金融监管部门、政法部门要有这方面的信息员,把它作为社会不稳定的因素,通过社情民意了解情况,在调查研究的基础上发现一个,取缔一个,绝不手软。今日的心慈手软,听之任之,必然是后患无穷。这方面的教训太多,太深刻了。取缔非法融资、非法集资、高利贷是对人民负责,对发展负责,对社会稳定负责,也是对当事人负责,要上升到这个高度来认识。

（四）要向人民群众作防范地方金融风险的宣传教育工作。

（1）要教育和鼓励人民群众发扬团结友爱,亲帮亲,邻帮邻,对于一时遇到困难,小额的款项,相互之间可以调剂一下。（2）对于专事非法融资、集资、高利贷的"地下钱庄"要保持高度的警惕,绝不能为所谓的高息而受骗上当。"地下钱庄"在揽钱的时候,月息2～3分,他放贷给别人的时候月息4～5分,甚至更高。这实际上已经让"地下钱庄"剥去了一层皮。而这种月息2～3分,可能会维持1～2年,甚至3～5年,总有一天会"崩盘",临近"崩盘"时进去的钱会竹篮打水一场空。所以,绝不要为一时的小利而染指"地下钱庄",离它越远越好。要教育人民群众,中小微企业的老板们,万万不能借高利贷。高利贷的月息一般都在5分以上,请问,在今日之中国,能有如此赚钱的生意吗?!有人说除非做毒品生意才能有这般高的利润,而做毒品生意是要坐牢杀头的。精明的人都说,没有钱宁可业务不做,也不能借高利贷。旧社会称高利贷是"印子钱"、"夺命钱",这句话在今天仍然管用。（3）还要教育人民群众与"地下钱庄"作斗争。"地下钱庄"从事的交易活动是非法的、违法的,人民群众不仅不能参与,还要积极地向政府举报,与之作斗争。政府接到群众的举报,要认真调查核实,把"地下钱庄"消灭在萌芽状态。"地下钱庄"一旦做大,尾大不掉,就难以收拾了。温州的情况就是极其生动的例证。

调整银行利率势在必行

当美国和欧洲深陷在金融危机之中,其国家主权信用等级、银行信用等级纷纷下调之时,中国的银行业仍兴旺发达,赚了个盆满钵满。以下表格为证。

2011 年 1—9 月底上市银行赢利情况表

银行名称	总股本(亿股)	净利润(亿元)	同比利润增长率
建设银行	2500.109	1390.1200	+25.80%
中国银行	2791.4732	963.0100	+21.52%
农业银行	3247.941	1007.5700	+43.63%
交通银行	618.8561	384.1600	+30.06%
工商银行	3490.1954	1638.4000	+28.78%
深圳发展银行	51.2335	76.8718	+62.92%
浦发银行	186.5347	199.09923	+34.18%
民生银行	267.1473	213.8600	+64.41%
招商银行	215.7661	283.8800	+37.90%
兴业银行	107.8641	187.8800	+38.19%
光大银行	404.3479	141.3274	+40.5%
中信银行	467.8733	242.2600	+40.90%
南京银行	29.6893	23.41633	+28.16%
北京银行	62.2756	77.73483	+30.72%
宁波银行	28.8382	25.5669	+36.145

(本表数据来源于中国股市,所列银行全部是上市银行)

从上表可以看出:(1)银行的赢利很大,这只是银行前三个季度的盈利数,如果再加上第四季度,全年的赢利水平大概都在每股 1 元左右,有的可能接近每股 2 元。(2)同比利润增长率高,最高的民生银行 +64.4%,最低的中国银行也在 +21.52%,大多数的增长率 +30% ~ 40%。做钱的生意钱好赚。(3)虽然目前存贷差额较大,但也不至于每 1 元钱一年就能获利 5 角到 2 元,说明银行除了拿存贷差外还有其他收费。

当发达资本主义国家的老牌银行有的倒闭,有的面临着深重的困难时,唯中国银行业一枝独秀且秀得出其的艳丽,是中国银行家们业务精熟,手法老道,善于经营赚钱吗? 答案是:非也! 请看下表:

存贷款利率表

期限	存款利率	贷款利率
一年期	3.5%	6.56%
两年期	4.4%	6.65%
五年期	5.5%	6.90%

这张表是法定的存贷款利率表,从这张表可以看出:(1)一年期的存款利率实际是负利率,因为物价上涨超出了年3.5%,2011年的物价上涨可能达到4.5%,那么,存款实际利率是 -1%,两年期、五年期的利率虽然比一年期高出0.9%、2%,但是,如果每年物价上涨都在3%~4%之间,两年期,五年期的存款利率实际也是负利率。(2)存贷差额较大。以一年期为例,存款年利率为3.5%,贷款年利率为6.56%。贷款年利率将近是存款年利率的一倍。(3)贷款利率还可以在法定利率的基础上再上浮30%。银行是做钱生意的,赚的主要是存贷差的差额,存贷差额过大,为银行获利取得了巨大的空间。

从以上两个列表以及所反映出来的问题说明,中国的银行业一枝独秀,赚得盆满钵满,除了改革增进了银行业的活力外,最主要的是得益于金融政策向银行业的倾斜。但是,这种政策是不太合理的,是需要调整的。

我国是社会主义市场经济,宏观管理经济的主要手段应是经济手段,而经济手段主要是财政政策和货币(金融)政策。稳健的货币(金融)政策是什么,怎么体现? 它应该是有利于促进经济和社会发展,有利于老百姓财富的增加,而绝不仅仅是有利于银行业赚取高额利润这一项。

有统计资料显示:人民币存款的增长有下降的趋势;实体经济,特别是中小微企业资金紧张,有的因资金链断裂而倒闭;还在运转的中小微企业嗷嗷待哺,希望得到银行的信贷支持,而有的商业银行熟视无睹,热衷于跟大企业、大客户打交道。中央要求银行支持中小微企业的政策是口惠而实不惠。即使争取到银行的贷款,银行可以在法定的年利率的基础上再上调30%左右,再加上银行业名目繁多的各种费用,贷款的实际年利率达到10%以上,增加了企业的财务支出。改革后的银行属条条管理,地方块块管不了条条的事。中央经济工作会议提出,要支持实体经济的发展,要惠及民生。贯彻中央经济工作会议精神对于银行业来说:一是要上调存款利率,将一年期存款利率上调到年息5%左右,确保存款实际年利率为正数,即年利率－当年物价上涨率≥1,以增强群众存款的积极性。二是维持现有的贷款年利率不动,目前实体经济的财务负担已经很重,如果再提高贷款利率,实体经济很难消化。三是严格审查银行的各种收费,凡属利率以外的收费要严格控制,能不收的一律不收。四是取消浮动利率。目前,中小微企业贷款的年利率都在法定利率的基础上上涨30%,这一条是不合理的,是对中小微企业的歧视。我国基本的经济制度和法律都规定了所有企业法人一律平等。中小微企业在国内生产总值中所交纳的税费,所吸纳的劳动力不比大型企业差,尤其不比国字号的企业差。因此,我们没有理由歧视中小微企业。不能指望中小微企业能受到特殊的支持和照顾,但是,中小微企业享受国民待遇,不被歧视是应该的。作这样的调整,肯定压缩了银行的赢利空间,但是,在举国上下共克艰难时,银行让点利,或者做出点贡献也是应该的。

中国人民银行是中央银行,负有制定货币(金融)政策的责任。中国人民银行是代表中国人民的利益,还是代表银行部门的利益,这不是一个仅凭口头上说的事,而是体现在他所制定的货币(金融)政策中。对现行的利率做出调整是明智的,也是势在必行的。

下狠心　　出铁拳　　用重典
——向损害人体健康的不法行为宣战

改革开放以来,随着经济的发展,国力的增强,人民生活都有了显著的提高,人们对健康也越来越重视。但是,人们对环境、药品、食物等方面缺乏安全感。这主要是:环境污染严重,如空气、水污染,有些地方爆出的铅中毒事件、职业病等;药品方面如假药,甚至有的是直接危害人体健康的有毒药物;食物方面就更多了,如苏丹红、二恶英、三聚氰胺、"瘦肉精";各种添加剂中的有毒物质;农产品中的农药残留等,所有这些,使人们不知所措,不知道吃什么药、吃什么食品才安全。无须讳言,环境、药品、食品中存在的问题太多,因此造成的心理恐慌已经成为严重的社会问题。如何彻底解决这类问题呢?

一、下狠心

从中央到地方各级党委政府要确立人的生命安全第一,人的健康第一的观念。中华人民共和国公民享有健康权、生命权,并受法律保护。因此,一切危害人体健康的行为都是违法、犯罪的行为。科学发展观的本质是以人为本。我们应当在全社会的范围内向一切危害人体健康的行为宣战,并造成强大的政治氛围,做到家喻户晓,妇孺皆知。这几年,就有关事件也曾查办过,但大都是就事论事,如奶粉出了问题查奶粉,馒头出了问题查添加剂,铅中毒了查工厂,太湖蓝藻问题也就查了几家工厂,没有形成总体战,更没有形成合力,损害人体健康的事还是大量地存在着。我们党是执政党,是为人民谋利益的党,也是有能力彻底解决这个问题的,关键在于从中央到地方各级党委政府是不是"下狠心"。所谓下狠心,就是宁可影响点经济增长速度,也要从根本上扫除危害人体健康的药品、食品。应对现有的药品、食品进行全面彻底地检测,发现有毒有害的立即封存,并向全社会公布,直到有毒有害的药品、食品绝迹,不达目的,誓不罢休。能否解决这个问题,是对党的执政理念、执政能力的巨大考验。

二、出铁拳

环境污染,药品、食品上出问题,并不是当事人不知道其危害,而是背后巨大的经济利益的驱动。对生产有害药品、食品的企业,对制造环境污染的企业仅靠说教是解决不了问题的,必须进行打击,而且打击要"出铁拳"。所谓出铁拳,就是要将生产经营有害药品、食品的企业一律查封,使他们再不能,也再不敢继续干损害人体健康的事。在这方面,最主要的是要查出源头。比如,有害添加剂是谁生产就封谁,使有害添加剂绝迹;再比如,有些工业试剂要严格限定只能用于工业生产,绝对不允许用于药品、食品领域,违反了就得查封。只有从源头上封死,才能确保药品、食品的安全。还有如环境污染问题,不是说查到了、抓住了、罚点钱就算,而应该是重点整治,治理不达标就必须停止生产,否则,环境污染的事件还会再次发生。出铁拳,需要各级党委政府统一指挥,相关职能部门(环保部门、药品食品和质检部门)直接负责,人民积极参与,有一查一,有二查二,一查到底,绝不姑息养奸,绝不能罚几个钱了事。害人的企业可能都赚了吓人的钱,罚款对他们来说"小菜一碟",我们的目的应当使造成污染的企业、生产有害药品、食品的企业不整改达标,就不能生存。

三、用重典

国家有关于环境保护方面的法律,也有关于药品、食品安全方面的法律。凡是产生环境污染事件,生产经营有害药品、食品的企业,都对人体造成了实质性的伤害,因此,都属于违法事件,造成严重后果的,则属于刑事犯罪,必须追究法律责任。目前,这类事件,处罚都比较轻,很难起到打击和震慑犯罪的作用,这也是这方面违法犯罪屡禁不止,屡打屡犯的重要原因。打击危害人体健康犯罪必须"用重典"。所谓用重典,就是要用重刑:一是在现有的行政处罚或刑事处罚上靠上限不靠下限。二是对现行的行政处罚和刑事处罚进行修改,增强处罚的力度。有两件事可以参考:一是台湾最近发生的塑化剂事件,罚款由原来的30万新台币调高到600万新台币,刑期由5年提高到30年,甚至死刑。二是关于醉酒驾车获刑。醉酒驾车只是存在着危害公共交通安全的可能性,并没有造成危害后果都可以获刑,那么,对已造成人体危害的企业加大处罚力度,应该是顺理成章的。经济上应该没收全部财产;刑事上应该判死刑;对于造成消费者死亡的,应以故意杀人罪论处。这无论是从道理上,还是从法理上都是讲得通的,也是应该行得通的。不如此,则公理何在?法理又何在?不如此,法律又怎能起到保护人民生命健康安全,打击和震慑犯罪的作用呢?

天理昭昭,法网恢恢,把那些"害人精"们扫除干净!让人们重树对环境、药品、食品的安全感和信任感,这是人们健康快乐幸福的底线。试想,连安全感都没有,还谈什么幸福快乐呢?为了人民的利益和幸福,我们必须向损害人体健康的不法行为宣战!要打赢这场战斗,必须下狠心,出铁拳,用重典!

召唤良心

良心在道德规范和道德行为中起着决定性的作用。它是人们在履行对他人和社会义务过程中形成的道德责任感和自我选择、自我判断的能力;是一定的道德观念、道德情感、道德意志和道德信念在个人意识中的统一。它是道德中最核心、最深沉、最稳定的方面。良心是人性中向善的方面,它倾向于和平、民主、正义、博爱、同情弱者等。简单地说,良心是由同情之心、诚实之心、感激回报之心、公平正义之心等构成。近几年来,见之于报端的许多极端事件,大都同丧失良心有关。召唤良心,实现良心重新回归,十分必要。

一、同情之心

在孔子看来,恻隐之心,人皆有之。恻隐之心,就是同情心、怜悯心。同情心是人性中最基本的,是善的基础。同情弱者,是中国人的传统观念,也是具有普世价值的。现在,弱势群体还在人群中占有一定比例,如鳏寡孤独、年老体弱、残疾人、妇女儿童、贫困人口、灾民等。同情弱者表现为,对弱势群体不嫌不弃,多一份关爱和帮助。比如,对身边的弱者在感情上尊重他们,在物质上进行力所能及的资助,对他们的特殊困难尽可能地提供些帮助,对发生特大自然灾害地区的人民捐款捐物,献一份爱心。这爱心其实就是良心的体现。多次发生的矿难,矿主们视矿工为虫蚁,恶劣的工作环境导致了职业病;河南的开胸验肺事件;2011年苏州的"毒苹果"事件等,都是丧尽天良的事件,其根本是缺失了最起码的同情心。2010年年底,比尔·盖茨、巴菲特到中国来,是与中国的企业家们研讨慈善事业,开始的这次聚会是说关于向慈善事业捐款,不少企业家以各种借口表示不能与会。这是在美国人的面前丢中国人的脸啊。试想,如果这次聚会不是向慈善事业捐款,而是不需要掏口袋的聚餐会,中国企业家们会挤破头地要求参加。能参加比尔·盖茨、巴菲特的聚餐会该是多么风光的事啊!好在陈光标、曹德旺等一开始就积极响应,总算为中国人挽回了一点面子。向慈善事业捐款,就是向那些生了大病、重病而没有能力医治的人们捐款,中国的企业家们大都不愿意。"拔一毛以利天下而不为"的铁公鸡们,其实质就是丧失了同情心。这件事,并没有引起舆论的太多关注,今年反而看到有人对陈光标等慈善家说三道四,可见,良心丧失到何等地步!召唤良心,首先是要召回同情心,做到恻隐之心,人皆有之。

二、诚实之心

诚实,是相对于欺骗、欺诈而言的。诚实之心就是以诚待人、说话算数、守信用。改革开放以来,从发展商品经济到发展市场经济,诚实之心日衰、欺诈之心日盛。从最早的假烟假酒,发展到假冒伪劣商品、假药、"大头娃娃"奶粉、三聚氰氨奶粉、地沟油,再到人造鸡蛋、"瘦肉精"、"染色馒头",等等。几乎是有真的,必有假的,而且假的比真的还多,真真假假,假假真真,搞得老百姓真假难辨。不仅搞乱了市场秩序,也严重地损害了老百姓的利益和健康;不仅在国内造成了极坏的影响,也严重地损害了中国在国际上的声誉。有毒食品,损人健康,假医假药,误人生命。这些东西都是害人的。动物尚知不伤同类,生产这些害人商品的厂家难道不知道后果,不知道这个道理吗?应该是知道的。只不过他们是利令智昏,利欲熏心,心被铜锈包裹着,良心泯灭了。中央出重拳打击食品、药品领域的违法违规是对人民负责的体现,实在是大快人心。打击只是起到震慑的作用,全社会要杜绝假冒伪劣商品,关键还在于召唤生产厂家的良心,自觉地以诚实之心搞生产经营,才能重塑中国商品的信誉,重树市场秩序,重树老百姓的信心和信任。

三、感激回报之心

知恩图报、知恩必报,这是良心的体现。人的一生中不可能永远都是顺境,也不可能永远都是逆境,顺境逆境相互交替,这才是真实的人生。人处在逆境时会得到别人的帮助,这是别人出于同情弱者的良心所为,当自己处在顺境的时候,是不能也不应该忘记处在逆境时别人给予的帮助。对于别人给予的帮助要常怀感激之心,并且要努力给予报答,这也是自己的良心使然。然而在现实生活中,有这样一些人:(1)把别人的帮助看成是应该的,连句谢谢都没有,更不要说回报了。(2)他有十件事找你帮忙,你帮他做成了九件,有一件没办成,他仍然会说你不帮忙,不仅不谢前面的九件事,还会因最后那件事没办成而抱怨你。(3)你帮他办了十件事,你求他办一件事都是难上加难的。(4)他处在逆境的时候你帮助过他,等他走出逆境走上顺境而你处在逆境的时候,他不仅不会帮助你,反而会看不起你、耻笑你,"哈哈,你也有今天",这是他发自内心而说不出来的话。(5)你曾经帮助过他,视他为知己,当你倒霉的时候,他会落井下石。这就是我们常说的"来自朋友的伤害"。这有点像农夫与蛇的寓言。然而,现实生活中这种情况少吗?我所列举的这五种情况,是对现实社会的概括,有的还是亲身经历。这五种人都是不道德的人。缺失的是良心,都是没有良心的人。"滴水之恩、涌泉相报。"一切有恩于我们的人,如父母长辈、兄弟姐妹、亲戚朋友,领导同事,邻里乡亲,我们都要常怀感激回报之心,不可做那知恩不报,忘恩负义之人。

四、公平正义之心

公平正义之心,是指良心中的责任感、正义感。老百姓常说"天地良心"、"天理良心",是说天地间都有个道理。大有大道理,小有小道理,不论什么人都要认理、信理、服理,不能不讲道理。讲公平,主持正义,这是一个人对他人、对社会的责任感、正义感的体现。现实社会中存在着许多公平与不公平、正义与非正义的事,能不能讲公道话,能不能主张正义,是衡量一个人有没有良心的重要方面。大到国家,有大有小、有强有弱,小到一个人,职务有高低、能力有大小、贫富有差别。我们不能说,公平和正义掌握在大国、强国手里,因为,大国、强国常常以大欺小,以强凌弱,如美国搞霸权主义,对小国、弱国想动手就动手。我们也不能说公平正义就掌握在领导者、能力强、有钱人手里,因为,领导有时自恃手里有权,蛮不讲理;能力强者自视清高,看不起别人;那些有钱人自感有钱能使鬼推磨,横行霸道,这些都不乏其例。对于诸如此类情况退避三舍,听之任之,敢怒而不敢言,甚至不敢怒更不敢言,这是缺乏责任感和正义感的表现,是违背良心的。

召唤良心,对各类事情,要根据事实、依据道理,从良心上做出判断,敢于仗义执言。讲公道话,做公平正义之事,做一个有社会责任感和正义感的人。说良心话,做一个有良心的人。"人为刀俎,我为鱼肉",忍辱蒙羞,跪着过日子,是熬不出头的。

召唤良心,不是说人人都丧失了良心,我们这个社会绝大多数人都是有良心的。但是,却有少数人经不住金钱权势的诱惑丧失了良心。召唤良心,就是让那些失去了良心的人重新找回良心。这样,会大大提高中华民族的道德水准,大大增强我们国家的文明程度。

反腐败要化被动为主动

　　共产党从他成立的那天起就是为人民服务的。在革命战争时期,生活环境极其艰苦和险恶,官兵一致、军民一致,腐败很难滋生。在建国前的七届二中全会上,毛泽东向全党敲响了警钟,提出"两个务必",要防止被"糖衣裹着的炮弹"所击中。新中国成立以后,杀大贪污犯刘青山、张子善两位高级干部时,毛泽东说,杀了两个,能挽救两万名干部。这件事确实起到了震慑作用。直到"文革"结束,党内主要存在官僚主义和特殊化,还没有腐败的问题。

　　在"文革"中一些革命老干部"靠边"、遭批斗,他们的子女亲属也受到牵连,受到不公正的对待,吃了不少苦。"文革"结束以后,老干部大都官复原职,对他们的子女亲属也大都作了安排。这里有合理的成分,但也有特殊化的成分。城市经济体制改革是从简政放权让利,扩大企业自主权搞承包制开始的。一些承包者获得丰厚的利润后为了表示感谢,向领导送钱送物;在价格双轨制时,一些人为了得到计划内的批条,向领导者行贿;在发展商品经济,全民经商中出现的回扣之风,那时称之为不正之风;在建立社会主义市场经济体制、企业改制的过程中,集体资产、国有资产大量流失,有的人一夜之间成为百万富翁、千万富翁,在获得的暴利中分出一部分回馈给领导;改革开放以来,全国就像一个大工地,基建项目多、规模大、利润高,拿到项目就能赚钱,承包商向发包方行贿司空见惯;改革开放之初,是老板向职工送红包,现在渐渐地倒过来,下属向领导送红包,出现了买官卖官;本来医生为病人治病,教师为学生补课,干部为群众办事都是分内事,说句"谢谢"就可以了,后来要送礼、送红包。群众感到不送点心里就过意不去,收礼者也就心安理得地"笑纳"。腐败之风也就日见其甚。收礼的档次也在不断地提高,由最初的农副产品到电器再到车、房、钱、卡。这样一个历史过程表明,腐败是由特殊化到不正之风再到腐败逐步形成的。它表明,我们的一些党员和党员领导干部没有能经受住考验。

　　邓小平告诫全党,中国要么不出问题,要出问题一是党内,二是农业。党的惠农政策正在引导和支持"三农"向着健康的方向发展。从党内看,党的指导思想、路线政策都不存在问题。温家宝说"当前最大的危险在于腐败"。反腐败要下大气力,动真格,还要变被动为主动。

一、要加强教育

切实解决好党员特别是党员领导干部的人生观、价值观问题。在全党范围内相继开展"三讲"、"先进性"、"科学发展观"的教育活动,收到了一些效果,但并没有达到中央的要求,一些地方是"认认真真"地走过场了,于是,有人认为教育无用。党员领导干部需要理论武装,然而,最根本的是要解决人生观、价值观的问题,即解决好人为什么活着、怎样活着,人怎样对待主客观世界的问题。把这个根本问题解决了,从思想上筑起反腐败的防线,才能"任凭风浪起,稳坐钓鱼船",在任何考验面前,都能战而胜之,立于不败之地。

二、要依靠人民群众

反腐败不搞群众运动,但反腐败不依靠群众,不走群众路线是不行的。党员干部生活在群众之中,要欢迎和支持群众的监督。有两句老话"群众的眼睛是雪亮的","家有黄金外有秤",一个干部腐败不腐败,群众心里最有数。所以有人说腐败分子是查出来的,群众也是可以看得出来的。腐败分子怕群众,怕群众检举揭发。群众的检举揭发是纪检监察机关查案办案的主渠道,人民群众是反腐败的主力军。

三、主动出击

现在纪检监察机关都是接到举报然后再调查,举报毕竟是少数。纪检监察机关应当注意社情民意。"要使人不知,除非己莫为",社情民意中蕴含着很多有关腐败的线索。纪检监察机关不能坐在办公室里等人来检举揭发,如能从社情民意中发现线索,主动调查(不知是否有此权利,如果没有应当赋予),积极办理,就能化被动为主动,同时对腐败分子保持一种威慑力。当然,这种调查必须在法律的框架下进行,既要保护好干部正当的各项权利,又要让腐败分子无藏身之处。

四、对腐败分子要课以重刑

腐败分子唯利是图,对腐败的惩处不能手软,不仅在政治上使他身败名裂,而且要在经济上使他们付出惨重的代价。腐败分子所收的贿赂要彻查,且要处以罚金,在量纪量刑上要靠上不靠下。现在,腐败分子敢于以身试法,一是没人举报就查不到,二是查处就事论事、不彻底,三是处罚太轻。往往是查出来了,给个处分,开除党籍、公职、判个缓刑,就是判了实刑,出来以后仍然可以利用以前的关系,仍然可以发财,甚至发大财,过富裕而舒适的生活。这种现象屡屡发生,不仅不能起到警示的作用,反而起到示范的作用,"前腐后继"就与此有关。

　　我国还处在社会主义初级阶段,"高薪养廉"难以做到,对腐败分子课以重刑,使干部感到腐败的成本太高而不敢突破党纪和法律的底线,当钱财与生死和失去自由相比较,孰轻孰重就需要掂量掂量了。

铲除形式主义

现在,干部尤其是领导干部感到压力大,工作很忙,身心很累,抱怨形式主义的东西太多,牵涉的精力太多,劳民伤财,烦人！那么形式主义有哪些表现呢？

一、迎来送往

上面来人或者外地来客都要到市、县边界去接,离开的时候也要送到边界。领导或客人接到以后要汇报、介绍情况,还要陪同参观考察。招待吃饭,交杯换盏、觥筹交错自不待说,每次接待少则半天、一天,多则两天、三天,有时同一天要接待两三批,一个月轮上几次就没法正常工作了。上级领导,外地客人都要接待好,再忙也要陪,再不舒服也要面带笑容撑下去。因为都是不能怠慢,更是不能得罪的。这是件费时、费力、伤身体的事。

二、文山会海

中央发一个文件,层层转发、层层提出落实的意见,其实内容都差不多,还都得看。有的到了自己这一级还要再起草和下发文件。各个条口也有文件,都要贯彻落实。会议多,大都要求主要负责人参加,以示重视,一周参加三四个会议是常有的事。会议的内容会有所不同,但程式差不多,一是意义,二是指导思想、目的要求,三是工作布置。一个会议大体一半以上的时间是在听"正确的废话",如果有几个人发言,则是大多在听重复的话。会议多而杂,会议和公务接待要占去领导一半以上的时间和精力,耗时耗力惹人烦。

三、检查考核

上面布置的工作,大都要经过检查考核验收。检查考核有专项的(某一项工作),也有某一个方面的(如党务、精神文明建设),还有综合性的(经济和社会事业)、达标性的(创建卫生城市、文明城市)。因此,检查考核几乎贯穿全年,只不过是到年底比较集中些。检查考核大体上一是听汇报,二是看材料(检查台账),三是看现场。由于检查考核比较细,要求比较严,很多方面不得不造假。因为工作做得再好,台账做得不好,被扣了分,就会直接影响到考核的成绩,造假也就成为不得已而为之。

四、"调研"、"视察"

不知道从什么时候起,上级领导到基层、到企业、到学校等都冠以"调研"、"视察",转一转、看一看、听听汇报,然后不关疼痒、大而化之地说几句,吃顿饭,拍拍屁股走了。这能给基层解决什么问题?而为了保证领导的这次"调研"、"视察"能够成功,下面忙了几天,甚至加了夜班。如果真的为了基层服务,就应该放下架子,扑下身子,认真调查研究,切实帮助解决问题,而不是一溜烟来一溜烟去。

五、"一刀切"

贯彻上面的文件精神,或者布置下面的工作任务,强调的都是统一思想认识、统一工作要求、统一工作布置、统一考核验收,搞"一刀切"。本来各地条件情况不一,应当因地制宜,不能搞"一刀切"。"一刀切"的结果是"走过场"。回想近十年来搞的大型的教育活动,不都是这么过来的。

党的几代领导人都批判过形式主义。形式主义搞坏了党风、政风、民风,群众、干部对形式主义都深恶痛绝,形式主义劳民伤财,形式主义遭人怨,这是共识。

铲除形式主义一是领导要牢固地树立"执政为民"的观念,放下官架子,以普通劳动者的身份深入基层,深入群众,倾听群众的心声,切实帮助基层和群众解决问题,不要迎来送往。二是要充分利用大众传媒、政府网站的作用,尽量减少文件和会议。三是严格控制创建达标活动,严格限制检查考核的次数和规模。干部尤其是领导干部能从形式主义的束缚中解放出来,才能做到一心一意、聚精会神地抓工作,为群众谋利益。当然,这需要上面的领导转变思想观念,转变领导方式和工作方法,还是要从领导和领导机关做起。

也谈"花钱买公平"

前一段时间看电视,内容是关于中国足球的"黑哨"问题。原中国足协裁判委员会主任张建强说,足球界流行着"花钱买公平"的潜规则。据张建强和"黑哨"黄俊杰供称,上海申花队与上海国际队的那场同城大赛,张建强事先跟黄俊杰打招呼,"关照"一下申花队,两人都心领神会,不会白关照的。黄俊杰场上的"关照",使国际队队员被错误罚下,申花队以大比分赢了国际队,事后他们拿了70万元现金,每人35万元。据黄俊杰等足球裁判交代,只要在比赛场上"关照"一下,少则3~5万,多则8万、10万。只要花了钱,输可以变成赢。

花钱买"关照",买的是绝对的不公平。比赛场上,裁判代表的是公平。裁判一旦"关照"、偏袒一方,必然委屈另一方。裁判不公平,竞技比赛就失去了意义,比赛的结果在开赛前就定了,不胜也得胜,不败也得败,比赛只是走过场。难怪赵本山、宋丹丹小品里说,不愿意看的体育项目是足球,最不愿意看的体育项目是中国足球。中国足球落后,都怪罪于足球运动员、教练员不长进。现在看来似乎有些怪错了。原中国足协的那帮腐败官员们,足球裁判中的那些"金哨"、"银哨"原来都是"黑哨",上梁不正下梁歪,过不都在运动员,罪在官员和裁判。中国足球运动员一直挨骂,太可怜了;中国的球迷们一直被蒙在鼓里,太可悲了;原中国足协的官员们、裁判们一直拿钱吹"黑哨",太可恨了;中国足球界的反腐败风暴姗姗来迟,太可悲了。

花钱是买不到公平的。公平是什么?公平是道德良心,公平是法则、准则。公平不是靠钱能维护的,公平是靠道德、法律维护的。老百姓心里有杆秤,公平自在人心。绿茵场上但凡吹的是"黑哨",球员不服,球迷起哄。虽然裁判有权判定输赢,但是,人心已经失去,输的球队除了叫屈,心里也是不服输的,赢的球队虽然赢了,也觉得赢得不光彩,心里也不是滋味,可能比输了的球队更难受。输的虽败犹荣,赢的虽胜犹耻。而那些吹"黑哨"的,在起哄的球迷面前如临深渊、如履薄冰,终究会身败名裂,被钉在历史的耻辱柱上。原中国足协的官员和那些由"金哨"、"银哨"堕落为"黑哨"的裁判的下场,正好说明了花钱是买不到公平的。

公平是社会文明进步的标志。在奴隶社会和封建社会,由于存在着严重的人身依附关系,总体上是没有公平可言的。资本主义打碎了人身依附关系,使劳动者成为一无所有的"自由人",成为它的就业或失业的后备军,在思想上提出了自由、民主、平等、博爱、公平、正义等,这是历史的一大进步。但是,"自由人"很快发现他们摆脱了地主和土地的束缚以后,又成为机器的附庸,即物对人的奴役。只有当"自由人"成为机器的主人时,即摆脱资本家和机器的束缚后,才能成为真正意义上的"自由人",也才有公平、正义可言。这就是变生产资料私有制为公有制,建立社会主义制度。因此,只有社会主义制度能为公平、正义提供现实的基础和可能性。不幸的是,我们在发展社会主义市场经济的过程中,"一切向钱看"的拜金主义,唯利是图的利己主义等价值观不仅进入到经济领域,也渗透到了政治、文化等领域。如干部贪污受贿、买官卖官;司法领域内的吃了原告吃被告;虚假广告、欺骗宣传等。倒霉的总是老百姓。当干部不送礼给领导,怕影响提拔升迁;打官司不送礼给法官怕输了官司;动手术不送礼给医生怕手术不成功;孩子上学不送礼给教师怕孩子不被教师重视成绩不好;唱歌的不送礼给评委怕会落选;以至于体育比赛不送礼给裁判怕得不到"公平"待遇。最近报纸上还曝出了评两院院士也有"黑幕"。如此种种,似乎形成了一种社会心理,只有花钱才能买到"公平",否则就会受到不公平的待遇,这种社会心理是很可怕的,是与社会主义的本义相违背的。

公平是社会稳压器。30多年的改革开放我们取得了巨大的成就,不仅经济发展了,群众生活改善了,言论也比较自由了,这些,人民群众都是认可的。但是人民群众心里也有不满意的地方:一是贫富悬殊过大;二是腐败问题;三是干部办事不公。这些都与公平有关。好在中央注意到了这个问题,在"十二五"规划中,把建立社会公平作为十分重要的问题提出来了。社会普遍公平了,人民群众心里的气顺了,才能更加积极主动的投身到全面建设小康社会的实践中去;人民群众心里气顺了,社会也才能更加稳定,更加和谐。

哪一天"花钱买公平"不再被人信,不再有人去做,社会公平才能真正建立起来,构建社会主义和谐社会也才有现实的基础。

京沪高铁"故障"谈

2011年7月1日京沪高铁投入正式运营,上旬运行比较平稳,进入中旬以后,连续发生几次故障,引起轩然大波,有许多方面是值得总结的。

一、推出的调子太高

京沪高铁在推出时,用了最现代化、最高科技、最好服务的宣传语。运行时间最精确,从北京到上海,实际运行时间与规定运行时间只差1分钟左右。铁路部门和舆论已经把京沪高铁宣传的尽善尽美,不会也不可能出现差错的。京沪高铁是当代世界科技含量最高,运行里程最长,时速最快的铁路。但是,科技含量再高、再好不等于不会出差错。当故障真的发生时,乘客完全没有思想准备。不是说最好吗?怎么会发生故障呢?所谓期望越大,失望越大,这话灵验了。凡事还是要讲辩证法,讲两点论,不能只讲一点论。"人无完人,金无足赤",还是留有余地好。这些溢美之词,运行以后由乘客来评价,比事前自己高调推出要好得多。

二、试运营时间太短

京沪高铁是个庞大的系统工程,全长1318公里,沿途有24个站,由铁路、输变电、电气、通讯信号、机车、调度、控制、乘务、物资保障等系统构成。把这些系统集合集成在一起,需要有一个较长的磨合期。发生的这几次故障,也都可以看做是磨合期内的事。京沪高铁试运营的时间很短,前后不到一个月。如果我们不是赶在7月1日建党90周年这个有纪念意义的日子,而是把试运行的时间放到半年。那么,还处在试运营期间,出现点"故障"就不会这么大惊小怪了。

三、小故障,遭大议

铁运是比较安全的,但是,普通铁路发生车毁人亡的事故在国际上并不少见,尤其是印度,每年都要发生几起。京沪高铁发生的这几次故障,并没有造成车毁人亡,而是电路、机车机械等方面发生问题,但在国际国内引起很多的议论,引起很大的轰动。外国有人嘲笑"京沪高铁"是故障高发"铁路",请问,你们国家有高铁吗？如果有，就没有发生过故障？还有人说京沪高铁是"新干线"的翻版，是"麻烦铁路"。这是诽谤京沪高铁盗用了"新干线"的技术。这不需要争论，事实胜于雄辩。你在"新干线"上能跑出时速461公里吗？被困在车厢里的旅客发牢骚，说怪话，甚至不依不饶，言辞激烈，这都可以理解，毕竟倒霉的事发生在他们身上了。而作为国人，应该理智些，不要跟着起哄。

（一）京沪高铁是个新生事物，新生事物在其成长过程中不会一帆风顺，就像一个再健康的婴儿总会生病一样。对新生事物不要求全责备，要多加呵护，要宽容。要求京沪高铁一点故障没有，就像不容许孩子生病一样。孩子生病了，找医生对症下药，把病治好，孩子还是茁壮生长。京沪高铁应吸取教训，制定整改措施，以免再发生类似故障。

（二）京沪高铁鼓舞着民族士气。清政府时，铁路掌控在外国人手中。詹天佑主持修了一段铁路，成为民族英雄。新中国成立以后，中国铁路有了很大的发展，但铁路运力不足仍是制约中国经济发展的瓶颈。中国在科技方面仍落后于发达国家，但是在高速铁路建设方面处于世界领先水平，京沪高铁就是个样板。京沪高铁建成后，美国、俄罗斯表示要在高铁领域与中国合作和交流。这应该是每个中国人值得骄傲，值得自豪的事。20世纪70年代，邓小平在邻国访问，坐在"新干线"列车上，时速200公里，我们投以羡慕的目光。如今，我们赶上了，超过了。我们不能因为几次小故障就把自己打倒，甚至跑到"骂娘"的队伍里去。在铁路方面，我们从没有到拥有，从不会造到会造，再到造成世界一流的高铁，多么大的变化啊！我们能不高兴吗？

过去，从北京到上海坐火车大约要24小时，铁路提速以后，只要10小时多一点，现在坐京沪高铁只需要5个多小时，这就是发展。发展不等于没有问题，但问题肯定要由发展来解决。京沪高铁在今后的运营中也还会出现这样那样的问题，经过暴露问题，解决问题，京沪高铁将会日趋完善。

由钱塘江三桥垮塌所想到的

最近一段时间,媒体报道了全国好几座桥垮塌的事件,尤以钱塘江三桥的垮塌最引人注目,最引人深思。

钱塘江三桥 1993 年奠基,1997 年 1 月 28 日通车,2005 年 10 月 6 日第一次大修,耗时 9 个月。2006 年 5 月 16 日零时起,再次进行封闭式施工,从此以后三桥禁止外地大货车、半挂车通行。2011 年 7 月 15 日凌晨三桥桥面突然塌落。三桥总长 5700m,主桥 1280m,双向 6 车道,属当地的大型工程之一。然而仅仅运行 10 多年,就经历大修两次,小修不断,这次桥面垮塌,当地官员称是因为大型货车超载压垮的。然而就依这种说法,难道交通和桥梁管理部门就能容许超载的货车上桥吗?显然,即使把责任推到货车司机的身上,官员们也是难辞其咎的。

钱塘江三桥的垮塌使人们不由得想到钱塘江大桥。钱塘江大桥是由茅以升设计施工,于 1935 年 4 月动工,1937 年 9 月 26 日建成通车。为了迟滞日军占领杭州,1937 年 12 月 23 日,国民党当局下令炸毁钱塘江大桥。抗战胜利后,钱塘江大桥重新修复,运营至今,仍安然无恙。

大桥和三桥在时间上的跨度有 60 多年。无论桥梁技术、造桥所用的材料,还是运行监管系统,大桥与三桥都是无法比拟的。那么三桥垮塌的原因到底是什么呢?这应当由敢于说真话的桥梁专家们来分析、作结论,而不是地方上的官员说几句"官话"就能把老百姓糊弄过去的。

从以往好多处桥梁垮塌的事件来看,汽车超载、车流量超过设计范围,造成桥梁的长期疲劳或硬伤,是垮塌的原因之一,此外,还有几条原因:

一是不具备资质的施工单位上工程,不具备资格的工人上工地。政府在工程发包时是交给了具有施工资质的公司,而这样的公司在拿到项目以后就转包,或者分包给了不具备资质的施工队。这些施工队不按规程施工,并且让一些没有经过培训,不具备操作技术的工人上了工地。这样施工质量肯定会出问题。

二是偷工减料。有的公司为了拿到工程,压低工程标价,施工中只能靠偷工减料来弥补工程正价与标价的价差。偷工减料干出来的工程肯定是豆腐渣工程。

三是赶工期。一般的说,一个地方的大型工程具有政治意义。为了向某个节日献礼,哪怕工期不够也要按时竣工,这是政治任务。工程的规模、工期、材料等规定都是为了保证工程质量的规律性的反映。赶工期造成不按规程办事,忙而出错,乱而出错。这是工程的最大隐患。

四是监管部门疏于监管。大型工程都会聘请工程监理代表甲方对整个施工过程实施监督,对工程质量负责。有的监理公司是负责的,有的监理公司不太负责,疏于监管,更有的监理公司与施工方一起糊弄甲方。这等于是把黄鼠狼放在鸡窝里。

五是官员腐败。可以这么说,凡豆腐渣工程其背后都有腐败,在承包商、监理商、官员等方面都有可能存在利益关系,都有腐败问题。从其他几处大桥垮塌的调查和处理结果看,都与腐败问题有关。从某种意义上说,大桥的垮塌是给腐败分子敲响了丧钟。

以上所分析的五种原因,是不是钱塘江三桥垮塌的原因,要依事故调查组的结论为准。有消息说,钱塘江三桥于1998年6月通过竣工验收。而记者在调查中发现,竣工验收时三桥就存在裂缝、裂隙等6个方面质量不合格的问题。也有媒体报道:三桥至今没有通过验收,仍处在试运行期。种种说法不一,但指向是一致的,钱塘江三桥存在严重的质量问题,这样恐怕才能说得清为什么三桥不如大桥吧。

钱塘江三桥垮塌不是坏事,当地政府应认真地分析垮塌的原因,以杜绝以后再发生此类问题。如果今后在中国大地上的桥不再发生类似事件,也可视作钱塘江三桥对中国桥梁史上的"贡献"吧。

渤海湾溢油事故令人愤懑

2011 年 6 月 4 日,"蓬莱 19 - 3"油田发生溢油事件。经过 3 个月,康菲公司在中国国家海洋局的督促下,采取了一些封堵措施,但收效甚微,溢油还在继续,渤海湾遭石油污染的范围还在扩大。经中国专家组调查,这次事故纯属康菲公司操作处置不当而造成的责任事故。

一、康菲公司缺乏诚信

7 月 3 日,有媒体报道,渤海湾海面发现石油漂浮带,并发现有养殖户的海产品死亡,中国海洋局承认确有其事,并决定对蓬莱油田的钻井平台进行调查。康菲公司在其后的声明中称此事与己无关。"蓬莱 19 - 3"油田发生的溢油,康菲公司应该是心知肚明的,却公然谎称与己无关。8 月 26 日,国家海洋局对康菲公司作出至 8 月 31 日止,必须做到彻底查清溢油源,彻底封堵溢油点的"两个彻底"要求。8 月 31 日,康菲公司在回应国家海洋局的报告中称,已经做到了"两个彻底",然而 9 月 2 日,当记者到"蓬莱 19 - 3"油田海域发现仍有油花从海底冒出,污染仍在继续。当记者电话中询问康菲公司,"你们说已经做到'两个彻底'了,而溢油仍在发生,这不是自相矛盾吗?"康菲公司的回答是:"我们是骗你的,就是骗你的。"从一开始不承认事实,到封堵是骗人的,真是冒天下之大不韪! 从这两件事可以看出,康菲公司没有诚信可言。他说是骗人,骗的谁? 骗的是中国,是中国人民,实在令人愤懑。

二、康菲公司缺乏企业道德

诚实亦属于道德的范畴,康菲公司没有诚信,当然是缺德的重要表现。我这里说康菲公司缺乏企业道德还表现在:一是不道歉。事件发生以后,康菲公司装聋作哑,谎称与己无关,也就不肯道歉了。当事实摆在他们面前时,承认了事实,但拒不道歉,在国家海洋局的严正交涉和强大的舆论压力下,康菲公司才在 8 月 31 日的报告中公开以书面的形式表示道歉。这本来是事件一发生就应该做的事情,结果拖了 2 个多月。康菲公司可能是世界上最"牛"的公司,认为做错了事是不需要道歉的。二是溢油事件对渤海湾造成了污染,影响了渤海养殖,已造成了养殖户的海产品死亡,影响了渤海湾沿海城市的旅游业收入。康菲公司理应拿出一部分资金对养殖户进行先期赔偿,以解决养殖户的生活生产问题,余者可以通过法律程序结决,这应该是国际上通行的原则。康菲公司至今还是一毛不拔,我们为受害者扼腕,对康菲公司表示极大的愤慨。

三、康菲公司缺乏社会责任感

溢油事件从最初的 2 个溢油点发展到 16 个溢油点,海面污染面积由最初的几平方公里发展到 8500 平方公里,历时 3 个月,康菲公司都干了些什么,我们不得而知。但是,有几点是可以肯定的。一是漫不经心,不当回事。对原先溢油的 2 个点就没有采取封堵措施,任其发展,导致由 2 个到 16 个,由小而大。二是措施不当。康菲公司据称是美国石油界的一家大公司,对于溢油、渗油这类事故,理应有应对方案,技术上也应该是能控制和解决的。即使康菲公司在技术上过不了关,可以邀请石油专家会诊,找出解决问题的办法。在美国墨西哥湾发生的海底井喷事件,英国公司在技术上举世界顶尖专家之力,成功地实现了封口。对渤海溢油事件的处理,技术难度不会超出墨西哥湾漏油事故吧,康菲公司没有邀请世界顶级的石油专家合作。如果能听听中国石油专家们的意见或建议,采取有力措施,也不会酿成如今的后果。三是不果断。溢油事件发生后,开始想要耍赖,不认账,到后来虽然认账了,但对解决问题采取消极、被动的态度,延误了封堵的时间和时机,发展到 16 个点在溢油,无疑会增加封堵的难度。小事故酿成大事故。根本原因在于康菲公司没有社会责任感,对事故采取不负责任的态度,能赖就赖,能推就推。"机关算尽太聪明,反误了卿卿性命。"康菲公司如果一开始就采取负责任的态度,事故不至于扩大,付出的代价也会少些,现在事故扩大了,付出的代价会更大,这是康菲公司咎由自取,丝毫不值得同情。相反,对他不负责任的态度,表示愤怒和声讨。

纵观渤海湾溢油事件,主要责任和过错在康菲公司。对康菲公司表示愤怒是应当的。但是,如果冷静下来思考,我们在对事故的监管上也有缺失,比如国家海洋局见事迟,监管不力。天空有卫星,有飞机巡航,海面有监测船巡逻,陆上有渔民报告海产品死亡,国家海洋局对此却一无所知。7 月 3 日,新闻媒体报道渤海湾溢油,国家海洋局才向媒体公布此事。国家海洋局在与康菲公司的交涉中,对康菲公司并没有采取十分有效的措施,只是到了 8 月 26 日,才发表了一个措词强硬的声明。8 月 31 日"大限"过了,溢油事故仍在发展,给人们的感觉是国家海洋局被康菲公司骗了、耍了。这时,国家海洋局才对康菲公司下达了停止作业的命令,康菲公司会执行吗? 难道就制服不了这样"肆意妄为"的跨国公司吗？我们拭目以待。再就是，墨西哥湾溢油事故发生后，美国政府对英国公司的态度十分强硬。美国总统奥巴马曾两次到现场视察，相比之下，我们呢？事故如此严重，只是由国家海洋局与康菲公司交涉，康菲公司有没有把国家海洋局放在眼里呢？政府官员不能只为跨国公司落户中国去剪彩，对跨国公司的劣行也应该管管。

我们的愤懑仅仅是对康菲公司的溢油事件。我们绝不排外、仇外。相反，我们还要始终不渝地坚持改革开放，欢迎跨国公司到中国投资，更欢迎有社会责任感的跨国石油公司到中国来帮助发展海上石油。我们也希望康菲公司能迷途知返，痛改前非，尽快采取有效措施，封堵溢油点，清理海上油污，还一个干净的渤海湾给人民。我们还希望康菲公司在事故处理的后续工作中，能采取和中国政府、受损害的渔民合作的态度，对渔民的损失、海洋环境的损失负责，不要再做令人愤懑的事了，搞好赔偿，重塑康菲公司在中国人民心中的形象。

有感于一则新闻报道

"10 月 27 日晚至 28 日凌晨一时许,一辆运煤车行至山西岚县和盂县境内被拦下,交警分别收取司机 100 元和 50 元后,未开任何单据便放行,盂县交警发现记者拍摄后抢夺摄像机,随后又以'设备损坏补偿'名义强塞给记者 2 万元。"

2011 年 11 月 21 日,央视播出该新闻后,公安部派出督察组赶赴当地。山西省监察厅某副厅长对这则报道作了表态,"这件事引起了省委省政府领导的高度重视,并提出了三条决定",作为对这件事的回应。这则新闻我看了两三遍,联想到许多事情,很有一番感慨:

一、佩服记者的勇敢和敬业精神

这位随运煤车采访的记者没有报道姓名,他孤身一人,随两位司机暗访运煤通道的运输和执法情况。当在山西盂县、岚县公路上遭遇几名交通警察的盘查、罚款,他毫无惧色,两次表明自己是中央电视台记者的身份,并出示记者证,在与交通警察对峙的情况下,仍然坚持采访。

联想到 2011 年中央电视台记者,冒着生命危险在利比亚战乱期间不断地将利比亚战事新闻传回国内;在日本大地震引发海啸以及造成福岛核电站的核泄漏事故后,中央电视台记者同样冒着身体受核辐射的威胁在现场做新闻直播。记者们把生死置之度外的勇敢精神令千千万万的电视观众感动。

2011 年,新闻单位开展的"走基层"活动所作报道更是令电视观众感动。一位中央电视台的女记者,采访新疆喀什皮里村的孩子到县城上学的艰难历程可谓惊心动魄,扣人心弦。当那位学生露出没有后跟的鞋,当学生回答最大的希望是有一双好鞋,有一条好路时,我们的心在颤抖,眼泪潸然而下。这些孩子多么艰难,又多么可爱。当内蒙古鄂尔多斯土豆丰收时,几十亿斤的土豆没有销路,"走基层"的记者对这事作了报道,全国各地立即去了许多订单,帮助当地政府和老百姓排忧解难。同样是"走基层"的记者跟随运煤车从鄂尔多斯到山东齐河,三四百公里的路走了四天五夜,煤价由坑口的 320 元/吨涨到 850 元/吨,其间被堵、被困、被罚,苦不堪言,记者的辛勤劳累揭开了煤价翻倍的谜底。再就是,今年揭露的"毒苹果"、"毒馒头"、地沟油、药品销售中的潜规则等事件引起了极大的社会轰动。这些极具价值的新闻报道或新闻调查：一是反映了民心民意和人民的疾苦；二是反映了政府工作中的不足，有利于帮助政府改进工作；三是记者运用手中的笔鞭挞丑恶，揭露阴暗，褒扬真善美。这些都表明新闻舆论正在发挥除立法、行政、司法以外的"第四种权利"，即舆论监督权。同时也表明我们社会正向着民主、开放的方向进步。

二、同情汽车司机们忍气吞声敢怒而不敢言的委屈

司机们经常说的一句话是，"看到交警就等于看见了爹"，这不是说看见警察就亲切，而是惧怕。一是稍有违章就被罚款，如超载、超速、闯红灯、酒后驾车等，这个司机们一般都是认罚的；二是见车就罚，不论你有没有违章，经过他这儿，就得留下买路钱；三是罚多罚少全凭交警的一句话；四是有的地方罚款不给票据。司机上路一般都要准备点挨罚款的钱。现在，油价贵、运输行业竞争激烈，各种收费又多，再加上跑长途运输的紧张和辛苦，汽车司机们跑运输实属不易，在不违章的情况下莫名其妙地被罚了款，心中纵然是怒火万丈还得一声不吭，甚至赔笑脸把钱送上，把烟递上，把好话说上。司机们对交警的专横跋扈是敢怒而不敢言，甚至是不敢怒也不敢言，因为经历多了，也就麻木了。司机们说，遇到这种事，只能认倒霉，说了也白说，说多了还要多交钱，惹烦了，麻烦更大，就有可能被扣分，甚至扣驾照。对司机们这种不公平的遭遇，我只能表示理解和深切的同情，能有什么办法呢？

三、震惊于交警蜕变成为"路霸"

交警是警察中比较辛苦的岗位，为了保证交通畅通，保证人们的出行安全，他们不分昼夜，风里雨里站岗巡逻执勤。冬天，当人们坐在暖房内，他们却屹立在凌厉的寒风中，夏天，当人们享受着空调的阵阵凉风时，他们站立在炎炎赤日之下，这都是人们有目共睹的，交警理应受到社会的尊敬。但是，新闻中播出的山西盂县、岚县公路上的那6名交警，见车就罚款，罚款不开罚单，对记者和司机的不礼貌，俨然成了"路霸"，我感到十分震惊。交警是应该打击"车匪路霸"的。这项斗争少说也开展了十几年了，这6名警察怎么就蜕变成"路霸"了呢？难道他们不知法，难道他们知法犯法，生生的与自己的饭碗作对，生生要向自己的警服上泼污水？否也！这种"蜕变"肯定是"钱"在作祟。一切为了罚款，一切为了捞钱。我深信，这6名警察肯定会受到处分或处理。我只是要问：当地政府有没有保证他们的工资福利和办公经费？当地的公安

机关有没有向他们布置罚款任务？如果这两个问题都不能成立，而是他们擅自作为，把钱私分进了腰包，那么该怎么办就怎么办，这6名交警也怪不得别人。如果上面两个问题成立的话，又该处分和处理谁呢？那倒是当地政府和公安机关应该好好地检讨了。如果当地政府和公安机关又不愿检讨，于是把责任都推到那6名交警身上去，岂不是又冤死那6名交警了。

近几年来，为了减少车祸，保障交通安全，交警部门在限速限载、严禁酒驾等方面做了很多工作，路边也装了很多"电子眼"，可谓是功不可没。但是，有些规定既无根据也不合理。我在学习驾驶时，无论是教科书上规定的，还是老师讲的，有些都对不上号了。如按规定可以100km/h的公路变成限速80km/h，按规定可以80km/h的道路，限速60km/h，或50km/h，一旦超过限速就要被罚款。再好的公路也不让跑快，这里面有保证行车安全的考虑，但给司机们的感觉是不按规定办的目的就是为了罚款。哪一天哪一年交警的工资福利和办公经费有了保障，乱罚款的事也就可以杜绝了。因此，我认为，交警乱罚款，问题出在交警身上，根子则在当地政府身上。

四、讨厌媒体曝光以后的"领导高度重视"

这则新闻报道后的第二天，山西省监察厅某副厅长出来表态，称山西省盂县、岚县公路交警违规罚款的新闻报道后，"省委省政府的领导高度重视"，并提出了三条决定作为对新闻媒体和全国公众的回应。这几乎成了一种"中国惯例"，如同近几年来，凡领导到下级单位去都是"调研"，哪怕是去吃饭、玩乐也称之为"调研"；凡下级向上级汇报工作，领导都是给予"充分肯定"，哪怕工作做得再怎么不好，也是"充分肯定"；凡被新闻媒体曝光特别是被中央新闻媒体曝光后，都是引起了"领导高度重视"。这成了新的"党八股"。

关于公路上的乱设站卡，乱罚款，乱收费，是早在治理之列的"三乱"。国务院于2005年4月1日就做出了治理公路"三乱"的决定。中央和省市都成立了"纠风办"——纠正行业不正之风，治理"三乱"当在"纠风办"的管辖之下。然而时至今日，风还在刮，乱还在行，"纠风办"都干什么去了。党内讲令行禁止，政府讲政令畅通，为什么这些问题迟迟得不到解决，各级不是都在强调执行力，强调提高执政能力吗？请问发生这类问题的党委、政府和专门机构，你们的执行力、执政能力又到哪里去了呢？联系到2011年发生的毒馒头、地沟油、药品价格居高不下、人造鸡蛋、渤海湾溢油事件、钱塘江三桥崩塌、京沪高铁事故频发，广州、南京、北京等大城市部分城区遭水淹，南京的残气爆炸事件等,哪一件不都是记者的报道在先,政府的"领导高度重视"表态在后,难道记者不报道,就没有人去管,难道领导的注意力是跟着记者的笔头子转的?

我们希望记者一如既往地关注着社会问题,民生问题,我们更希望各级党委政府及其专门机构要恪尽职守,平时就应该高度重视自己的工作,不要总是等问题闹大了,记者公开报道了,再来一番亡羊补牢的"领导高度重视",这样的说辞多了,让人讨厌。这种状况不改变,人们不得不想,我们的领导机关和部门要么就是官官相护——家丑不可外扬;要么就是官商勾结——权钱交易;要么就是尸位素餐——形同虚设,不管,此外还有什么解释呢?

也谈"民工荒"

当以美国总统奥巴马为首的西方发达国家的领导人,为居高不下的失业率而焦虑万分时,中国却是另样情形。春节过后,我国东南沿海地区许多企业招工不足,出现了"民工荒"。

改革开放以来,"民工潮"是规模最大、影响最深的社会现象。党和政府曾经为大批农村剩余劳动力的转移而殚精竭虑,为农民工在城市找不到工作,为农民工在城里受的不公正待遇,为农民工子女的就学,为农民工的养老、住房等问题,从政策制定到措施落实等方方面面切实解决了许多问题,甚至总理亲自为农民工讨工资。客观公正地讲,在党和政府的努力下,农民工的政治、经济、生活等各方面都得到了改善,并且还会逐步改善,那 2011 年春节过后,何以出现了"民工荒"呢?

一是党和政府的惠农政策。种地不交税,还给补贴,粮、棉、油等农副产品价格在提高,农民种地已有利可图,有的农民不再需要背井离乡外出打工也能维持生计。二是国家实施西部大开发战略。中西部地区的开发开放也吸纳了一部分农民工。三是东南沿海地区这几年房价、房租、粮油等副食品涨价,导致农民工生活成本上升,而农民工工资上涨有限。四是每年春运一票难求。农民工在外辛苦一年想回家与家人团聚,结果旅途中历经千辛万苦,下一年也就不再愿意出来了。五是一些企业雇主在政治、经济、生活方面不公正地对待农民工。原因可能远不止这些,但这几条原因应是能成立的。

解决"民工荒"的问题,党和政府仍有许多工作要做。惠农政策仍要坚持,还要积极地鼓励和支持农村剩余劳动力转移。但是,作为东南沿海的雇主也应该努力改善雇佣关系:一是要善待工人,要平等地对待工人,不能动不动就拿出老板的架势训斥、处分工人,要给工人以爱和温暖,以心留住工人。二是要相应的提高工人的工资和奖金,不能把赚的钱都装进自己的口袋,要让工人共享企业的利润成果,绝对不能拖欠、克扣工人的工资。三是要和工人签订正式的劳动合同,解决工人的养老、工伤、医疗等各类保险,让工人有安全感、归宿感。四是要改善工人的生产、生活环境,不能损伤、损害工人的身体,对于生病的工人,要给予医治。苏州"正己烷事件"再也不能发生。五是要加强对工人的技能培训和工作激励。企业能以爱心、待遇、事业发展留住工人,这才是解决"民工荒"的关键。

中国有 13 多亿人口,是世界上劳动力最富有的国家,我们的企业雇主们都能这样做了,何患招不到工人,何以会出现"民工荒"呢。

城市何以"弱不经雨"

从 2010 年下半年以来,连续的干旱困扰着中国。2011 年 6 月份开始,久违的雨终于被盼来了。然而,2011 年的雨虽然来得迟,却来得大、来得急,于是泥石流、水灾又出现了,人们不得不从昨日的抗旱转入今天抗击水灾,这是广大的农村地区的状况。可是,作为现代文明集中地的城市也变得越来越"弱不经雨"了。媒体报道,广州、北京、上海、南京等大城市都出现了街区、道路被淹,水深达 50 厘米、100 厘米、200 厘米不等,造成汽车浸水,行人在齐膝、齐胸深的水中如趟河般地行走,居民房屋进水,甚至有人溺水而亡……在没有发生江河湖海决堤的情况下,一场或几场大雨就能把一座现代化的城市搞得如此狼狈,原因是什么呢? 城市领导者会异口同声地说:"雨太大了!"除此之外还有原因吗? 大都语焉不详,搪塞敷衍而已。

(一)**重地上,轻地下**。上面提到的这几座城市可以称得上是中国最现代化,也是最漂亮、最富庶的城市。从地面上看,高楼林立,绿树成荫,道路宽阔,繁花似锦。这些都给人们以强大的视觉冲击,好一座美丽壮观的城市。而地下怎么样呢? 没有人翻开窨井盖到下水道里去看。然而雨水是无情的。当楼房越盖越高,越盖越多,而地下设施没有相应配套时,雨水不能通过地下系统排出,就只能淤积在地面上,造成城市部分地区闹起了水灾。重地上,轻地下,是官本位政绩观的一个典型表现。哪一天把城市地下系统也纳入干部考核内容,城市就可能避免被水淹了。这是城市闹水灾的最主要的原因,而官员们对此很忌讳。

(二)**城市迅速扩张,缺乏缜密的规划**。北京、上海、广州、南京都曾提出过响彻云霄的口号——建成国际大都市。在这个口号下,城市规模急剧扩张,有的扩大了一倍,有的甚至扩大一倍以上,城市有了五环、六环。现代城市,是个复杂的系统工程,在城市所有的系统中,城市交通是城市管理者最为关注的,这几年也花了大力气,虽然堵车时有发生,但是进步还是很大的。最糟糕的系统就是城市地下系统。我们经常见到城市马路修了挖,挖了修,一条路要被"开膛破肚"好多次。老百姓对此曾提出过建议:"给马路装上拉链。"这是戏言,却是真实的想法。城市的地下系统也是很复杂的,它涉及规划、给排水、供电、供暖、电信通讯、广播电视等多个部门。他们往往各自为政,谁要装个什么就挖马路。城市地下系统仅仅靠市政工程来管理是不够的,应当由所涉及的各个部门的人员组成一个强有力的工作班子,由一名副市长分管负责。在地下系统中,供水系统比较好,市民喝不到水是要"骂人"的,但是排水系统做的就不太好。"一年中能下几次雨?"雨真的来了,就糊不过去了。急剧扩张的城市规模,对城市地下系统,尤其是它的薄弱环节——排水系统提出了更高的要求。不适应这一点,老天爷是要给颜色看的。城市发展是个持续的过程,规划要具有超前性,西方的规划管100年,我们的规划至少要管50年。地下系统的规划更应具有超前性,做到有预留。记得20世纪70年代看过一部南斯拉夫的电影《瓦尔特保卫萨拉热窝》,游击队员们在城市下水道里与德国占领者进行斗争。人可以直着身在城市的下水道里走。如果我们城市的下水道能修到那个份上,各种电线电缆在上部,排出去的水在下部,再大的雨也能排走,城市就不再会被淹,也可免了道路被"开膛破肚"之痛,老百姓出行就更方便了。

(三)城市缺乏雨水调节系统。许多城市都有湖,比如北京有好多湖,南京有玄武湖、莫愁湖等,城市里的湖有的是自然形成的,围湖筑城,有的则是人工湖。古人在筑城时,为了提高城市的防洪能力,挖土成湖,即把土挖来垫高城市,湖用来供应市民平时用水,下雨时,城市里的水流到湖里,起到排涝蓄水的作用。这是古人的智慧。现代人应当比古人具有更高的智慧。不幸的是,现代人在干着愚蠢的事。现代城市的管理者和建设者们不是挖土成湖,而是从山上或高地上挖来土把河、港、湖填起来建城。新城完全没蓄水排水的功能。人断了水的出路,水就堵人的出路。这是自然辩证法。现代城市管理者都提出了许多美丽动人的目标和口号,要把自己的城市建设成为现代文明城市、创新城市、活力城市、幸福城市、和谐城市,还有最佳居住城市等。但是,如果连水的问题都解决不了,这些漂亮动人的口号只能是奢谈!学古人吧,在城市中,或在城市周边充分利用原有的河、港、湖,不再填埋;在城市扩张中再搞些人工河、港、湖,解决地面水的径流问题,再把地下排水搞好,就可以减少,甚至避免城市"弱不经雨"。

评官场新"套话"

现时的官场充斥着大量的假话、大话、空话、套话,干部对此不屑一顾,又习以为常;老百姓对此深恶痛绝,又无可奈何。说话,是信息的传递,说什么样的话,是党风政风的表现。本文不对官场上的话作全面的分析,仅就最近几年出现的套话,称之为"新套话",作些评析。

新套话之一:凡领导讲话,报告必冠以"重要"。

官方开会,必设主持人一人,报告人一人或几人。报告人在作完报告,或讲话后,主持人对报告人的讲话必作一番评价。在评价中,"重要讲话"是必不可少的,也是最起码的。有的主持人还会在"重要讲话"前面加上"精彩的"、"热情洋溢的"、"十分重要的"等修饰词,唯恐认识的高度上不去。

这几乎成了一个惯例。从中央到地方,哪怕是一个支部书记的讲话,一律都称之为"重要讲话"。这当中,有的确实很重要,有的是照搬照抄上级的文件或讲话,有的是俗话、大话、空话连篇,不切实际,有的则是面面俱到、杂乱无章,提不起纲目,有的更是借东说西,顾左右而言他,无的放矢……可以这样说,官场上的讲话、报告有相当部分讲的是"正确的废话"。话说得都正确,大家也都晓得,就是不管用。不管用的话,再正确也是废话。对这样的讲话、报告也称之为"重要讲话",是要让与会者笑掉大牙的,只不过是与会者听多了,习惯了,也就"见笑不笑"了。其实,领导人的讲话,是否重要,与会者听了心知肚明,他们心里有杆秤,不是靠主持人或领导者自己吹起来的。

新套话之二:领导对下级的工作必给予"充分肯定"。

现在,领导到下属单位指导工作,或下属单位向领导汇报工作,领导对下属单位的工作都是给予"充分肯定"。工作成绩优秀的单位,给予"充分肯定"是应该的,也是恰如其分的。问题在于对工作成绩不突出的单位,也给予"充分肯定",就不恰如其分了。而对那些班子不团结,群众反应强烈,工作一塌糊涂的单位也给予"充分肯定",不仅不实事求是,而且还掩盖了矛盾,遮掩了问题,不利于解决问题,不利于这个单位纠正错误、改进工作,群众对上级的这种"充分肯定"觉得可笑又可气。"人无完人,金无足赤",一个地区,一个单位绝对比一个人复杂得多,怎么可能没有缺点,没有错误呢?领导者对下属单位、地区的工作负有领导和指导的责任。有成绩要肯定,有缺点、错误要批评,要指正,这才符合辩证法,也是领导者的职责所在。领导者不能老当"好好先生",对下属还是要严格要求,这是负责任的表现。如果上级领导对下级都不敢批评,老是哄着、宠着,下级的缺点就会变成错误,小错会酿成大错。那些犯错误、进"号子"的干部是咎由自取,怨不得别人,但是,作为其上级领导者是不是也应该反省自问,"我尽责任了吗?我该负怎样的领导责任呢?"严是爱、宠是害,这些最简单的道理,领导者是应该清楚的。因此,领导者对下属单位、地区的工作还是少一点"充分肯定"的好,做到该肯定的肯定,该否定的否定,该表扬的表扬,该批评的批评。能充分肯定的就用充分肯定,不能用充分肯定的可以用"总体上是肯定的",或者用"基本上是肯定的",对那些无所作为而招惹是非,群众不满意的,该否定的则否定。实事求是才能做到客观公正,实事求是才能服众。

新套话之三:领导干部下基层必称之为"调研"。

调查研究是领导干部最基本的工作方法和领导方法。中央政治局常委十分重视调查研究,每年都要下基层搞调研,并形成了制度。中央做了,各级地方领导纷纷仿效,这本是件好事。但是,在这个过程中,也有变了味的。有的领导带着秘书到工厂、农村、机关、学校去,听一个汇报就了事;有的是听一个汇报、转一圈看看就了事;有的是听一个汇报,吃顿饭就完事,这些统统美其名曰"领导搞调研"。毛泽东对调研的重要性和科学方法早有论述。他批评"蜻蜓点水"式的,走马观花式的调查研究。以上所说的"调研"大概都属于毛泽东所批评的那种调研。听汇报是调查研究的最肤浅的方法。因为,汇报是经过别人加工整理的,是属于别人嚼过的"馍"。时下流行着一种说法:说真话领导不愿意听,说假话群众不愿意听,说笑话大家都愿意听。领导干部搞调研,要获得第一手资料,要了解真实情况,光听汇报是靠不住的,很容易就被汇报者"糊弄"了、"忽悠"了。领导干部搞调研要选好调研课题,确定调研对象,制定调研计划;要深入到工厂、农村、机关、学校之中,和人民群众打成一片,做群众的贴心人,这样才能听到真话,了解实情,也才能对面上的工作起到指导作用。我建议领导干部要重新学习毛泽东的有关调查研究的文章,学习习近平同志2012年5月16日在中央党校春季学期第二批入学开学典礼上所作的"坚持实事求是的思想路线"的讲话,弄清楚什么叫调研,不要让那种浅陋的调研玷污了调研的好名声。

官场新"套话",是由其套路决定的。消除官场上的套话,最根本的还是要进行政治体制改革,转变领导方式和工作方法。2010年,新闻媒体开展"走基层"活动以来,记者深入到老百姓之中,镜头和话筒直接对着老百姓,让老百姓说心里话,解老百姓的忧与愁,假、大、空、套的东西没有了,深受老百姓的欢迎。我们的领导干部也可以从中借鉴收益。

官场假、大、空、套为群众所不齿,除少数宵小者外,亦为绝大多数正直的干部和领导者所厌恶。哪一天官场上不要为说话挖空心思,假、大、空、套就绝迹了,形成一种敢说真话、做实事、求实效的氛围,干部和群众气顺了,就能达到风清月朗、政通人和的治理境界。

保护长江　关系子孙

　　长江，是中国最长的河流。自古以来，长江给人们以灌溉、航运、渔猎之便。如果说黄河是中华民族远古文明的发祥地，那么，自汉代以来，长江就逐渐成为中华民族文明新的发祥地，特别是近现代以来，长江三角洲则成为中华民族近现代文明的发祥地。改革开放以来，长江三角洲成为中国经济最具活力和实力的地区。然而，不容忽视的是，自改革开放以来，长江环境污染日趋严重。

　　长江的环境污染可以追溯到上个世纪80年代，长江沿岸，也包括长江的一些主要支流沿岸的城市大都提出了两个战略："以港兴市"和"重化工"。这两个战略导致沿岸城市纷纷建港口码头、建工厂。目前，长江沿岸城市包括县城在内，很少没有建港口码头的，至于建厂那就多如牛毛了。凡是用水量大的工厂，如钢铁厂、电厂、造纸厂、电镀厂，特别是化工厂，都聚集在长江沿岸。这样，经过处理或不经过处理的城市生活污水，工厂里的污水，航运过程中的生活垃圾以及油污统统排入长江，加上滥砍滥伐森林，造成每年20多亿吨的泥沙流入长江，以及大量施用农药化肥，也随田里的水流入长江，造成长江的水质下降。30多年的时间，长江的水质由 I 类下降到 III 类，如果再不抓紧治理，再有个50～100年，我们的子孙很可能守着一江无法饮用的水而"望水兴叹"。

　　由于长江环境污染、水质下降，长江里的白鳍豚已绝迹，比大熊猫数量还少的长江江豚自2011年3月3日以来，发生多起死亡，河豚也绝迹了近20年，只是偶有捕到的刀鱼，产量已不足正常年景的十分之一。长江的生物多样性受到严重伤害。三峡大坝拦蓄了近300亿立方米的水，长江的自净能力也在减弱。近两年雨水减少，出现了长江的两大蓄水池洞庭湖、鄱阳湖部分见底的事件，这对两湖的生物多样性是致命的打击。等到哪一天，长江里的生物都绝迹了，那长江水肯定也就不能灌溉、不能饮用了。而且，由于北方缺水，国家制定了分东、中、西三路调长江水以济北方的计划。一旦长江水不能用了，调长江水的伟大工程也就泡汤了。设想一下，哪一天长江水不能喝了，中华民族何以立足，何以薪火相传。这决不是危言耸听。如不严加治理和保护，也许再过50～100年就会成为现实。因此，治理污染，保护长江是一件既关系当代，也关系子孙后代的根本性大事。与诸多事情相比，保护长江，堪称"唯此为大"了。

治理污染,保护长江,最主要的是:

一、宣传保护长江重大的现实意义和深远的历史意义

水孕育了生命,生命离不开水。水是 21 世纪最重要的战略资源。中国的水资源并不丰富,人均占有量只有世界人均占有量的三分之一。水资源分布不均匀,中国北方地区缺水,黄河有时还会出现断流,长江及其流域水资源比较丰沛。但是,经济社会的发展对水的需求量日益增大,长江及其流域不仅担负着为本地区供水,还担负着三峡大坝发电,为中国北方地区供水的任务。因此,节约用水,保护好长江的水资源不被污染,不仅关系到长江及其流域的生存和发展,还关系着中国北方的生存和发展;不仅关系着当代人的生存和发展,更关系着中华民族子孙后代的生存和发展。每个中国人,特别是生活在长江及其流域的人都要从中华民族可持续发展的高度充分认识治理污染,保护长江的深远的意义。在治理和保护长江认识上有两大障碍:一是认为长江水流量大,自净能力强,不会造成太大的污染;二是地方保护主义,认为发展经济是第一位的,付出些环境代价是不可避免的,长江流域区域大,自己这里出点差错,问题不大。这两大认识障碍不彻底铲除,治理和保护长江就会成为一句空话。因此,最主要的是要提高自觉性,"保护长江,从自己做起,从本地区做起"。

二、治理污染,保护长江,中央要担当首责

长江全长 6397 公里,流经 11 个省市,流域面积 180 多万平方公里,占全国总面积的五分之一,人口占全国总人口的三分之一左右,经济总量占 GDP 的二分之一以上。长江流域面积广阔,人口稠密,经济实力雄厚,行政区划多(11 个省市)、层次多(省、市、县、乡、村),这些特点决定了对长江的治理和保护非一省一市一地能担当的,必须由中央政府担当首责。所谓首责,即第一责任者。治理和保护的好坏由中央政府负责,好了,功劳归于中央政府;不好,中央政府难辞其咎。因此,对于长江治理和保护,中央政府一是要制订发展规划,确立沿江城市发展定位;确定沿江产业发展政策,大力发展高新技术产业,严控并逐步淘汰化工企业;确定长江航运和物流发展规划等。二是要制定有关长江环境治理和保护的法规或条例;实行最严格的环境治理和保护政策。沿江企业实行环评一票否决制;现有企业必须实行环保达标,不能达标的坚决关闭;治理已达标而偷排的,一经查实,经济上重罚,甚至吊销执照,造成重大污染事

故的,对企业负责人课以重刑。环境保护始终要保持威慑力,使企业不敢铤而走险。三是要加强检查监督。中央政府可派大员驻省(市),负责对其所驻省(市)的环保监察,可称之为"中央治理和保护长江特派员",直接对中央政府负责,其主要职责是检查监督中央政府有关长江治理和保护的规划、法规和条例的执行情况,发现问题,及时查报,严肃处理。在技术上,凡是通向长江的排污口都装上摄像头,集中控制,防止偷排。如果有偷排的也能及时发现,及时制止和处罚。四是中央政府与省(市)签订长江治理和保护责任状。省与市,市与县,县与乡镇也都要签订责任状,每年考核,奖优罚劣。凡在所辖区域内发生污染长江(包括长江支流)的事件不仅要严厉处罚当事人和当地领导,还要追述上一级领导的责任。

三、突出重点,集中防治,长效管理

长江是个巨大的生态系统,对长江的环境治理和保护也是一项巨大的系统工程。要做的事情很多,一定要突出重点,集中防治,而且要注重长效管理。目前的重点是:(1)植树造林,防止水土流失。长江源头由于过度放牧,草场退化,日趋沙漠化,长江源头要控制放牧,给草原以生息,遏制长江源头沙漠化。长江金沙江段要继续植树造林,涵养水土,一方面可以防止荒漠化,同时也可以减少长江泥沙的淤积,既有利于长江岸线的稳定,也有利于长江航道的通畅。(2)长江三峡库区蓄水以后,对地质地理和生态环境必然会产生一定的影响,这一区域形成了一个新的生态系统。要加强对库区及周边地区的地质地理环境监测,预防灾害性事件的发生,要保护好库区的水流和水质。蓄水和泄水要调配有度,发挥三峡大坝的水利功能。(3)农作物尽量少施农药、化肥。在实行长江水自流灌溉的地区,农药化肥施多了,这些有毒元素又会随田里的水流到长江里去,是长江污染、水质变差的重要因素。提倡施农家肥,提倡农作物病虫害生物防治,尽量少施农药、化肥,以减轻化学毒剂对长江的污染。(4)长江及其支流沿岸的工厂、学校、机关排向长江的污水必须实行治理达标后再排放,不如此,则课以重罚。这应当在全流域范围内搞"地毯式"的排查,并进行集中整治。这是治理的重中之重,也是见效最快的。(5)在长江中航行的船只要规定环保标准,不达标的不发营运执照。(6)在长江中运输有毒有害的物品,必须实行特殊的营运管理办法,像重视校车一样重视有毒有害物品的运输,以防止有毒有害物品的沉船泄漏事件。这类事件对长江的污染危害甚大。(7)严禁在长江岸边滩涂设立垃圾填埋场,城市垃圾主要是生活

垃圾,是细菌、蚊蝇滋生的场所,且伴有恶臭,一旦受到风雨或江水侵蚀流入江中,人畜喝了,就会生病。

"不尽长江滚滚来。"自古以来,无数文人墨客,英雄豪杰,面对长江发出无限感慨,赞美长江,歌颂长江。中央电视台两次拍摄了《话说长江》的纪录片,《长江之歌》成为新时代赞美长江的最激越的歌声。"你从高山走来,你向大海奔去",千百年来三分之一的华夏子孙围绕着你繁衍生息。今天,你像母亲一样,身体有了些病痛,体质有些减弱,这是有些不太懂事的子女们不小心作的孽。现在,我们幡然悔悟了。我们知道错在哪里,也知道如何医治你的病痛。在党中央的领导下,只要我们万众一心,从自己做起,还母亲一个健美的身躯,我们是做得到的。

现在,长江水比20年前清了些,含沙量少了些,这是20多年来在长江沿岸植树造林的成果。维持长江现阶段Ⅲ类水,不使它再变差,通过综合整治,经过20~30年的努力,使长江水成为Ⅱ类水,然后再经过30~50年的努力,使长江水成为Ⅰ类水,如此,则是长江子孙们的大幸,亦是中华民族之大幸。

长江流域的经济和社会文化要发展,长江的环境要治理要保护,这是我们当代共产党人的双重任务。为了子孙后代,我们必须担当起来!

"植树节"感言

1979 年 2 月,第五届全国人民代表大会第六次会议决定:每年的 3 月 12 日为全国植树节。转眼间,第 34 个植树节又要来到了。

植树节非中国人的创造,世界上许多国家或地区都设有这个节日。中国人自古以来就有植树的好传统。"前人种树,后人乘凉",是中国人的共识。树是财富,也是留给后人的财产。全国人大设立植树节,既是对中华民族优良传统的承袭,也是学习了他国设立植树节的做法,恐怕更多的是从那时中国普遍存在的滥砍滥伐、毁林开荒,造成林木数量锐减、生态环境恶化的实际出发的。既是无奈之举,又是一个颇具远见的英明举措。

从 1979 年第一个植树节开始,历经 30 余年,如果说毛泽东主席当时提出"植树造林,绿化祖国"的伟大号召只是口号而已的话,那么,现在这句话大都成为实践。有事实可以说明,30 多年来,在工业化、城市化大力推进的过程中,林木不仅没有减少,反而增加了,森林覆盖率提高了 10 个百分点。这是非常了不起的成就。

自设立植树节以来,其成就和意义都可以称得上伟大。但是,在其过程中也存在着许多问题。

一是重形式、轻内容。每个植树节前后,媒体都会热烈地宣传一番,从中央到地方各级领导植树的镜头、照片会出现在相应等级的电视、报纸上。领导重视是必要的,老百姓有没有被组织发动起来呢?全民植树节往往成为"领导植树节",统计上报汇总的资料是栽了多少树(可能里面还有水分),至于有没有栽活,成活率是多少,就不问了。有的地方树栽好了,领导走了,没有管理,栽了一大片,死了一大片,第二年重栽。这就有些"劳官伤财"了。

二是老百姓失去了植树的空间。城里人除了有组织的到郊外的山坡或荒地上植树外,再没有植树的空间了。本来农民是全民植树的主力军。可是,在工业化、城镇化过程中,农民逐渐集中居住,丧失了原有的宅基地、自留地,也失去了植树的空间。农民在集中居住的区域最多是在自己房屋的前后栽种一点低矮的花木而已,高大的树是无法栽的,这不仅影响到自家而且也影响到邻居采光、通风。在城市,在农村农民集中居住的区域,全民植树节"空壳"化了。

三是好大喜功。在城市化过程中,大多数城市都提出了一个目标"建设园林城市"、"花园城市"。这个目标无疑是温馨的,极具诱惑力的。为此,这些城市的领导者、管理者"大兴花木"。他们把百年以上的古树请进城,把外地的奇花异草引进城。他们造广场、造公园、造大道,这些广场、公园、大道都是新的,唯独栽的花木"蔚为壮观",一夜之间可以出现一片森林。他们称之为"视觉效果"、"视觉冲击力"。高密度(树与树之间的间距很小),高规格(不是树苗,而是已经有五年甚至有十年以上的树龄),大范围(广场公园动辄上万平方米,甚至十几万平方米,道路两侧各宽 10 米,甚至 20 米以上),多层次(从地面到空间,一般有三到四个高矮不一的层次)的绿化、美化工程。其"视觉冲击力"、"视觉效果"都达到了,只是忘记了树应从苗长起,最珍贵的是土地,这些再简单不过的道理。

工业化所造成的环境污染以及由此产生的温室效应,使地球逐渐趋暖,引起了全世界的关注,节能减排成为世界性的任务。树叶吸收的是二氧化碳释放的是氧气,植树的意义越显重要。中国是一个水土流失比较严重的国家,树能固土和涵养水分,植树对于中国意义更为重大。因此树还是要栽的,植树节还是要坚持下去的。问题在于如何能使植树更符合国情、省情、市情、县情,使植树更有成效。植树要以科学发展观为指导,这不是高调而是贯彻落实科学发展观的很具体的实际。(1)要因地制宜,宜粮则粮、宜树则树、宜草则草。13 多亿人的吃饭问题仍然是头等重要大事。平原地区粮食产量比较高,要以种粮为主,保护粮食耕地十分重要。高产稳产田不要轻易拿出来成片栽树。丘陵山地粮食产量比较低,可以种树种草,以发展林业为主。(2)从栽小树开始,疏密有度。树是不断生长的,栽小树,不要刻意栽大树,树也不要栽的太密,太密了影响以后的生长,要有合理的间距。(3)花木都有自己的生长环境和习性,不要轻易地引进外地的名贵花木,它们不一定适应本地的气候和土壤,最合适的是从本地的花木中筛选出比较好的品种,既适宜花木的生长,也便于当地人的管护。(4)城市街道两侧的绿化树种,既要有利于绿化美化城市,也要方便老百姓的生活居住和环卫工人的打扫。比如法国梧桐在城市街道较窄且多住宅楼、商铺的情况下就不太适宜栽种,因为春天的花絮,秋冬以后的落叶,加上它枝繁叶茂影响光线和通风,给城市街道卫生、居民生活、环卫工人的工作带来诸多不便。城市街道两侧还是栽绿色常青花木为宜。(5)勤俭节约。办任何事情都不能忘记我们还处在社会主义初级阶段,我们的政府负债还很重,我们的民生工作还有很多需要花钱的地方,当要花十万、几十万引进一棵树的时候要掂量掂量,值吗?还是那句老话"勤俭办一切事业"。

（6）做好植树规划。我国的森林覆盖率还远远低于世界平均水平,绿化工作任重而道远。绿化要做好中长期的规划。在城市要把市民见缝插针建房转变为见缝插针栽花木;在农村,要引导农民将"十边"、隙地栽树;无论城市、农村都要将荒山、荒坡、滩涂成片地栽树;沟、河、渠、江岸、海岸都要栽树,把一切不适宜种粮,但适宜栽树种草的地方都绿化起来,并且发动组织全民都来做这件事。经过几代甚至十几代人的努力,中国大地绿起来,人们的生产和生活环境将获得显著的改善。

让清明节过得更有意义

清明节是我国重要的传统节日,大约始于周朝,距今有 2500 多年的历史。几年前,国家将清明节作为法定节日,并放假一天。然而,许多人对清明节的由来,对清明节的意义了解并不是很全面,清明节过得比较单调。因此,对清明节的多重意义作些说明,让清明节过得更加有意义是很必要的。

一、清明节是中国农历 24 个节气中的一个重要节气

"清明前后,种瓜种豆",表明清明时节,大地回春,气温日渐升高,是春耕春种的时候了。"植树造林,莫过清明",也是种树栽树的大好时节,这时栽下去的树,容易管理,成活率高。这些都告诉人们,寒冬过去了,气温升高,莫误了农时。"一年之计在于春",说的就是这个意思。

二、清明是全民健身的节日

清明一般都在农历 3 月份,即"阳春三月",人们脱掉了束缚自己一个冬季的棉衣,换上春装,是放开手脚活跃身心的时候了。在古代清明节这天人们开展的健身活动有荡秋千、拔河、放风筝、蹴鞠(踢皮球,类似于现在的足球)。最常见的活动是踏青,或称之为春游。阳春三月,大自然一派生机盎然,是人们郊游、登山远眺的大好时光。这些健身活动以及集市交易活动从宋代著名画家张择端的《清明上河图》中可以得到验证。古代时人们在清明节所开展的这些活动,具有全民健身日的性质。遗憾的是,我们现在过清明节,除了踏青这一项活动还有保留外,其他的健身活动大都被遗弃了。我国现在正在开展的全民健身活动还没有个节日,挖掘我国传统节日的丰富内涵,似乎可将清明节作为全民健身节,将丢掉的优秀民族传统重新拣起来,赋予清明节更丰富的内容和意义。

三、清明节是我国传统的祭祀祖先的节日

中国人尤其是汉人的宗教观念是比较淡薄的。西方人几乎都相信"人是上帝创造的",他们对上帝顶礼膜拜,而鲜有敬祖宗、祭祀祖先的仪式和活动。中国人认为,自己是父母生养的,父母又是他们的父母生养的,没有父母就没

有自己,因此,对父母的养育之恩是刻骨铭心的。不仅父母在世时要守孝道,父母死了也不能忘记。如果说孝道讲的是子女在父母活着时的行为准则,那么,"慎终追远"则是子女在父母死时、死后,以及对待祖先的行为准则。中国人对祖先的祭祀有许多节日,大的如清明节、七月半、冬至、大年三十,要祭祀所有的祖先;小的如死去父母的生日称"冥寿",父母的去世日称"忌日"。在所有的祭祀节日中,以清明节最为重要和隆重。清明节要为祖先扫墓,整理坟堆;要早早地在家设案,摆上饭菜、磕头,称之为"敬祖宗";要上坟烧纸钱等。"文革"中,这些曾经作为"四旧"被横扫过,即使在那个时期,有的人家仍然偷偷地行礼如仪。改革开放以后,绝大多数人家又恢复了过清明节的习俗。有过之而无不及的是,纸钱越烧越多,花样越来越多,甚至也出现了"奢侈化"的倾向。在过清明节上,无神论与有神论的争论已经随着国家将清明节作为法定节日而告结束。因为,把清明节作为对祖先祭祀的一个节日,有神论者可以过,无神论者也可以过,谁都有父母,谁都有祖先嘛。至于清明节出现"奢侈化"倾向,政府和舆论可以进行引导,向着文明、节俭的方面引导,但不可以强行干预。

清明节对于家庭来说,祭祀祖先是必要的,现在大家都做得很好。清明节对于国家来说,要追忆和缅怀先烈,那些为人民的解放事业英勇牺牲的先烈们,那些为社会主义革命和现代化建设英勇献身的英雄们,他们长眠于祖国大地,我们活着的人永远不能忘记他们。少年时期,每年清明节学校都会组织到人民英雄纪念碑前默哀宣誓,使我们肃然起敬,热血沸腾。这样的活动,近年来好像少了。现在国家强大了,人民生活好了,对家庭的祖先祭祀有余,而对国家的先烈、英烈们的祭祀不足,这是不应该的。"吃水不忘掘井人",我们以及我们的子孙永远不能忘记他们,忘记了他们就是忘本。祭祀是一种仪式,它所表达的是感恩。中国有重阳节,是老人节,感恩长辈;清明节则可以是感恩为国为家逝去的先烈和先辈们。

四、清明节原有勤政清明之意

清明节又称寒食节,这里有一个历史故事。春秋时期,晋献公的妃子骊姬为了让自己的儿子奚齐继位,设计逼太子申生自杀。申生的弟弟重耳为躲避祸害,流亡出走。重耳受尽了屈辱和苦难,最后身边只剩下了几个人。有一次重耳饿晕过去了,介子推从自己腿上割下一块肉,用火烤熟了给重耳吃。十九年后,重耳回到晋国做了君主,即晋文公。那几个当年和他同甘共苦的人都得到封赏,唯独忘了介子推,于是有人为介子推叫屈。晋文公想起旧事,立马差人请介子推上朝受封赏,去了几趟,并且亲自去请,介子推就是不受,背着80多岁的老母躲进了绵山。晋文公派御林军搜山,找不到。有人建议放火烧山,逼介子推走出来。大火烧了三天三夜,火灭以后上山一看,介子推母子抱着一颗烧焦的大柳树死了。在树洞里找到了介子推的一片衣襟,上面题了一首血诗:"割肉奉君尽丹心,但愿主公常清明。……臣在九泉心无愧,勤政清明复清明。"为了纪念介子推,晋文公下令将绵山改为"介山",将放火烧山这一天定为寒食节,每年这天禁忌烟火,只吃寒食,晋国的老百姓纷纷响应。后来,寒食节、清明节成为全国老百姓的隆重节日。由于寒食节与清明节相隔很近,再后来这两个节日就合并在一起。从这个故事中,我们可以感悟到寒食节的来意是政治清明。晋文公将介子推的血书放在身边来警示自己,他勤政清明、呕心沥血、励精图治,终于成为春秋五霸之一。

今天,我国由于党的路线方针政策,国家的法律法规是适合国情、符合民意的,总体上讲政治是清明的。但是老百姓中有人认为还是有阴暗面的,甚至认为官场还有些"黑暗",这主要是党和政府里还存在着腐败现象和腐败分子,人们期盼清除腐败分子,清除腐败现象,使政治更加清明。我认为,赋予清明节以勤政廉政、反腐倡廉的内容既合乎清明节的本意,也具有现实意义。自省、自我检查和反省,是反腐倡廉的内功。在清明节,与介子推忠心报国、不贪名利,晋文公勤政清明、励精图治相比,自己做得怎样;祭祀祖先、祭拜英烈时想想自己的所作所为是否对得起祖宗,是否对得起英烈,多想想这些,自警自律。用一句过时的话来说,"灵魂深处闹革命"吧,从思想上筑起的反腐倡廉长城才是不可摧毁的。

对清明节作这一历史的考察,可以看出清明节的习俗是丰富多彩的,其意义是多重的。在中国所有的传统和现代节日中,没有哪一个节日能与清明节在内涵的丰富性、意义的多重性、形式的多样性上相比。回归清明节的本来意义,农时的、健身的、感恩的、勤政清明的,而不仅仅是祭祀一项,让清明节过好,过得更有意义。

请不要浪费食物

　　食物，是一个很大的概念，除了药品外凡能吃进肚里的东西都属食物之列。我们中国人曾为填饱肚子奋斗了许多年，特别是三年困难时期，农村每天每人四两粮，城市九两粮，由于缺乏营养，那时的中国人面如菜色、浮肿病成为普遍现象。直到 20 世纪八十年代末，才基本解决了温饱，算是填饱了肚子。时间不算长，也就一二十年时间。现在浪费粮食，浪费食物的现象比比皆是，一桌酒席少则几百元，多则上千甚至上万元，能吃掉一半就不错了，剩下的都倒掉了。就全国来说，机关、学校、工厂的食堂每天倒掉的泔水可能有上万吨，就连一些家庭现在也不吃剩饭剩菜了，也是倒掉……如此算起来，全国每天浪费掉的食物该是多少？可惜统计部门现在只统计生产的数量，不统计浪费数字。

　　浪费食物的事不胜枚举，几乎天天都在我们身边发生。这既是触目惊心，也是令人痛心的事。

　　中华民族向来有珍惜食物的传统。"谁知盘中餐，粒粒皆辛苦"，这句古诗是每个家庭、学校教育孩子的警句。现在说的少了，可能是与肚子饱了有关。农民生产粮食和农副产品是多么的辛苦和不容易，春种秋收冬藏，而且农业还没有摆脱"靠天收"，能有个好收成，多亏老天帮忙。我国已经连续七个年头大丰收（指粮食总产量达五亿吨以上），2010 年年底南方的雨雪冰冻，中东部地区的干旱，对 2011 年的收成产生了影响。13 多亿人的吃饭问题仍然是头等大事，"粮食安全"是经济安全和国家安全的根基。"丰年不忘欠年"，我们不能"好了伤疤忘了痛"，我们不能忘记挨饿的滋味，不能忘记一旦遇到大灾之年可能大面积减产，不能忘记世界上还有 10 多亿人口正在挨饿，特别是非州的饥民。想到这些，请不要浪费食物。

　　我们要建设一个节约型的社会，请先从珍惜食物做起。要珍惜食物，减少和避免对食物的浪费，就要转变观念和习惯。请客吃饭不要摆阔气，多少人吃多少，安排多少，不要怕桌上吃空了掉面子，"节约光荣、浪费可耻"，不能以耻为荣。机关、学校、企业食堂可以把食物做小些，甚至允许打三分之二份、三分之一份，可以避免因为量大吃不完而造成的浪费。那些不吃剩饭剩菜的家庭，做饭做菜要适量，不多煮饭不多烧菜也可以减少或避免浪费。总之，观念转变了,办法就会有。

珍惜食物,请不要浪费食物,要从自己做起。从每个家庭,每个单位做起。全社会形成风气,养成习惯,增加个人、家庭和社会的财富,我们会生活得更好!

为新东方的教学理念叫好

2010年下半年,我的外孙女到北京新东方扬州外国语学校上一年级。一个虚七岁的小女孩离开家庭,孤身一人寄宿在学校,我的那种担心、怜悯难以言状。然而,一个月以后,我感觉外孙女像换了个人,变得听话、乖巧、懂礼貌,特别是生活自理能力有了很大提高。2010年年底,我曾去这个学校参加"万圣节"活动,听了学校开的家长课,看了学校对学生的服务和管理,消除了我心中的种种顾虑和疑虑,为这个学校全新的教学理念所折服。

一、情商大于智商

现时,在全国范围内,无论是学校还是家长,都会把成绩(智商)看成是第一位的。考试成绩如何,不仅成为评判孩子好坏的标准,而且成为学校社会地位的标准。老师为分数而教,学生为分数而学,家长为孩子的分数或喜或忧。于是,学生被关在学校里学习,家长把孩子关在房间里学习。电视不准看,手机不准用,更不给玩的时间,把孩子与社会隔绝开来,这一切都是怕影响孩子的学习。其实,孩子不仅生活在家里、学校里,他同时也生活在社会中。在学校不仅要学习课本知识,还应该学习社会知识,学会怎么与社会交往,与人打交道。现时学校里培养出来的学生,尤其是那些"高材生",常常不关心国事,不关心社会,不关心他人,不会与人交往。

新东方提出:情商大于智商,这对传统的教学观念是个颠覆。从他们所开的课程中也可以体现。小学生入学的第一课就是学会"赞赏别人",教孩子学会微笑、学会鼓掌、学会鼓励和称赞别人。对别人的帮助要道谢,当别人道谢时要说"没关系"或"不用谢"。这个学校从校长到老师再到工作人员的脸上都带着微笑。他们不仅以微笑待学生,也同样以微笑待家长,给人以一种如沐春风的感觉,处处体现着仁爱教育。学生有个头痛脑热,伤风感冒,学校老师送医送药,关怀备至。学生家长有个问询,老师也不厌其烦,有问必答。学生视老师为父母,家长视老师为朋友。新东方特别尊重学生。他们在管理中很少用批评这个工具,而是多用鼓励、激励。即使学生犯了错误,也是积极引导,他们怕伤了孩子的自尊心。在他们看来,自尊心是孩子积极进步的源泉。他们这么做的目的很明确:培养孩子的情商,这不仅是培养和谐的校园文化的需要，更是为学生们将来走向社会，与人打交道，与社会打交道做准备。"情商大于智商"，是现代西方的说法，换成中国的语言就是"先成人、再成才"，新东方真正地在实践这句话。

二、学习主要是学校的事

记得20多年前，我的女儿在上小学时，学校每天都布置大量的作业，还要求家长出题目给学生做。每次作业、考试的成绩单都要求家长签字，学生有什么问题就通知家长到办公室受训，学生写错了一个字，罚学生写一百遍等，不仅学生很苦、很累，搞得家长提心吊胆，疲惫不堪。那时，我最怕接到的就是学校给"贵家长"的通知书，开家长会不是捐款，就是挨训。在一次家长会上，我直言：孩子的学习主要是学校的事，家长协助；孩子的思想道德品质的培养主要是家长（家长是孩子的第一老师）的事，学校协助。这话一出，学校开家长会时再也不要我发言了。

新东方提出，孩子的学习主要是学校老师的事，我们接受了孩子，就会对孩子的学习负责。孩子们回家以后，你们就尽父母、爷爷奶奶、外公外婆的职责，督促孩子做完作业就行了。孩子把作业做错了，你们也不要改正，让孩子自己找错，以后相同的错误，就不容易再犯。找不出，让孩子回学校找老师，这样，便于老师掌握错误出在什么地方，有利于老师帮助学生改正。

在教与学的关系上，新东方提出，没有不成功的学生，只有不成功的老师。他们认为，现在的孩子的智商都没有问题，如果哪个孩子成绩跟不上，问题出在教师的教学方法或对学生的态度上。新东方以他们多年的教学实践告诉家长们，孩子是天生爱学习的，如果发现孩子哪门课的成绩急剧下降，不要责怪孩子，很可能是这门课的教师对学生的态度出了问题，造成孩子不愿意听课导致的。老师要及时地和学生沟通，做好朋友，清除了阴影，孩子的成绩很快就能跟上。新东方提出"情商大于智商"，决不是不重视学生的学习，而是千方百计地启发和调动学生的学习能力，这里面包括：寓教于乐，提高学习兴趣；鼓励举手发言，老师提问题，学生回答，学生提问题，全班回答，训练学生的思维能力、创造能力和语言表达能力；开设诸如音乐、舞蹈、书画、健身健美、跆拳道、英语、科普等课外兴趣班，鼓励学生自愿参加，把学习和生活搞得丰富多彩，别开生面，使孩子们从心里喜欢学习，喜欢这所学校。实际上，这样做，不仅孩子们学得高兴、高效，效果也是喜人的。新东方学生的高考成绩证明了这一点，新东方以普通生源创造了一流的高校录取成绩。每年新东方普高和国高毕业生的中外名校录取率都高达 60% 以上,在扬州是绝对一流的。

三、自理自律

现在在新东方就读的学生,大都是独生子女的子女,是"独二代"。他们在家里是几代人围着转的"小皇帝"。祖辈、父母的关爱、宠爱使他们衣来伸手、饭来张口,生活不仅不能自理,还时常使点小性子,弄得全家人都毫无办法。我的外孙女算是好的,但是,上学前穿衣、吃饭仍然要大人照料。新东方接收适龄儿童入学,提倡孩子们自理自律,非常有特色。

改革开放以来,国内也曾兴办过贵族幼儿园、贵族学校,实行的是保姆式的教育。因为是贵族教育,以"自我为中心"、不爱学习、不爱劳动,性格孤僻、傲视一切,成为贵族学校学生的特点。这样的人,不能融入社会,社会也很难接纳他们,因此,贵族学校也就纷纷地偃旗息鼓,或者改换门庭。新东方虽然收费贵一点,但是他不同于贵族学校。学生的学习和生活推行的不是保姆式的,而是自理自律式的教育。在小学低年级,一个班主要有 3 个老师负责 35 个学生的生活和学习。两位老师负责学习,一位老师负责生活。3 位老师对学生都是关爱有加,但是决不包办代替。他们教会学生洗漱、叠被子、叠衣服,保管自己的物品和学习用具,打扫宿舍和教室的卫生等。被子叠得方方正正、牙膏牙刷漱口杯放得整齐划一,柜子里的衣物放得井井有条,连宿舍门口鞋架上的鞋子也摆放的整整齐齐。

早晨起床的哨声一响,立刻起床,没有赖着不起的,晚上熄灯的哨声一响,立刻躺下,没有说话的,饭堂里几百个学生在一起用餐,没有敲碗敲盘声,没有说话声。走进这所学校,有进了军营的感觉。新东方还十分注重对学生的道德品质的教育和培养,在教师示范和引导下,学生自律、自觉地遵守纪律,遵守法规和法律,不做违纪的事。新东方还十分重视学生的情绪变化,及时与学生沟通,学校设立了"宣泄室"、"心理咨询室"让个别情绪激愤的学生进去排泄自己的情绪,使心理获得平静。学校总体上非常安全有序,这与他们成功地进行了自律教育和情绪疏导有关。

"如果你是教育专家,孩子在你身边,你也能培养成才;如果你不懂教育,不如把孩子交给我们来培养",这是新东方在招生时常说的一句话,看上去有点像广告语。其实,这是新东方对他们的新的教学理念、教学方法、管理模式充满自信的体现。

爱·快乐·健康
——再评新东方的教学理念

在 2011 年"五一"期间,我写了《为新东方的教育理念叫好》一文(已发表于江苏《凤凰资讯报》5 月 12 日第 230 期 1 版上,在新东方校园网也发了),觉得言犹未尽,仍有话要说,续成下篇。

2010 年,我的外孙女朱晋菡该上小学了。她父母亲提出让孩子去北京新东方扬州外国语学校就读。我除了牵肠挂肚之外还有几分担心。才虚七岁的小女孩,从来没有离开过父母,她会愿意吗?去了以后会习惯吗?能坚持到底吗?结果完全出乎我的意料。从新东方面试回来,她就说愿意去那个"大幼儿园"里读书,她喜欢那里的老师。在新东方放寒假的时候,她爸妈到学校接她,在回家的路上她问爸妈,寒假放多少天?爸妈告诉她有 20 多天,她居然不高兴地说,"这么长啊,我喜欢上学"。这两件事促使我常想,是什么原因让孩子爱上这所学校的呢?通过学校的介绍、孩子的讲述以及我到这所学校的见闻,我找到了答案,这就是新东方的教育新理念和实践:爱的教育、快乐学习、健康成长。

一、爱的教育

"爱,无条件地爱孩子,是一切教育的基础,是一切教育的灵魂。"这是新东方的格言,从校长到老师到所有工作人员都在努力践行着这句格言。

(一)校长关爱着每一位教职员工,老师关爱着每一位学生。学生的学习有时跟不上趟,老师会利用晚自习,甚至晚自习以后的时间为学生补课,不让一个学生掉队。生活上,他们关心每一个学生的冷暖及饮食起居,学生有个小毛小病,老师送医送药,晚上陪宿在学生身边。外地学生不能回家过节假日,老师就把学生带回自己的家一起过节假日。天气有了冷热变化,学生衣服不能及时换季的,老师把自家孩子的好衣服借给学生穿。为了照顾好自己的学生,老师顾不上照顾自己的孩子,老师视学生如己出,学生称老师为爸爸妈妈,虽为师生,亲如家人。

(二)爱的教育也体现在尊重学生。尊重学生的自信心、自尊心、自主创新。老师对学生总是给予鼓励、激励。学生的进步,他们看在眼里,喜在心上。学生做了好事,总是及时地进行表扬,学生有了错误,他们不是简单的批评,而是循循善诱地给予引导,帮助学生总结,变坏事为好事。为了鼓励和激励学生的上进心,他们给表现好的、有进步的(比如这一周比上一周有进步的)学生颁发月亮卡、太阳卡等。我的外孙女常常因得到老师的这类奖励而兴高采烈。

(三)爱的教育还体现在微笑上。从校长到教职员工每个人的脸上都带着微笑。教学生微笑,赞赏别人。学会鼓掌,为别人喝彩,是这所学校的独到之处。这与当下普遍的"独二代"们以"自我为中心",孤芳自赏形成鲜明的对比。从该校网站上看,校长王修文是笑不离口,笑得最开心,笑得最多的人。人人都在笑,笑得灿烂,这是笑颜常开、笑声常在的校园。且不说"笑一笑、十年少",即使从心理学的意义上说,哭丧着脸是最难看的,从内心生发出笑容的脸是最美丽的。

二、快乐学习

"死读书、读死书、读书死"是中国几千年来主流的教育思想和方式,虽曾在某段时期被口诛笔伐过,但至今痼疾依存。现在的学校教育对绝大多数学生来说是痛苦不堪的,对家长来说是疲惫不堪的。从一年级到高中毕业这12年沉重的学习负担使学生也使家长被压得喘不过气来。有人把12年的学校生活戏称为"12年有期徒刑"。这话是言重了。但是,如果教育理念不从根本上由"应试教育"转变到素质教育上来,这种状况就不会改变。因为"应试教育"就是"死读书、读死书、读书死"在新时代的翻版。我曾经说过,应试教育与其说是培养人,不如说是在"戕害"青年一代。因为应试教育抹杀了人的个性和创造性,使人成为考试的机器,分数的奴隶。分数成为主宰校长、老师、学生、家长一切的东西! 这是多么可恨而又滑稽可笑的事情,然而,这却是活生生的教育实践。北京新东方扬州外国语学校提出"快乐学习"是具有极强的针对性和鲜明的时代性的。"快乐学习"是他们的教育理念,也是他们的教育实践。

(一)励志教育。开设励志讲座,让学生树立远大的志向。有了远大的志向,学生们就会想学,自觉地为实现远大的志向而学习,化压力为动力,从学习的艰苦中寻找快乐。

(二)采用启发式和互动式的教学方法,老师的课都是精心设计的,尽可能地做到形象生动,具有故事性、趣味性,吸引学生的注意力,课堂教学抓得住学生的心,使学生听课时做到"心无旁骛"。采用老师提问,学生回答,学生提问,学生和老师回答等方式,活跃课堂气氛。老师特别奖赏举手提问或者回答问题的学生。这是有别于那种老师满堂灌,学生昏昏欲睡死气沉沉的课堂教学的。

（三）改革教学内容和方法。我们都知道,从小学到高中毕业,学生花时间最多的是两门功课,一是语文,二是外语。在小学阶段,语文主要是认字,外语只是接触。语文的阅读和外语的学习主要是初中以后的事。这就产生两个问题,一是语文的阅读能力得不到提高,影响学生学习书本以外的知识,二是年龄越小,学习外语越方便,年龄大了,外语的听力、发音都受到限制。新东方让学生早点多识些字,三年级以后就能进行课外阅读,以开阔学生的视野和思维。我的外孙女现在已经认识了不少课本以外的地名、商店名、广告语等。新东方对一二年级的学生采用全外教形式教授英语,注重学生的外语听说能力的培养。我的外孙女现在对英语很有兴趣,时不时地用英语数数,用英语讲物品的名字,虽然不会写,也不认字,但会说,发音比较准,这对以后的学习无疑会有很大帮助。新东方的这一改革,会取到事半功倍的成效。

（四）围绕着提高学生学习兴趣,增长知识、陶冶情操,开展各种类型的兴趣学习。如书画、英语、音乐、舞蹈、自然、科技等活动,融知识性、趣味性于一体。新东方把一群孩子从"苦难的学习"中拯救出来,使他们快乐地学习,这是件功德无量的事。我的外孙女从学校回来,每次与她谈到学习上的事,她总是笑嘻嘻的,从来没有说过"苦"、"难"两个字,这对我是个极大的安慰。

三、健康成长

健康包括心理健康和生理健康。孩子的健康成长,就是要成才,更要成人。独生子女们,尤其是"独二代"们能否健康成长,对社会来说是一个人的成败,而对两个家庭三代人来说是100%的成功与失败。每个家庭都希望自己的孩子能成人成才。把孩子送到新东方是家庭对学校的信任和重托。在这方面,新东方履行了自己的诺言,不负众望。

（一）学校很重视学生的德育教育和培养。注重《弟子规》的学习和背诵,我的外孙女现在懂道理、有礼貌、爱学习,还会关心人。

（二）学校在饮食上讲营养配方。我的外孙女原来不肯吃饭、挑食,很瘦,现在吃饭好多了,养胖了,也长高了。我邻居家的一个小男孩,上学前他有90多斤,胖得很,上学后不吃零食了,体重减了20多斤,小孩子更健康了。

（三）**开展各项体育活动**。做广播体操、跳绳，我的外孙女开始不会跳绳，后来会跳了，还达标了。跑步运动，练习马拉松长跑。这个学校已连续几年组团参加扬州鉴真国际半程马拉松比赛了，他们的团队是扬州最大的参赛团队之一，这是个创举。这所学校每年还召开校运动会。去年的"万圣节"学校举行了运动会的闭幕式，场面壮观宏大。这个学校极其重视体育教育和活动，在硬件设施方面，有体育场、室内运动场、足球场、篮球场、羽毛球场、网球场、壁球场、塑胶跑道、游泳馆、攀岩墙，体育运动的场馆和设施如此之多，国内一般大学也是无法与之比肩的，在国内中学也几乎是绝无仅有的。该校投如此巨资于体育，旨在重视学生的体能训练，培养德智体全面发展的新东方人。

与时下十二年制的普通学校学生相比，新东方的学生是快乐的、幸福的；家长把孩子托付给新东方是睿智的、身心愉悦的。我衷心地祝愿新东方的学生们有光辉灿烂的前程，也衷心地祝愿新东方有更加辉煌的未来！

我对传统的"应试教育"深恶痛绝，也曾为全面素质教育大声疾呼过。我认为新东方的教育新理念、新举措像一道曙光，为我们教育的突围起到向导的作用。如果我们所有的十二年制的学校都能像新东方这样，再加上大学也能按照教育发展中长期规划进行改革和转型，教育改革就能取得成功，国家关于教育发展的中长期规划就能落到实处。具有创新能力，对经济社会发展有用的人才就会喷涌而出，中国人获得诺贝尔奖就为时不远了。从这个意义上讲，新东方在中国教育改革史上将留下浓墨重彩的一笔！

"身为父母，教育好孩子最重要"
——读王校长的新书有感

　　最近,我的外孙女朱晋菡带回了她的学校——北京新东方扬州外国语学校校长、留美教育管理学博士王修文的书《给孩子最好的家庭教育》。我读了这本书,为书中介绍的有关教育的新思想、新理念、新经验所折服。这本书开章明义的第一个观点就是"身为父母,教育好孩子最重要"。在中国五千年的文明史中,中华民族一代代薪火相传,繁衍不息,但这个观点并没有成为主流意识。从中国实行计划生育政策以来,已有40多个年头了,由于只许生一胎,独生子女最珍贵、独生子女最重要,这几乎成为独生子女家庭的共识,但是,把教育好孩子作为父母的最重要的责任,在全社会并没有确定这一观点,更不要说达成共识了。

　　在现实生活中,许多父母对孩子的家庭教育存在种种误区:一是认为孩子的教育主要是学校的事,把孩子送进幼儿园、学校就行了;二是孩子有人带,有人照应就行了,把孩子撒手交给爷爷奶奶、外公外婆,他们自己则投身于工作,或沉湎于娱乐,无暇顾及孩子的教育;三是认为多花点钱,送孩子进特长班,给孩子请家庭老师作辅导,让孩子受到比别的孩子更多更好的教育,就是对孩子教育"高度重视"了;四是拼命地挣钱,为孩子积累越来越多的财富,孩子将来有出息更好,没有出息也不要紧,有钱了,能保证孩子的衣食无忧;五是不懂得如何教育孩子,孩子有错误不批评、不教育,孩子做了坏事,反而认为孩子"聪明"、"能干",这是宠爱、溺爱,要么就是孩子有了过错进行训斥、辱骂、体罚等。现实生活中存在着这么多种误区,表明王修文校长提出的"身为父母,教育好孩子最重要"的观点是切中时弊的,为人父母者认真读《给孩子最好的家庭教育》这本书是十分必要的。

一、孩子是家庭和国家的未来

　　这说明了孩子在家庭和国家中的重要性。孩子是需要抚育、教育的,而对孩子抚育、教育的状况如何,直接关系到孩子未来的成长。孩子成人成才了,是家庭和国家的幸事;孩子成不了人,成不了才,甚至走到了家庭和国家所期望的反面,对国家是不幸,对家庭是大不幸。因为一个人的好坏也许对国家来说微不足道,但是对一个独生子女家庭来说则是十分重要。所以,每个身为父母者,都必须把教育好孩子作为最重要的"责任"。对于工作来说,你不干有别人干,对于挣钱来说,多挣点少挣点问题也不太大,但是对孩子的教育父母们是"责无旁贷",耽误不起的。

至于把孩子交给爷爷奶奶、外公外婆去教育,也是不可取的。一般的说,祖辈对孙辈都是宠爱加溺爱的,这是"隔代亲",很难教育好孙辈们。在孩子教育的问题上,祖辈们不要越俎代庖,身为父母者也不要推卸责任,应当自觉地担当起来。

二、父母是孩子第一任老师

孩子出生以后,要有 3 年左右的时间跟父母、家庭一起生活。3 周岁以后进幼儿园,6 周岁以后进小学,在幼儿园、小学一天也就是 6～7 个小时,加上星期六、星期天、节假日,大部分时间还是与父母家人在一起。孩子的思维发展过程是从无意识,到模仿,再到有意识,这个过程几乎都是跟父母相处,在家庭中发生的。说父母是孩子第一任老师,体现了逻辑与历史的统一。父母的言行举止对孩子心智的发展影响极大。父母作为孩子的第一任老师,要多和孩子接触交流,建立起感情,建立起信任和安全感。父母要注意自己的言行举止,爱心、勤奋、坚定、宽容、谦虚、诚信、礼貌这些好的东西会潜移默化地传递给孩子,对孩子心智、性格、道德、品质的养成起到很好的作用。教育孩子要诚信、不说谎,做父母的就不能在孩子面前说谎、不守信用;教育孩子要尊敬孝顺老人,做父母的首先就是要尊敬和孝顺自己的长辈。

我遇到一件事,有位儿媳妇对公婆不孝顺,她教育儿子将来要孝顺她,她的儿子的回答是:"你怎么待爷爷奶奶的,我就怎么对你。"中国有句老话"不是一家人不进一家门",子承父习,说的是家风,其实也是说的父母对子女的影响,教育好孩子,父母首先要起表率作用。

三、父母教育孩子要多引导

王修文校长在书中提出"每个孩子都能教育好",这是他的著作中最重要的观点之一。孩子能不能教育好,这与教育方法,特别是家长的教育方法是否得当很有关系。"无条件地爱每一个孩子",是新东方的教育理念。父母无条件地爱自己的孩子,这既是血缘关系决定的,也是父母对孩子教育的感情基础。在现阶段,每个家庭都爱孩子,所有的父母都爱自己的孩子,对孩子来说爱是宽泛的、厚重的,孩子并不缺乏爱,而是有些爱过了头,出现了宠爱、溺爱。表现在:孩子处在家庭的中心位置,祖辈四个、父辈两个,六个人围着一个人转。时常听到有人问家里谁说了算?回答是孩子说了算。孩子过着衣来伸手、饭来张口,要什么有什么,上学有人接送的日子。这样培养出来的只能是以"自我为中心"的"贵族"。

孩子上学以后,全家只关心学习成绩,成绩好了"一好遮百丑",成绩不好了,全家跟着着急。孩子做了错事,或熟视无睹、或轻描淡写地说两句。孩子考了好成绩,又是发奖金,又是发奖品。一旦上了学,孩子背着沉重的书包进出课堂,繁重的家庭作业、频繁的大考小考,孩子被禁锢在课堂、家庭作业上,很少有自由活动的时间。这时家长父母们往往更多地扮演着"督学"的角色。父母、孩子都成了分数的奴隶,孩子苦不堪言,父母们也苦不堪言。孩子累、家长也累,经常听到的话是"等孩子高中毕业后,我就解放了"。有人把这 12 年称之为"有期徒刑、监外执行"。可见何其累了。

其实,父母对孩子的教育最重要的:一是明辨是非,扬善弃恶;二是主张公平正义;三是培养孩子养成良好的学习习惯、生活习惯、卫生习惯。这三个方面的养成全在父母的引导。我非常赞赏时下的一句话,"孩子一定能教育好,这不取决于孩子,而取决于父母是否重视,取决于父母的教育方法"。

"事业成功＋教育子女失败＝人生失败;

事业平常＋教育子女成功＝人生成功"。

让我们牢记王修文校长的这段话和他所列的公式,愿天下身为父母的,都能把教育好孩子作为"最重要"的责任担当起来,教育引导好孩子健康地成长,成为家庭和国家的有用之材。

刘翔，英雄也

刘翔，一位中国青年，将110米栏的速度提高到12秒88的新的世界纪录，获得奥运会、世锦赛的冠军，为中国人争得了很高的荣誉。在中国人特别是中国年轻人的心目中，刘翔是英雄。

2008年北京奥运会，刘翔因伤未能参加。尽管开了新闻发布会，为刘翔不参加北京奥运会作了说明和解释，我总觉得这事做得不妥。北京奥运会是中国人的百年"梦想"，国人对刘翔抱有极大的期待，那是在我们国家开的奥运会，刘翔无论如何都应该参加，即使不能跑，走也要把这110米栏走完。对此，我一直耿耿于怀。

四年过去了。刘翔参加2012年伦敦奥运会，并于8月7日北京时间16：00—17：00参加男子110米栏资格赛。16：00我就坐在电视机前看现场直播。刘翔出场了，我眼睛一亮。发令枪响了，刘翔起跑，起跨第一栏，脚碰到栏，栏倒了，刘翔也倒了，我的心一下子掉进了万丈深渊，自语道："完了。"究竟是旧伤复发，影响了跨栏，还是第一个跨栏失败倒地，引发了伤痛，我们不得而知。刘翔倒地后，跪向观众，他艰难地站起来后，以一脚之力跳跃着退场，我的心里一片痛楚。

刘翔退场后，随即又进入赛场，以一脚之力跳跃着走完110米，并向他所占跑道最后一个栏吻别。这一举动，这一过程，完全可以用"悲壮"两字来形容。由此，我对刘翔的疑难也就消弭的一干二净。作为当代110米栏的世界纪录保持者，在资格赛中就因意外被淘汰出局；作为最有实力摘取伦敦奥运会110米栏金牌的选手，第一个跨栏就倒身在地；作为多次负伤，仍坚持专业训练不息，并将自己熟悉的八步上栏改练成七步上栏以提高成绩的运动员，却在起跑阶段就出现失败，其伤心、懊恼、难以承受是可想而知的。然而，刘翔始终表现得很镇定，很坦然。据说，哭和流泪是伦敦奥运会的一大特色。运动员赢了，激动地流泪；输了，伤心地流泪。在奥运竞技场上，靠的是体能、技能、心理素质和智慧，眼泪是没用的。伦敦奥运会上那么多人流泪，刘翔是最可以流泪的，但他始终没有流泪，体现了中国人荣辱不惊的儒雅风范。刘翔以一脚之力"跳"完110米，那一刻，将中国人的谦和、礼貌、坚韧不拔，以及奥运会重在参与，敢与拼搏的精神集于一身，并发挥得淋漓尽致。刘翔重回赛场的那一刻，我似乎感觉到庄严的五星红旗在我面前升起,雄壮的《义勇军进行曲》在我耳边响起。刘翔虽然无缘晋级伦敦奥运会 110 米栏比赛,也无缘奖牌,但是,他以自己的行动诠释了奥运冠军的精神风貌。伦敦体育场内对刘翔爆发出的雷鸣般的掌声,是对刘翔最高的授奖仪式。在金牌至上,以政绩论英雄的中国,已经少有人提"莫以成败论英雄"这句古话了,其实,这句话里包含着深刻的哲理。中国人是善于哲学思考的,对刘翔,难道我们不应该这样看吗?

刘翔退场的那一刻,颇有些"风萧萧兮易水寒,壮士一去不复返"的悲壮。刘翔伤势怎样,悬在国人的心中,我衷心的祝愿刘翔早日康复,并奢望着他能重返赛场。

刘翔,英雄也,是我发自内心的赞叹。

把称赞送给陈光标

我与大慈善家陈光标素昧平生。我敬重陈光标,事情要从 2010 年的一件事说起。

2010 年下半年,有消息说美国的巴菲特和比尔·盖茨要到中国来,邀请中国的企业家参加慈善餐会,此消息一时被误传为巴、比到中国来是搞慈善募捐的。中国许多有望被邀请的企业家们纷纷以各种理由表示不能参加,其实是怕被掏了口袋。这件事很丢中国人的脸面。而陈光标则在第一时间,可能也是第一个自己报名参加巴、比慈善餐会,为中国人挽回了一些面子。这件事让我很感动,因此,我开始关注陈光标这个人。巴、比慈善餐会实际是关于如何在中国发展慈善事业的研讨会。不幸的是,自 2010 年年底到 2011 年 4 月,一些人开始对陈光标多年来的慈善之举提出质疑,有的人甚至向陈光标身上泼脏水,这使我很愤懑。针对社会上对陈光标的各种议论,中央电视台记者进行了调查,并录制了《陈光标:慈善之路》的专题片。5 月 8 日,中央电视台在"面对面"栏目播放。记者围绕着办公楼、多年来捐款是否有水分、农贸市场是否收费、家乡敬老院是发钱还是收钱、陈光标父母的住房等问题,通过对陈光标本人、相关人员、相关文件证据等的调查,澄清了事实,洗去了泼在陈光标身上的脏水。陈光标在我心目中的形象更为高大。

一、陈光标是当代中国的大慈善家

陈光标出生在一个贫苦的农民家庭。从小直到大学毕业所经历的贫困和艰难,使他对穷人、老人、灾民,对需要帮助的人怀有深厚的同情之心。当他有了成就的时候,首先想到的是回报。上小学时,一个暑假,他挑井水去 1 公里以外的镇上卖,一分钱一碗,一共卖了 4 元钱,买回了书本。当得知邻居家的小兄弟没钱买书本时,他替小兄弟交了书钱。经商以后,第一次赚了 20 万,他捐了 6 万元给安徽的一位生病的小女孩,第二年赚了 40 万,捐了 18 万给镇里修乡村公路。随着企业做大,他的捐款也越来越多。汶川大地震、玉树大地震、舟曲泥石流,这次日本大地震和海啸,他都捐了款。这些年来他累计捐款已近 10 亿元人民币。陈光标肯定不是中国最大的企业家,也不是为中国慈善事业捐款最多的人,但是,他捐款的总额和他企业所赚利润总额之比,肯定是中国慈善第一人。

二、陈光标是位救灾大英雄

陈光标不仅捐款,而且当灾害发生的时候,他还亲自奔赴救灾现场。汶川大地震、日本大地震,他带去灾民急需的救灾物品,把钱、物分发到灾民手中;他带领他的团队救人、抬尸体。当灾民们纷纷撤离灾害现场向安全地带转移,陈光标却冒着次生灾害随时可能发生,生命随时可能受到威胁的危险进灾区救人。在汶川,他们救了 10 多人;在日本,他们救了 3 人。这就不仅仅是一个大慈善家,而是一位救灾大英雄了。

三、陈光标是位大荣誉家

喜欢称赞和表扬,这是每个人的心理特性。陈光标对荣誉有着特殊的偏好。他自己说,在上学的时候,做了好事(可能是那次为小兄弟买书本的事),受到老师表扬,他缠着到老师家里要小红星,用水贴在脸上,不多时掉了,他干脆用鼻涕沾上贴在脸上,跑到村里给大家看。到现在为止,他获得了 1500 多个奖励,把那些奖章、奖励证书陈列起来,像是一个荣誉陈列室。他对这些奖励津津乐道,认为这是他做了好事以后应得的奖赏。说他是个大荣誉家一点儿都不过分。有的人把荣誉看得很淡,低调做人,有的人把荣誉看得很重,高调做人。前者是主流,也是社会的主流意识;后者是少数,是非主流意识。其实,这两类人很难说谁对谁错,因为这是由两种不同性格决定的。社会大众、新闻媒体应该多点包容,允许不同性格、不同看法、不同观点的存在,而不应该过多的指责。更何况英雄是不应该被指责的。

四、陈光标是位大慈善战略家

陈光标是位企业家、慈善家,这几乎是社会的共识。说他是位大慈善战略家,似乎没有人这么提,好像也没有这个词。我提出这个用语,并安在陈光标的头上是基于这样的事实:

(一)汶川大地震时他正在开会,布置 50 辆大型机械到东北、内蒙等地去完成已定的拆迁任务。当地震的消息传进会场时,他立即下令将即将出发的 50 台大型机械调往汶川地震灾区。原有的合同取消,企业的业务泡汤,因为他知道,地震灾区救人是第一位的,最急需的就是大型机械。

(二)日本大地震发生后,他立即搭乘香港的飞机飞往日本,带去 100 万元人民币并换成日元。在东京遇到募捐的,他每次捐 1 万日元,附上中国的国旗和他的名片,意在告诉日本人,在你们最早的募捐中,有中国人的捐款。

(三)他到西藏去搞慈善,向每位藏民送上 2000 元的捐款,藏民们给他献上了 600 多条哈达。他意在加强藏汉民族的团结。

(四)他把 3500 多万元人民币码在房子里,在人民币面前照相,意在告诉人们,对慈善事业的捐款是"真金白银",来不得半点虚假。

(五)他高调搞慈善,以至于引来各种本不应有的非议。他的父母劝说他,为他落泪,希望他低调点,他却"执迷不悟"。他想的是,中国的慈善事业刚刚起步,需要有人为之大声疾呼,以唤起国人的慈善之心,以唤起企业家们的慈善之举。中国的企业家有之,中国的慈善家少之,像陈光标这样以大胸怀从战略上考虑中国慈善事业的则是少之又少。

陈光标最大的快乐是看到受他救助的人的笑脸;

陈光标最大的痛苦是人们对他高调做慈善的不理解;

陈光标最大的困惑是中国的慈善之路怎么这么艰难;

陈光标最大的希望是中国的慈善事业健康地向前发展,让中国需要得到资助的人都能得到资助。

(这并非陈光标所言,而是我从他的善心、义举和遭遇中概括出来的。)

对这样一位热心的,几乎到了痴迷状态的大慈善家,我们应该回报他更多的掌声、鲜花和称赞。任何指责他的人首先应该受到指责,这才能还陈光标一个公道,也是还社会一个公道。

伟哉,陈光标。

三、人生感悟篇

党员领导干部人生观的核心内容

　　人生观的根本问题是为什么活着,怎么活着,如何对待主客观世界。为人民服务、科学发展观、求真务实、艰苦奋斗,这4个理念构成了党员领导干部人生观的核心内容。本文对这4个理念从对历史和现实的把握上作了阐述。

　　人生观的根本问题是为什么活着,怎样活着,如何对待主客观世界,这些问题构成人生观的核心内容。它决定着人生的方向和道路。对于人生观的根本问题,尽管不同人群的回答是不尽相同的,甚至相悖的,但是党员领导干部应牢固地确立为人民服务、科学发展观、求真务实、艰苦奋斗这4个理念。

　　党员领导干部对待人生确立这4个理念,是由共产党是执政党和执政者的特殊性所决定的。为人民服务是党的根本宗旨,集中体现了党员领导干部人生的目的和价值;科学发展观体现了在新时期维护和发展人民利益的新要求;求真务实,是党员领导干部对待主客观世界的科学态度,是思想路线的根本体现;艰苦奋斗,则集中反映了党员领导干部应该怎样度过人生,是精神状态的具体表现。这4个理念构成了党员领导干部人生观的核心内容。这既是对共产党人传统人生观的继承,又体现了执政条件下党员领导干部人生观的与时俱进;即使是对传统的继承,也要赋予新的时代内容。

一、为人民服务

　　为人民服务,是我们党在延安时期就提出的党的根本宗旨,也是我们党员领导干部人生的目的和价值。为人民服务,有两点新变化:第一,在很长时间里,人民,是作为一个政治概念来理解的,是相对于敌人的范畴。在革命时期,人民是除敌人以外的人。当我们党成为执政党以后,特别是提出构建和谐社会以来,人民这个概念发生了很大的变化,它不仅仅是个政治概念,而是更多地体现为一个公民的概念。因此,现阶段人民这个概念是指除被现时剥夺了政治权利以外的人,即社会的大多数人。第二,革命时期国家资源掌握在国民党反动政府手里,共产党长期处在"非法"地位,是受围剿、受迫害的,为人民服务主要是依靠、发动和带领人民推翻反动政权的压迫和剥削,使人民翻身得解放。现在,我们党早已成为执政党,掌握着国家的资源,党员领导干部手中也都掌握着与其职位相对应的资源。我们现在讲为人民服务,已不仅仅是原来意义上的为人民群众做"好事",而是在法律、政策、措施的层面上怎样运用好、发展好手中的资源来为人民群众谋利益、谋幸福。这两点变化是很深刻的。

党员领导干部要坚决拥护和努力贯彻执行党的基本理论、路线和方针政策。党的基本理论、路线和方针政策代表了全体人民的根本利益,我们党除了人民的利益外没有自己的特殊私利。坚决拥护和努力贯彻执行党的基本理论、路线和方针政策体现了为党工作和为人民服务的一致性。十六大以来,党中央提出的科学发展观、构建社会主义和谐社会、社会主义新农村建设、转变经济增长方式等,都集中代表了现阶段人民的利益和幸福。党员领导干部要身体力行,率先垂范,不得相违背。

党员领导干部要把为人民谋利益、谋幸福作为根本职责。党员领导干部"为官一任,造福一方",要对自己所负责的单位、地区的现在和未来负责,切忌好大喜功,切忌建立在官本位基础上的"政绩观"。党员领导干部对一个单位、一个地区的发展,既要为人民群众谋眼前的利益和幸福,为人民办实事、办好事,给人民以看得见、摸得着的实惠,更要站得高些,看得远些,对人民的长远利益和幸福负责。不能只顾眼前,不顾今后,涸泽而渔,不能"寅吃卯粮",把未来的资源提前消费掉。党员领导干部为人民服务,既要为绝大多数人谋利益,谋幸福,也要照顾到少数人的利益,更不能侵犯或损害少数人的利益。要尊重《物权法》,当少数人的利益受到损害时,必须给予应有的补偿。为人民服务,不应分亲疏远近。党员领导干部对身边的人,如对父母长辈要孝顺,对兄弟姐妹要友爱,对家属子女要关心,对邻里街坊要尊敬。"忠孝不能两全"是针对特殊情况而言的,在正常情况下要尽可能做到"忠孝两全"。党员领导干部对身边的人、对亲近的人要按照党的有关规定进行严格管理,绝不能让他们染指特权和私利。党员领导干部对不是身边的人、不熟悉的人更要给予关心,当人的生存或生命遇到危险时,要挺身而出,为他们排忧解难。

党员领导干部要时刻把人民群众放在心上。党员领导干部心里要装着人民群众。要牢记自己来自于人民,是人民中的一分子,不能因为当了官,就傲视一切,不把家人、朋友、邻里街坊放在眼里,甚至反目成仇。要深知手中的权力是属于人民的,是用来为人民服务的;不能用来为人民服务,权力是要被收回的。党员领导干部要与人民群众保持紧密的联系,要善于倾听群众的呼声,关心群众的冷暖疾苦,帮助他们解决实际困难,做到"权为民所用,情为民所系,利为民所谋"。这里关键是"情为民所系"。心里有了人民群众,才能"权为民所用,利为民所谋"。如果心里没有人民群众,是不可能做到"权为民所用,利为民所谋"的。党员领导干部与人民群众的关系,就是舟与水的关系,鱼与水的关系,只有心里装着人民群众,人民群众的心里才能装了你。这是一个人心向背的事,因而是一个关系到党的执政基础的问题。

党员领导干部要有奉献精神。在社会主义市场经济条件下,奉献精神是党员的先进性的根本所在。党员领导干部更要率先垂范,给普通党员和人民群众做出好样子。要关心和帮助困难群众,热心慈善和公益事业,多做善事、不做坏事,多作贡献、少计报酬。比尔·盖茨、巴菲特提出身后把财产捐献给社会慈善事业。党员领导干部的财富不可能与美国的巨富相比,但是,这种奉献精神是值得学习的。至少当灾难降临时,党员领导干部要慷慨解囊,鼎力相助。党员领导干部要追求回馈社会的最大化,而决不能追求个人财富的最大化。

今天,我们重提"为人民服务",不是老生常谈,不是大话套话,而是有着实实在在的内容的。对党员领导干部来说是人生目的和价值的体现;对党和国家来说,是巩固执政党基础的重大而现实的政治问题。

二、科学发展观

发展是历史进程中的主旋律。在革命时期,发展主要是指发展革命势力,重点是发展人民武装。党执政以后,在相当长的时间内,抓发展时紧时松,有时甚至试图用阶级斗争来推动发展,差点走上绝路。党的十一届三中全会以后,实现了党的工作重心的转移,以经济工作为重心来推动发展,这在物资匮乏的时期,帮助人民尽快解决温饱问题是十分重要的。邓小平提出中国一切问题的解决都要靠发展,他极而言之"发展是硬道理"。江泽民把发展作为我们党执政兴国的"第一要务",这在当时无疑都是正确的,也确实为中国经济的迅速崛起,为综合国力的增强,为人民生活的改善做出了巨大的贡献。经过20多年的奋斗,确实发展了,然而,也积累了很多的矛盾。如经济发展了,政治、文化的发展却滞后;经济发展了,生态和环境反而恶化;经济发展了,自然资源能源供应和交通运输成为瓶颈;经济发展了,却出现社会分配不公,贫富差距扩大化。而且,经济发展本身也严重失衡,三大产业之间、行业之间、地区之间发展不平衡。经济发展了,生活改善了,人们心理却严重失衡等。这些问题集中起来就向人们提出,发展到底为了什么? 应该走怎样的一条发展道路? 针对这些问题,21世纪之初,胡锦涛提出了"以人为本,全面协调可持续发展"的科学发展观,并且要求全党努力学习和践行科学发展观。科学发展观应当成为党员领导干部人生观的核心内容之一，这也是党员领导干部人生观核心内容的时代要求。

党员领导干部牢固树立和践行科学发展观，必须明确，科学发展观是对传统发展观的一次变革。传统的发展观是以物为目的，以物为中心，即以 GDP 为中心，走的是一条不平衡、不协调、不可持续的发展路子。我们必须从传统发展观的束缚中解放出来。"以人为本"，就是发展以人为目的，发展是为了人，发展要依靠人。发展是为人自身的全面发展，要依靠人自身的全面发展来促进发展。人的全面发展依赖于需要的满足程度。人的需要是全面的，不仅有物质的，还有政治的、文化的、自然生态环境的，再有人自身的生产即繁衍后代。人的发展的这些需要与其满足的程度决定着人的全面发展的程度，从而也决定着人类社会文明进步的程度。由此，我们现在的"第一要务"是科学发展，亦即全面发展。

党员领导干部既要牢固树立和践行科学发展观，还要牢固确立和践行"全面协调可持续"的发展道路。上面讲了人的需要的多样性，在多样性中物质需要是最基础的。我们必须坚持以经济建设为中心，以此来满足人们的物质需求；人还有政治的、文化的、自然生态环境等方面的需要，也要加以发展并还要予以满足。就政治方面说，我们要大力地发展人民的民主权利，使人民真正成为主人；就文化方面说，我们要发展各种文化事业，以满足不同层次、不同人群的精神生活的需要；就自然生态环境方面说，人来自于自然，人本身是自然界的一部分，人与自然的关系是密不可分的，人的生活生产状况，关乎人的生活质量，要十分注意生态环境保护。社会的公平正义是构建和谐社会的基础，党员领导干部要特别重视这一点。社会的公平与正义，其物质基础是要让社会成员共享发展的成果，逐步缩小行业之间、地区之间、社会分配上的差距。国民收入的初次分配注重的是效率和效益，这方面的差距是不可避免的，但要防止过分悬殊，特别是要通过国民收入的二次分配，向社会的低收入群体倾斜，照顾到社会的公平和正义。

党员领导干部要牢固树立和践行科学发展观。第一，要尊重规律，按客观规律办事，尤其要尊重发展的规律。要用科学的态度，不能凭想当然，不能搞心血来潮，不能乱提口号，更不要盲目地追逐这潮那潮的。规律是不能违背的，违背了规律是要受惩罚的。历史上我们违背自然规律、经济规律和社会发展规律给人民造成的损害，其教训是深刻的。我们不能白交学费，不能重犯类似的错误。第二，树立和践行科学发展观要切实转变经济增长方式。旧的经济增长方式是以"高投入、高消耗、高污染、低效益"等为特征的,其后果是既不经济,也不人道。而且,这种增长方式也难以支撑经济的继续高速增长,已到穷途末路。转变经济增长方式提出来至少有 20 年,但一直没有切实转变过来,很重要的一个原因是,传统的增长方式是与传统的发展观相一致的。传统的发展观不破除是不可能真正地转变经济增长方式的,新的经济增长方式不建立,科学发展观很难落到实处。新的经济增长方式是经济的发展主要依靠科技进步和人的素质的提高,要大力发展教育和科技事业;要自主创新,要用新设备新工艺改造传统产业和产品;要大力发展高科技新兴产业;要下狠心坚决淘汰高耗能、高污染的落后产业和企业,把我国政府向国际承诺的节能减排的指标,以及本区域、本行业、本企业的节能减排指标落到实处。第三,党员领导干部牢固树立和践行科学发展观,必须确立科学的"政绩观"。传统的"政绩观"是建立在传统发展观基础上的,"数字增(GDP),书记升"是其真实写照。传统的政绩观的主要特征是以 GDP 为中心和急功近利的短期行为,具体表现为重经济,轻其他;重城市建设,轻新农村建设;在城市建设中重标志性建设,轻基础设施建设;在基础设施建设中,重地面道路建设,轻地下管线建设,造成城市马路要装"拉链"。新的政绩观应与科学发展观相适应,一是要获得绝大多数人的认可;二是要经济;三是要经得起历史的检验。就考核的层面来说,GDP 不应成为其政绩的核心内容。与人的发展需要相关的指标,如人均实际收入增长、就业指数、经济政治文化发展相应度、自然生态环境指数、人的幸福指数、人民群众的满意度等应成为新的"政绩观"的内容。科学政绩观有赖于上级党委政府制定,根本的则在于党员领导干部真正理解,并且自觉地运用科学发展观来做指导。

为人民服务是党的根本宗旨,科学发展观要求以科学态度和科学精神发展好,维护好人民的根本利益。科学发展观关系人民的福祉,也关系到子孙后代的福祉,是每个睿智的党员领导干部自然而必然的选择。

三、求真务实

求真务实,是一个认识世界和改造世界的问题,属于思想路线问题。毛泽东为我们党制定的思想路线是"实事求是",重在解决马列主义与中国革命相结合,寻找中国革命的道路。邓小平提出"解放思想,实事求是",重在把人们从"左"倾思想的束缚下解放出来,探索中国特色社会主义道路。江泽民提出"解放思想,实事求是,与时俱进",重在保持党的先进性和活力。胡锦涛针对目前党内和社会上存在的背离实事求是原则,搞官僚主义、形式主义、假大空"花架子"等的实际的状况,特别强调要求真务实。求真即达到对事物本质的认识,使主观符合客观;务实,就是要真抓实干,落脚点在实践上。求真务实就如同实事求是一样,都是说起来容易做起来最难。难在哪里呢?一是受事物发展过程和主观认识能力的制约,把事实看走了眼;二是为了个人的利益,违背了事实说假话;三是上级领导诱导或者逼迫说假话;四是一些靠说假话的人得到升迁,而鲜有因为说假话而丢了官的。说假话,几乎没有什么风险,而利益是实在的,于是乎争相效法,假话、空话、套话孳生蔓延,势不可挡,这成为腐败的又一种形式,这是一种比跑官买官更隐蔽、更具欺骗性获取升迁的手段。普通党员、人民群众对此深恶痛绝是理所当然的。那么,在此严峻的情况下,党员领导干部应该怎样做呢?是同流合污,推波助澜,还是始终如一地坚持求真务实呢?答案只能是后者。

首先,要深入实际,作细致的调查,掌握第一手材料。世界上的事物是纷繁复杂、千差万别的,任何事物都是由其特殊的本质所决定的。事物的本质即事物的规律性,它不是裸露在事物外部而是深藏在事物的内部,是通过现象表现出来的,任何事物、事情、事件都是既有本质,又有现象的。我们感知的只是事物的现象,而不能感知事物的本质。因此,要达到对事物本质的认识,必须从事物的现象入手,做深入细致的调查,力求做到对事物的外部现象的客观的、全面的把握。能不能做到这一点非常重要。因为,客观性是指第一手材料,是指未被人加工过的材料,任何第二手、第三手的材料都是已被他人整理加工过的材料,很难保证它的真实性。全面性,是指对事物现象的全面的把握,没有取舍,没有遗弃或遗漏。而客观、全面只有亲身感受才能达到。所以党员领导干部要十分重视深入基层、深入实际作调查,才能把决策建立在真实可信的基础上,这正如陈云所说,"用百分之九十的时间作调查,用百分之十的时间作研究"。那种不愿意自己深入基层、深入实际,只满足于听汇报、作决策的领导不仅表现为官僚主义、主观主义,而且据此做出的决策是十分危险的。

其次,要能静下心来研究问题,达到对事物规律的认识。规律是事物内在联系的重复出现的稳定性的方面。规律是在调查的基础上从事物的现象中科学抽象出来的。科学抽象即科学研究的方法,是"去粗取精、去伪存真,由此及彼,由表及里"。只要材料是真实的,研究的方法是科学的,得出的结论一般都是正确的,因而据此做出的决策也应该是正确的,决策的风险要小的多。

再次,讲"求真",要说真话、听真话。真是一就是一,二就是二,黑是黑,白是白,不能把一说成二,把二说成一,更不能黑白颠倒。社会上流行这几句话:"说真话领导不爱听,说假话群众不要听,说笑话大家都喜欢听。"这几句话有些嘲讽也不完全正确,但是,事实上有少数领导干部不愿听真话,连真话都不爱听,何谈求真务实。党员领导干部要从文山会海、迎来送往、扑克麻将中解放出来,才能保证有充足的时间搞调查研究;要从官僚主义、形式主义中解放出来,才能卓有成效地解决实际问题;要从官本位中解放出来,无私无畏,才能真正做到说真话,不说假话,务实效,不图虚名。党员领导干部还要支持和鼓励下面的同志说真话不说假话,对于来自上面的不实事求是的压力要善于抗压、减压,尽自己最大的可能做到实事求是、说真话、坚持真理、"当仁不让吾师"。

最后,要务实,真抓实干。求真固然不容易,但还是能做到的。求真的真正目的,在于指导实践,即运用对事物规律性的认识来指导实践,从而实现对客观世界的能动改造。务实,真抓实干,就是要解决问题,促进发展。由于事物发展具有过程性,而我们认识具有局限性,因此,对事物真理性的认识不是一次就能完成的。在调查研究的基础之上做出的决策尽管是正确的,但是还要接受实践的检验,还需要在实践中根据新情况、新变化做出相应的调整和完善,而不能抱着原有的认识一成不变,要与时俱进。求真务实、真抓实干,还有抓什么、怎么干的问题。抓什么?党员领导干部要扑下身子,抓紧解决事关影响改革发展稳定的重大问题,要抓紧解决与人民群众切身利益相关的矛盾和问题,给人民群众看得见、摸得着的实际利益。怎么干?要按规律办事。领导干部做事作决策,一要合法,不能违反法律法规;二要符合自然规律,要可持续发展,不能再干破坏生态和环境的蠢事;三要按经济规律办事,要算账,要算投入产出的账,更要算资源环境损耗的账,那种把利润让给别人拿走,把包袱留给自己的傻事不能再做了。

记得上小学有篇课文叫《狼来了》,是说不能说谎,说谎是要付出代价的。"可以不说话,但决不说假话",这是堂堂正正做人的起码要求。每一位党员领导干部要能做到,求真务实就能蔚然成风,弄虚作假就没有市场,我们的事业就会更加兴旺发达。

四、艰苦奋斗

艰苦奋斗是中华民族的传统美德,是党的光荣传统,是共产党人特别是党员领导干部的政治本色。革命时期的艰苦奋斗,是指在敌强我弱的情况下,与敌人斗,在缺衣少粮,缺医少药的情况下,与恶劣的生活环境斗。我们党依靠艰苦奋斗取得了革命的胜利,建立了新中国。今天,我们是在掌握全国政权以后,在解决了温饱总体上达到小康水平的条件下讲艰苦奋斗,就是不能"忘本"(政治本色),不能贪图安逸和享受,这主要是指一种精神状态,一种进取精神,一种对待人生的态度。这是与当前社会上以及我们党内少数人消极懒惰、保守僵化、不思进取、沉湎于声色犬马、灯红酒绿、纸醉金迷、暴殄天物相对立的。

那么,党员领导干部怎样才能保持和发扬艰苦奋斗的光荣传统和政治本色呢?

首先,党员领导干部要勇于到艰苦的地方去工作。由于地区、行业、单位发展的不平衡性,差距很大,是乐于到条件优越的地方工作,还是勇于到条件艰苦的地方工作,是对艰苦奋斗还是贪图安逸舒适的一个检测。党员领导干部要勇于到条件艰苦的地方去工作,和那里的人民一起同甘共苦,艰苦奋斗,用共产党人的心血和汗水、聪明和智慧改变那里的面貌,从那个地方的发展、从那里人民享受发展成果的快乐和幸福中,获得成就感,获得自己的快乐和幸福。

其次,迎难而上、克难奋进。客观地说,现在无论是条件好与条件差的地区和单位,都存在大量的矛盾和困难。对待矛盾和困难,是装着看不见,绕着走,得过且过,还是正视它,知难而进,克难奋进,这是个精神状态和精神境界的问题。党员领导干部对待困难的态度应该是知难而进,克难奋进。"困难面前有党员,党员面前无困难","没有困难要我们共产党员干什么?",这些过去耳熟能详的话,现在说的少了,听到的也少了。这并不是说我们面前没有困难了,而是困难多多,如贫富差距、资源短缺、环境恶化,失地农民、贫困人口、食品和药品安全、大量的人民内部矛盾等问题。这些都是我们各级党员领导干部要面对的问题,也是迫切需要解决的问题。在这些困难面前,党员领导干部要保持蓬勃的朝气、昂扬的斗志,迎难而上,才能克难奋进,才能有望解决这些问题,这才是真正实践艰苦奋斗。如果无视这些困难,或者企图避开这些困难,那么,这些困难日积月累,不仅影响发展,甚至会酿成危机,那损失就更大了。艰苦奋斗还要求党员领导干部在突发事件面前、在抗灾救灾中临危不惧,把人民的生命安全放在第一位,与人民群众同生死,共患难,解救人民于水火之中。从汶川、玉树到舟曲都证明我们的党员领导干部是还过硬的。

再次,廉洁自律。廉洁自律是党员领导干部的政治操守,是艰苦奋斗政治本色的基本要求。廉洁自律是指要按照《党章》和党内的若干规定自觉地严格地要求和约束自己,堂堂正正地做人、踏踏实实地做事、清清白白地做官,做到不占、不贪,留存清白在人间。不要"傍大款"。"傍大款"是指与"大款"串联在一起构成利益共同体。党员领导干部为"大款"提供诸多"方便","大款"给党员领导干部以物质利益回报,其实质是"权钱"交易。从已披露的材料看,绝大多数腐败分子的周围都有若干个"大款"。最近报道的"一个贪官和70个开发商"是起典型案例。党员领导干部有为经济服务、为企业服务之职责,但不能"傍大款",要时刻提醒自己不能掉到金钱美色的陷阱里而不能自拔。艰苦奋斗、廉洁自律还要求在工作上要高标准,在生活上要低标准。党员领导干部在工作上的高标准,就是要有抱负、有雄心壮志,勇创一流的业绩。一流的业绩不是天上掉下来的,而是在艰难困苦中拼搏出来的,是艰苦奋斗的成果。生活上低标准,并不是生活得越苦越好,而是相对于追求享受的生活上的高标准——高消费而言的。党员领导干部也是人,不是苦行僧,低标准不是指穿着上的破衣烂衫,居住上的破墙烂壁,食物上的瓜菜代肉,这些都已时过境迁了。随着社会生产力的发展,社会物质财富的增加,党员领导干部的工资待遇也都有了较大的提高,就是凭工资福利待遇,也都能过上有尊严的比较体面的生活了。依靠工资待遇改善家人和自己的生活,是无可厚非的。只是党员领导干部不忘记自己的职责,不能忘记我们还处在社会主义初级阶段,不能忘记还有贫困人口,更不能忘记艰苦奋斗的政治本色。党员领导干部应该过怎样的生活?这很难用量来规定,但是,可以明确的是,不可能是贫困人口所过的生活,也不应该是社会上富有人口的高档生活,而应该是社会上大多数人的生活水平。

最后,艰苦奋斗还体现为勤俭节约。我们要建设一个节约型的社会,处处都要体现节俭。当家过日子要精打细算,办任何事,也都要精打细算,从节约一粒米、一滴水、一张纸、一支笔、一度电、一分钱做起,切忌大手大脚、铺张浪费、挥霍无度,比阔斗富。

艰苦奋斗是与为人民服务的党的宗旨相联系的人生态度,是一种精神状态和精神境界。党员领导干部如果都能保持和发扬艰苦奋斗的政治本色,我们就没有克服不了的困难,也就不会在党员领导干部中出现腐败分子。

近些年来,关于世界观、人生观、价值观的讨论、发表的文章很多。笔者把为人民服务、科学发展观、求真务实、艰苦奋斗作为党员领导干部人生观的核心内容当属首次。这4个理念就其实质来说,为人民服务、科学发展观属于现阶段党的政治路线范畴;求真务实属于党的思想路线;艰苦奋斗既是政治本色,也是时代精神之一(社会主义初级阶段是"艰苦创业"的时代);思想路线和时代精神是实施政治路线的保证。这4个理念及其内在联系正确地回答了党员领导干部人生观的3个根本问题,构成党员领导干部人生观的核心内容。能牢固地确立这4个理念,加以实行,再加上与其职责相应的能力,就能在努力奋斗中实现人民的希望和党的重托,实现人生的目的和价值,创造绚丽多彩的人生。

对为人民服务的三种曲解

为人民服务是我们党的宗旨,也是执政的宗旨,每个共产党员和领导干部都是知道的,而且是经常挂在嘴上的话。"以人为本"的科学发展观提出来以后,特别是胡锦涛同志提出"权为民所用,情为民所系,利为民所谋"后,党员领导干部的宗旨意识更强了。但是,在现实生活中,在贯彻落实党的宗旨过程中存在着三种曲解倾向。

一、抽象地谈论为人民服务

在一部分党员领导干部看来,为人民服务主要是为大多数人服务,不是为少数人,更不是为个别人服务的。现实中有这样的事情,群众因个人的事找到政府希望得到解决,因为在群众看来,人民政府是为人民服务的,有事找政府是天经地义的。而政府的官员们则说,"人民政府是为人民服务的,不是为你个人服务的"。这话就错了,为人民服务不是抽象的,应当是具体的、现实的。人民是个大概念,人民是由一个个具体的、现实的个人组成的,离开了一个个现实的、具体的个人,哪有人民呢?同样,为人民服务也是个大概念。作为执政者来说,首先,决策、政策要代表广大人民的利益,这才能得到人民的拥护。其次,决策、政策不能损害少数人的合法利益,如从大局出发,却要损害到少数人的利益时,必须依法给予补偿,不能让少数人吃亏受损害。再次,对少数人,哪怕是个别人的事情,需要党员干部帮助解决的,要真情真意地帮助解决,群众找到党委政府了,不要拒之门外,应该问清原委,合情合理合法的,要通过各种途径帮助解决。决不能把少数人、个别人的事不放在心上。决策、政策要代表广大人民的利益和意志,少数人、个别人的事情也能得到合情合理合法的解决,为人民服务才能落到实处。

二、高居于人民之上谈为人民服务

党员领导干部也是普通劳动者,是人民中一员。因为共产党是执政党,所以党和人民赋予党员领导干部一定的权力。党员领导干部手中的权力来自于人民,人民赋予的权力是用来为人民办事,即领导和管理一个单位,一个部门,一个地区公共事务的,如发展生产和改善生活,维持社会秩序,主持公道等,这就是公仆。如果权力不是用来为人民办事，人民有权收回。这是常识。但是少数党员领导干部，身居领导岗位自认为是自己的本事，自认为高人一等，高居于人民之上，盛气凌人，不可一世，把自己看做是救世主，视人民群众为草民、臣民，对人民群众缺乏感情，缺乏沟通。他们也会办些事，有了成绩是他们的功劳，会经常挂在嘴上炫耀。造成损失了，他们会拍拍屁股异地做官，损失由当地的老百姓"买单"。高居于人民之上的领导者在领导作风上是"一言堂"家长制，容不得不同意见，更不愿意也不可能听到人民的要求。党员领导干部为人民服务，要扎根于群众之中，不能高居于群众之上，领导干部在任期内为人民办事，哪怕是丰功伟绩、惊天动地的大事，都是自己的职责所在，而且说到根本上，没有人民群众的实践，能干成什么事呢？所以领导干部不能把为人民办事，帮助人民解决困难看成是个人的本事，是对人民的"恩赐"。还是要树立公仆意识，放下架子，和人民群众打成一片，熟悉和理解人民群众的真情实感，为人民办实事，解难事，才能得到人民群众的拥护，也才能更好地为人民服务。

三、站在人民的反面谈为人民服务

为人民服务的价值取向是利他性的。任何利己性的言行都是与为人民服务背道而驰的，都有可能导致走向人民的反面。党员领导干部在这方面尤其要提高警惕，不可越雷池半步。

错误的政绩观支配下的形象工程。"领导干部任职一方要造福一方"，"领导干部的考核和提拔要以政绩为主"，这两句话都没有错。然而在实践中有些领导干部为了出政绩大搞"形象工程"。重眼前，不顾长远，大量举债，使政府债务不堪负重；重地上，轻地下，地面上繁花似锦，地下千疮百孔；重视觉效果，不计经济成本，城市和道路两边的绿化希望一夜之间变成森林等，都是错误政绩观指导下的"形象工程"的通病。形象工程耗资巨大，有的为了赶工期，变成豆腐渣工程。搞形象工程的领导者都是打着为人民服务，造福一方的旗号，暗地里则为自己早早升迁作资本。不是说所有的形象工程都不好，而是指领导为了升迁搞形象工程的动机不好，这动机就不是站在人民的立场上为人民负责，而是为满足自己的私欲、官欲不惜耗费大量的人力、财力、物力，其客观上已经站到人民的反面去了。

为人民办事吃拿卡要。人民有事找政府办，这是很正常的。但是，政府工作人员吃拿卡要，甩弯子，卖关子，拖着不办。一旦钱到了，礼到了，桌子拉了，事情就办好了，这是老百姓最痛恨的事。公仆为人民办事是理所应当的，吃拿卡要是资本主义政府所为,是封建衙门的作风。用人民赋予的权力对人民实行吃拿卡要就是站到了人民的反面。

贪污受贿。最近一两年,先后披露的苏州市、杭州市、昆明市、深圳市的几位副市长、市长贪污受贿亿元以上的事情,可谓触目惊心。在他们被"双规"之前,在领导岗位上可能天天也在谈为人民服务,而暗地里大肆贪污受贿。在土地划拨、工程建设中损害国家和人民的利益,给开发商、工程承包商以好处。开发商、工程承包商在其好处中拿出一点回扣给他们。试想,他们受贿金额都接近或超出亿元,国家和人民所承受的损失是多么巨大啊!这些人尽管嘴上讲为人民服务,为人民干大事业,其实早已站到人民的反面堕落成为腐败分子。

对人民服务的三种曲解,前两种是属于对为人民服务理解上的错误,后一种则属于严重地违背了为人民服务的宗旨,与前两种有性质上的区别。廓清了这三种曲解,党的为人民服务的宗旨会得到更好的落实,我们党在群众中的威望会得到更大的提高。

满招损　谦受益

近几年来吹牛皮说大话已成一种时尚,且有愈演愈烈之势。

发了财的人吹:钱算什么东西,钱是狗屁,我就是有钱!有的是钱!似乎他家开的是银行,知情者愕然,前几天还跟朋友借过钱的。有点文化的人吹:××人的课讲的虽好,我的课讲的比他还好;××人的文章写的再好,没有评上奖,我有多篇文章都获了奖。其实知情者知道,那些奖是交了费的。当干部的吹:××项目是我定的,没有我就没有今天;××人是我一手提拔的,没有我哪有他现在这个位置;××事是我处理的,不是我还不知道怎么收拾呢。同僚听了心里说,你怎么就不说你失误的时候造成的损失有多大呢。有点酒量的人吹:我的外号叫喝不倒,三杯五杯、十杯八杯照喝,中午喝了晚上还能喝,你们哪个敢较劲!酒友心里想,你不能再喝了,再喝我又要倒霉了,前两天醉得不省人事,还是我送你到医院去挂水的。有的吹跟官场有关系:××书记、××市长跟我是哥们,一个电话就能解决问题。其实他连书记、市长的面都没有见过。有的吹自己神通广大:有什么事只要看得起兄弟我,没有什么事我摆不平的。了解他的人知道,他自己屁股后面还有一大堆问题没有解决呢。有的吹自己多么的感情专一,从一而终,不为美色所动。朋友们都知道他最混账,不仅包了二奶,还有三奶、四奶。吹来吹去,万变不离其宗,无非是说,自己比别人有本事,能耐大。

在吹牛皮说大话的手法上也各有不同。有的是赤裸裸地吹捧自己,有的则是假借别人的话来吹捧自己,手法自是高出一筹。有的是通过心理暗示引诱别人当面吹捧,手法则属高明之列。吹牛皮说大话都属于厚颜无耻,按其手法类推依次表现为:粗鲁的厚颜无耻、狡猾的厚颜无耻、稍有些"文雅"的厚颜无耻。

"满招损,谦受益",这是几千年来的古训。中华民族从其心理意识上说,不认同个性张狂。这一方面压抑了人的个性发展,另一方面也形成了谦虚谨慎、谦和谦让的优良品质。现代市场经济从某种意义说是广告经济、推销经济,那种压抑个性的谦谦君子与时代已不相适应。展示个性、展示才能是不应该遭指责的。但是,什么事都有个度。吹牛皮说大话,极度的吹嘘自我,这已不是展示个性,展示才能,而是张狂。如果把吹嘘自我看做是做广告,推销自我,那也是在做虚假广告,当属禁止之列。

目前世界上还没有一部禁止吹牛皮说大话的法律。但是,吹牛皮说大话的危害是显而易见的。第一,失真,失去真实性,容易误导不知情者上当。第二,吹牛皮说大话者容易陶醉在孤芳自赏之中,"老子天下第一",看不到自己的缺点和弱点,会失去前进的方向和动力。第三,吹牛皮说大话者最起码比较骄傲,自视高人一等,不能与领导与同事和睦相处。第四,自损形象。真正有钱、有学问、有本事的人是不吹牛的,只有那些一瓶子不满,半瓶子晃荡的人才会去吹,吹的目的是想得到同事、领导或组织的认可和重视。然而,在常人看来,这种人起码是没有修养,甚至是缺乏教养的。想得到认可和重视,结果却是被人看不起。"除了一张嘴,什么都不是",是人们对吹牛皮说大话的人的评价。

"山外青山楼外楼",吹牛皮说大话者不妨想想,比自己有钱、有学问、有本事的人太多了,自己那点算什么呢?真是微不足道。还是牢记,"满招损,谦受益"的古训和毛泽东主席的"虚心使人进步,骄傲使人落后"的教诲,踏踏实实做事,老老实实做人吧。

漫画"小人"

"小人"是指什么人,很难下个准确的定义。一般具有以下特征的可以看作"小人"。

一是依附权贵。"小人"在不得志的时候,表现为很强的依附性,他会跟在有钱、有权、有势者的后面,很顺从地去干那些别人不屑一顾的事。在"主子"面前,唯唯诺诺,很谦恭,看着"主子"的脸色行事,顺着"主子"的心意说话,跟着"主子"说顺话。一旦"主子"的脸色变了、主意变了,"小人"会立即跟着变,哪怕是驴头不对马嘴,后面打前面的耳光,他也会毫不犹豫地跟着变。"小人"还会时不时地向"主子"表忠心,献爱心,目的是想博得"主子"的欢心,让"主子"高看一眼,获得赏识或重用。

二是"狗眼看人"。这是借用这个词来形容"小人"在不同人面前会有不同的表现。"小人"把比他有钱、有权、有势的人视为"主子",很顺从,如哈巴狗般。对不如他的人则是另一副嘴脸,不把这些人放在眼里,甚至会拿出"主子"的派头。在同事中会仗着"主子",狐假虎威。见什么人说什么话,见什么人办什么事,这是"小人"的一个重要特征。

三是见利忘义、忘恩负义。"君子喻于义,小人喻于利",这是孔子概括的君子与小人的义利观。"利"是"小人"的价值取向。"小人"在不同人物面前的不同表现都因受其利驱使。"小人"对"主子"看上去百依百顺,肝脑涂地,是因为"主子"可以利用,有利可图,哪一天"主子"不再信任他了,或者把他一脚踢开了,他会像疯狗一样地扑上去撕咬,会把他所知道的"主子"的所有事情抖搂出来,或者写告状信,甚至写诬告信,欲置"主子"于死地。哈巴狗变成了疯狗。"小人"与狗的区别就在于狗是忠于主人的,而"小人"则不一定。即使"主人"没有把他踢掉,"主人"如果遭了殃,"小人"不仅不会伸出援手,很可能还会落井下石。有些人落马,就是毁在了"小人"之手。"小人"也区别于奴才,奴才也有对"主子"忠心不二的。"小人"则是朝秦暮楚,谁给的多,他就会去投靠谁,有奶就是娘。

四是"一朝权在手,便把令行开"。"小人"一旦得志,便会耍"主子"的派头,更会居高临下,希望天下人都匍匐在他面前俯首称臣。弄权专权是"小人"的拿手把戏。"小人"掌权,歪风邪气盛行,正气得不到发扬,只能是"小人得志,君子受气"。

五是行为诡秘。"君子坦荡荡,小人常戚戚",这是孔子的话。"小人"行为猥琐、诡秘。本来很正常的事,他会弄得很神秘;本来可以在大庭广众之下说的话,他会用耳语;本来可以当面说的事,他要背着人说;他还善于偷听别人的谈话,然后居间挑祸。"小人"居心叵测,成天鬼鬼祟祟。身边有了"小人",日子就不会太平了。

以上五点仅是对"小人"的一个大概描述。总体上说,"小人"不是指"小人物",而是指那种心怀叵测,品行不端,忘恩负义之人。

"小人"形形色色。有的胸无大志,混碗饭吃而已;有的就天生那么个德性;有的则是胸怀"大志",负有野心。前两种小人没有多少能耐,掀不起大浪,后一种则是有大能耐的,这种"小人"一旦得志,"子系中山狼,得志便猖狂",是十分可怕的了。

"近君子,远小人",是孔老夫子的教诲。漫画"小人"是要认清"小人",不被"小人"利用,防止上"小人"的当,避免添乱。

钱　说

关于钱,古往今来是个常说常新的话题,见仁见恶,见智见愚,众说纷纭(本文仅限于个人与钱的关系而言)。比较典型的说法有:

"钱是命,命是狗卵子";"钱是上帝,是爹妈";"钱是身外之物,有它不多,无它不少";"钱不是万能的,没有钱是万万不能的";"有钱能使鬼推磨,没有钱自己推磨";"钱是万恶之源,是惹祸的根苗"。

这些典型的,也是极端的说法,表明人们对钱的看法是偏激的。

一、钱对于生存和发展是重要的

人的基本生存条件是衣食住行。钱对于衣食住行是十分重要的。没有钱,就要挨冻、挨饿、挨风雨,行就只能靠两条腿,这是很普遍的道理。中国有句老话"一文钱逼死英雄汉",是说英雄没钱也不行。中国绝大多数老百姓起早贪黑,辛勤劳作,拼命挣钱,就是为了生活,为了解决自己和家庭的生计,即衣食住行的问题。甚至有的家庭,经过几代人的努力才能解决住的问题。2011年中央政府把控物价、稳房价作为重大目标,就是为了保证老百姓基本的衣食住行,因为高物价、高房价已经影响到了老百姓的基本生活。那些至今仍生活在贫困线以下的人群,政府发给最低生活保障金,也是为了保证这些人能解决基本的衣食住行问题,能生活得下去。国家实行扶贫政策,对贫困地区实行财政转移支付,目的也是为了保证贫困地区的人们能生活下去。

在解决了人的基本生活需求衣食住行后,钱对于人的发展也是重要的。人的发展,实际上是人的精神需求,如上学、技能培训、新知识的接受、文化生活等。没有钱,上不了学。过去因为没有钱而辍学的不仅有中学生、大学生,还有小学生。国家实行九年制义务教育,小学生辍学的少了;国家虽然对中学生、大学生实行助学政策,但是,因没钱而上不了中学的还是有,贫困生可以借贷款上大学,然而生活也是很艰难的。有的要靠勤工俭学,有的一日三餐则是咸菜加馒头,导致学生营养不良。至于技能培训,没有钱学不了驾驶,学不了电脑。文化生活方面,没有钱买不起电视机,更买不起电脑。

总而言之,钱对于人的生存和发展是十分重要的,是须臾不可离开的。现在有人说,"钱算什么东西,钱是狗屁,钱是身外之物",钱对于有钱的人来说,是这样的。但是,这里面有两个问题:一是这句话忽视了钱对于生存发展的重要性;二是讲这种话的人大都是在改革开放中暴富起来的人,他也忘记了自己那些无钱的日子。

二、君子爱财,取之有道

"君子爱财,取之有道",这是中国古圣贤说的。

钱是什么? 马克思把钱称之为货币。货币作为商品交换中的一般等价物,具有价值尺度、交换手段、贮藏手段等作用,因此,从一定意义上讲,钱是财富的象征。"君子爱财,取之有道",是说人都有利己性,君子也不例外,君子只是强调要合情合理合法取财,即挣钱。

当今,获得钱财的途径大致有:

1. 通过诚实劳动和合法经营挣钱,是劳动所得,这类劳动者包括工人、农民、知识分子、干部、个体工商户、企业主等。这是中国大多数人的挣钱方式。

2. 通过土地、房屋的出租取得租金,通过资金、资本的运作取得的利息、红利等,这是非劳动所得。

3. 通过购买彩票而中奖者,这是投机所得,是极个别的。

4. 通过炒股、炒房、炒各种农副产品所得,这是暴利,但风险很大。

5. 走私、贩私、偷逃税款所得。一经查实,将受到罚没甚至判刑的处罚。

6. 利用职权贪污受贿所得,有人称之为灰色收入,一旦东窗事发,会身败名裂、人财两空。

7. 偷窃、盗窃所得,通过搞黄赌毒所得,这是法律所禁止的,一旦查实,是要负刑事责任的,甚至有掉脑袋的可能。

在这些挣钱的途径中,1~3条是国家法律所允许的。第4条,如果是一般的参与炒作,国家法律也是允许的,但如果是囤积居奇,哄抬物价,恶意炒作,扰乱市场秩序,就在法律禁止和打击之列。5~7条则属于严重的违法犯罪行为。

世界上的钱财,犹如长江里的水,很多很多。如何取得是大有讲究的。诚实劳动、合法经营,人会很辛苦,钱挣得不容易,但这是合情合理地挣钱,每个钱都是光荣的,心里很坦然。用其他的途径挣钱,钱来得快,可能不怎么辛苦,但是风险很大,甚至冒着坐牢杀头的风险,心里很纠结,提心吊胆,如坐针毡,如履薄冰,如临深渊。因此,不是什么样的钱都可以去挣、去拿的。合法的钱,大胆地去挣,违法的钱,不要去碰。

三、钱与其他

在世界上,钱与许多事物都是有关系的,如:

（一）**钱与价值观**。"人为财死,鸟为食亡","一切向钱看"。把钱作为衡量一切的标准,把钱的多少作为人生价值的体现,除了自己没有别人,除了钱没有别物,这是极端利己主义加金钱拜物。其实,人生的价值并不在金钱的多少,人生的价值在于对社会、对他人贡献了多少,与此相应的是社会和他人对其认可度,荣誉度。有的人钱很多,但视钱如命,是不可能获得人们尊敬的。比尔·盖茨曾经是世界上最有钱的人,他提出身后把全部财产捐献给慈善组织,得到全世界人的尊重。有的人钱并不多,但知道怎样回报社会、回报他人,就能获得人们的尊重。媒体报道过一位捡破烂的奶奶,资助五十几位学生读书,这是何等的高尚,能不被尊重吗?

（二）**钱与诚信**。诚信是做人的根本,当然也是经济交往的根本。在"一切向钱看"的影响下,社会诚信度在下降。经济生活中的假冒伪劣、虚假广告的欺骗宣传,利用电话、手机搞金融欺诈,债务人不履约赖债躲债等现象,几乎无处不在。这是很可悲的! 事情也有另一方面,媒体也报道了父债子还,夫债妻还,兄债弟还,子债父还等动人的事。最近报道的河北省泊头市一位叫侯宝银的 78 岁老人,在他的三儿子及三儿媳煤气中毒死亡后,贴出特别公告,通知三儿子的债主们,对其儿子所欠债务自己负责偿还,目的就是做人要诚实守信。他用了不到三年的时间,还清了儿子五万多元的债务,这时他才感到"一块大石落了地",侯宝银老人是把诚信看得比钱更重要的人。这是我们这个民族光明的一面。

（三）**钱与精神**。人的精神生活有两极,痛苦与快乐。钱与痛苦,这似乎是不沾边的。小品《不差钱》里有句台词,"人最痛苦的是,人没了,钱没花了","人最最痛苦的是,人活着,钱没了"。这两句台词广为流传,是因为,除了调侃之外,也说明了一些事理。没有钱,是痛苦的,但是这种痛苦往往会激发人的斗志,"穷则思变",通过努力奋斗来改变自己的生活状况。有钱是不是就一定快乐呢? 这要具体问题具体分析。有钱可以办自己想办的事,或者还能帮助别人,这是惬意的、快乐的。有钱有时也会遇到麻烦,为钱的安全、为钱的保值增值、为钱的处置(家庭成员的争夺)、为钱的分割(身后),徒增烦恼。那些非法或违法所得者更是"一日三惊",就怕哪一天警车开到家门口,公安局或检察院的人来敲门,生活怎么可能有快乐呢?

（四）钱与贪。人不可无钱，钱是不是越多越好呢？通过合法的途径挣得的钱，再多也不是坏事。如果是出于贪心，有了十万想百万，有了百万想千万，有了千万想过亿，这就不一定是好事。因为，贪心往往会滋生邪恶，钱越多，罪越重，最终将会被钱毁掉，被钱送进坟墓。赖昌星靠走私贩私、偷逃税款500亿元人民币，曾经富甲一方，结果成为全国最大的走私犯，潜逃国外12年，最终还是被押回国内归案。党和政府内的那些腐败分子，依靠薪酬完全能过上有尊严的衣食无忧的生活。由于贪心贪污受贿，上百万、上千万，甚至过了亿。贪欲使他们失去了理智，"利令智昏"。2011年被执行死刑的原苏州市副市长、原杭州市副市长，都是钱把他们送进了坟墓。有媒体报道称，原昆明市的一位副市长，受贿六千多万元，检察院数钱数了一天。当检察官问他要这么多钱有什么用时，他说，"这钱只有一个用途，成为判刑的依据"。"人之将死，其言也善"，这句振聋发聩的话，应当为一切贪心者戒！

（五）钱与人格尊严。就个人和家庭来说，钱有多寡之分，人有富人穷人之别，而且穷富之间的差别很大，甚至有越来越大之趋势。宪法赋予每个公民的人格尊严是一样的，平等的，人格尊严是不分穷富的，穷人大可不必去仰仗富人的鼻息，跪着生活，穷人也不可犯"红眼病"，仇富恨富。有钱的富人也不可"为富不仁"。前不久，媒体报道了一件事，一位贵妇人牵了条狗遛街，狗拉了屎，清洁女工赶了一下狗，这位贵妇人动了肝火，破口大骂："你挣几个钱，我的狗比你值钱的多。"在有钱的人眼里，她家的狗比人值钱，在中华人民共和国的土地上，有钱人说出这样的话，国法难容，天理难容。再联系到一些企业主打骂体罚员工，超市对顾客非法搜身，开胸验肺等事情表明确实是有些有钱的人不把别人当成一回事。他们自视财大气粗，高人一等，神通广大，没有摆不平的事。其实，他们在说话做事之间不仅伤害了他人的人格尊严，也在众人面前损害了自己的人格尊严，只不过是他们感觉不到，或者不愿做这样的反思而已。那位牵狗的贵妇人自认为在清洁工面前挣足了面子，自己的人格尊严得到了满足，殊不知在别人看来，珠光宝气只不过是"金玉其表"，破口骂人倒是"败絮其中"。

四、结论

在商品经济和市场经济条件下，钱对于人的生存和发展是重要的，在满足可生存和发展的情况下，钱是身外之物，钱多钱少都一样。钱是重要的，但钱不是万能的，世界上有许多比钱更珍贵的，也是钱所买不到的东西，如人生的价值,人的人格和尊严,人的良心,人的声誉等。我们提倡合法地挣钱,反对通过歪门邪道等非法或违法的手段挣钱。在对待钱的问题上,要力戒贪心,贪心所得,结果必是得而复失,最终会葬送自己。人不是为钱而活着,钱是为人活着服务的,要做钱的主人,不要做钱的奴隶,"守财奴"的可悲就在于颠倒了人与钱的关系。

苦难是所学校

　　快乐、幸福、一帆风顺是人人都向往的,这也成为人们相互之间的祝福语。然而,生活是现实的,人生不可能如想象的那样,苦难是不可避免的,只不过是不同时期,所经历的苦难,内容会有所不同,同时期的人所受的苦难程度会有所不同。因此,苦难,是人人都想避免而又不能避免的。那么,对苦难怎么看呢?对于已过花甲之年的我来说,苦难是所学校,是人生中最重要的经历,在直面苦难中所升腾起来的精神,是宝贵的,其影响是深刻的。

　　在一生中,特别是在青少年时期经历过苦难的人,大都具有如下的优点:

一、勤奋好学

　　在我上小学、中学的那个时期,有三分之一以上的小孩因交不起学费而上不了学,即使上学了,有的读到二三年级、或者读到小学毕业就辍学在家了。能上个中学,那是万幸的了。从小学到中学,百分之九十以上的学生也都是在跌跌爬爬中熬过来的。交不起书钱,交不起学费,被罚站,回家要不到学费而被骂是常有的事。放学回家还要帮助家里做家务事,带弟弟妹妹,割草、放牛、烧火煮饭等,那时用的是煤油灯,为了节省灯油,吃了晚饭就被赶着上床睡觉,几乎没有时间做作业。那时上学,上课时集中精力听老师讲课,下课就做作业,晚上睡在床上想想白天老师讲的课算是复习,此外,在灶膛里烧火的时候边烧火边看书,早晚放牛的时候边放牛边看书,就是最惬意的。那时上学之艰难是现时的学生们很难想象的。正因为上学之艰难,也养成了我爱看书、爱学习的习惯,这个习惯保持至今。

二、勤俭朴素

　　我们是生在新社会,长在红旗下,没有吃过旧社会的苦,然而,新中国是建立在"一穷二白"的基础上的。新中国成立以后人民生活状况虽有些改善,总体上还是很穷的,特别是遇到三年自然灾害,缺吃少穿、挨饿挨冻是生活的常态。我们是在饥饿中长大的,深知一碗粥、一口饭、一件衣对于生活,及对于生命的重要性。勤劳、节俭、朴实,不懒惰,不奢侈,不浮华,是我们这代人的政治本色。尽管我后来有了工作,并在一个单位主持工作近二十年,现在已经退休，工资在增长，生活在改善，现在已经衣食居住无忧，但是，本色没有消退。因为，由青少年时期的经历所养成的生活观念，生活方式和生活习惯没有发生根本的转变。现时的那些所谓的"时尚"，我们不去染指，不是因为消费不起，也不是因为吝啬，而是认为没有那个必要。吃饱了不能忘记挨饿，穿暖了不能忘记挨冻，住好了不能忘记屋漏。勤勤恳恳，朴朴实实，这才是不经过包装的真我。

三、待人以善

经历过苦难的人都知道，人是需要帮助的。上小学的时候，有时做练习没有纸，同学会递上一张纸，铅笔头用完了没有笔，同学会借铅笔给用一下，字写错了没有橡皮擦，同学会借橡皮擦擦一下；肚子饿了，到邻居、亲戚或者同学家里去了，吃碗粥；工作中遇到挫折，情绪低落时，领导或同事给一句安慰或鼓励的话；办大事，手头拮据了，朋友借点钱；生病住院了，亲戚朋友领导同事来看望一下，等等。这些事，在别人可能是人之常情，在自己是解了燃眉之急。在别人可能早已忘记，在自己却是终身难忘。事情虽小，却都是雪中送炭。从这些小事中能感悟出人的善的方面。人待我以善，我待人也必以善。善不仅仅是一种说教、道义、更是生活经验的感悟。正如快乐和幸福不可能陪伴人的一生一样，苦难也不会伴随人的一生。经历苦难之后，生活会逐渐地好起来。生活好了，不能忘记苦难，不能忘记在苦难时善待我们的人，不能忘记现实生活中还有许多正在经历苦难需要帮助的人。我们的能力有限，不可能帮尽天下劳苦大众，但是，我们应该力所能及地去帮助那些曾经帮助过我们的人，去帮助亲戚、邻居、朋友，特别是他们中的那些年老体弱者。一个人是否善，主要体现在同情心、怜悯心上。一个没有同情心、怜悯心的人是不可能有正义感的，也就不可能具有善心，更不可能做到待人以善。

除以上三点外，苦难对于人生的深刻影响还在于：对待苦难的态度可以造就一个人。是被苦难压垮，从此一蹶不振，还是与苦难抗争，百折不挠，锻炼出坚强的意志和战胜一切困难的豪情壮志。前者是极少数，后者是绝大多数。有的人把苦难当成包袱背起来，因为深知生活之不易，金钱财富之重要，于是在获得一定的权力后贪得无厌，不择手段地攫取财富，最终坠落为腐败分子，这样的例子已不少见。有的人把苦难的经历作为财富，做到知足常乐，不做金钱财富的奴隶，这样的人应是大多数。

孟子云："天将降大任于斯人也，必先苦其心志，劳其筋骨，饿其体肤。"中国还有句老话,叫"艰难困苦,与汝玉成",都是说苦难对于一个人的成长是重要的。历史上这样的例子不乏其人;文王拘而演《周易》,仲尼厄而著《春秋》、司马迁蒙羞撰《史记》,曹雪芹穷困潦倒而有《红楼梦》,都是讲的孤而发愤。苦难是一所学校,在这所学校里能学到什么是人生,怎样面对人生。在过去,苦难是一所穷人、穷人家子弟的学校,是富人、富家子弟无法读到的学校。在时下,随着经济和社会的发展,能读这所学校的人越来越少了。这是时代的进步。我们不可能要求现在的青少年回到 20 世纪的五六十年代去,但是,不经历风雨,不涉苦难,不经打拼、不经历练是难以成全人生,难以成就事业的。"温室里的花朵"尽管好看,却经不住风雨,更缺乏担当。90 后的年轻人,特别是那些"富二代"们,他们大都以自我为中心,以金钱财富为价值取向,躺在父母的怀里过日子。有意志脆弱者一遇挫折就惊慌失措,甚至想到自杀或他杀,如最近西安审理的"药家鑫案",就是典型一例。青少年都成了"温室里的花朵",社会就会得"软骨病"。青少年的理想、意志等精神层面的东西影响着一个国家的未来。脱离苦难是值得庆幸的,但是,由苦难而锻炼出来的人的这些优点又该怎样去塑造呢? 这是全社会都应该面对和解决的问题。

珍爱自己

人的一生中,有许多东西是必须也是值得珍爱的。

珍爱名誉。名誉是公众对一个人品行的评价,是同其姓名连在一起的。名誉受法律保护,当一个人的名誉无端地遭到诋毁时,可以寻求法律的保护。名誉是一个人的形象,如同生命一样重要。名誉好,能得到公众的承认、信任和尊重,名誉不好,会受到公众的歧视、唾骂。名誉不仅影响个人的一生,而且对上辈、下辈都有影响。在市场经济条件下,"有钱能使鬼推磨",钱可以买来荣誉,如获奖什么的,钱可以买这买那,但是,钱是买不来名誉的。因为,名誉是公众对个人品行的评价,是社会性与实践性的统一。个人的品行,就是个人的思想品质和行为的总和。品行好就要有较高的思想境界,高尚的道德情操和较高的素质。思想道德品质不光是说,更重要的是要践行,要践行一辈子。珍爱名誉,就是要遵守法律,不能突破法律和道德的底线。要一辈子做好事,不做坏事。人不维护名誉,什么鸡鸣狗盗、男盗女娼的事都可以去做。现在有一句话,"金杯银杯不如口碑",这"口碑"就是说的名誉。要获得众口一词的赞誉很难,但至少不能留骂名,还是可以做得到的。有一位诗人说过,"有的人活着已经死了,有的人死了他还活着",这就同名誉有关。珍爱名誉,最主要的是要分清哪些事能做,哪些事不能做。往往好事做了成百上千,而在某件事上栽了"跟头",落个身败名裂,悔之晚矣。"一失足成千古恨",是古往今来"失足者"的感叹,其中包含着"失足者"的无限的懊恼悔恨以及对世人的警示,我们不能做"失足者"。

珍爱工作。中国有13多亿人口,是世界上劳动力资源最丰富的国家,就业的压力也最大。中央提出"就业是民生之本",把增加就业作为经济社会发展的优先目标。找一份工作十分不易,有一份工作要十分珍惜。做工作,拿工资,是我们个人和家庭生活的主要来源。失去了工作,就失去了这个主要来源,虽然有失业金,或者有最低生活保障金,这只能维持最基本的生活需要。一些退下来的职工、干部,他们有一份退休金,能保证他们过上体面的,有尊严的生活,然而,一旦离开了工作岗位,他们就感到很失落,很空虚,原因就在于没有工作了,没事干。因此,每个在工作岗位上的人都要珍爱自己的工作,在自己的工作岗位上恪尽职守,多作贡献。如果视工作为儿戏、不认真或者这山望着那山高,不专心或者眼高手低不重视自己的工作,哪天被炒了"鱿鱼",失去了工作,就追悔莫及了。

当然，现在提倡人才流动、双向选择。失去了一次，还可以重新找，然而，重新找工作并不是件容易的事，即使找到了工作还要重头来，重新开始，费时费神费力，是得不偿失的。中国有句老话"树挪死人挪活"，现在这句话仍然是有道理的，这主要是指两种情况，一是有专业技术特长，走到哪里都有人要；二是原有的，或者现有的工作岗位不能发挥自己的聪明才智，找一个能适合自己的惬意的工作，有利于自己发展。即使是这两种情况，找到了新的工作，也要珍爱。如果不加珍爱，工作不认真负责，不专心热心，还会失去工作，那就不是"人挪活"了，可能会像树那样"挪死"了。人的一生中能工作的时间是有限的，就那么三四十年，是经受不起挪来挪去几个"折腾"的，"折腾"多了，终究一事无成。最好的选择还是珍爱现有的工作，干一行、爱一行、钻一行，才能成就一番事业。

珍爱健康。事业、长寿、幸福几乎是所有人追求的目标，而这些都与健康有关。成就一番事业，要有健康的体魄；长寿的基础就在于健康；幸福更是与健康密切相关，生病是痛苦的，就谈不上幸福。人人都希望健康，但是健康常常被忽视。尤其是被青壮年人所忽视。青壮年时期是人的生命力最旺盛的时期，是很少生病的时期。这个时期人们关注的是工作、事业而很少顾及自己的身体和健康状况。其实，这个时期是工作、生活、家庭压力最大、负担最重的时期，也是身体健康透支的时期，正是在这个时期容易积劳成疾，而不被重视，小病酿成大病，或者急性病转成了慢性病直到成为老年性疾病。有人说："50岁之前是拼健康去挣钱，50岁以后是花钱买健康。"这是现实生活的写照。健康对于健康的人来说往往不以为然，但是对于失去健康的人来说才知弥足珍贵。"只有生过大病的人才知道健康的重要。"为了生活、家庭，挣钱是必要的。当一个人病入膏肓而无法救治时，钱已经没有意义。人的身体素质有先天的因素，如父母遗传；也有后天的因素，如饮食、卫生习惯、工作节奏、精神状况、人际关系等。先天的东西早已注定，难以改变，后天的则是变动的。珍爱健康，就是要关心身体状况，养成良好的饮食卫生习惯，保持豁达开朗的心态，把握工作的节奏，建立和谐的人际关系，进行适当的体育锻炼，切忌赌吃、赌喝、赌气。人的一生生病在所难免，要正确对待，不要掉以轻心，也不要心负过重。有病早治，不要讳疾忌医，小病酿成大病。身体健康不可以搞透支。生命与钱财相比，钱财是人创造出来的，而生命只有一次。

人生就在得失之间做选择。名誉、工作、健康拥有时未必感到珍贵，而一旦失去才会倍感珍贵。失了工作还可以再找，而名誉、健康是很难失而复得的。

珍爱自己也要关爱他人，关爱他人与珍爱自己是统一的，这具有普世的价值。以自我为中心是排斥他人的，是极端利己主义的，是必须反对的。

爱过即恨

爱与恨是感情的两极，犹如水火不能相容，冰炭不能共器。爱怎么会产生恨呢？其实生活中由爱而恨的事是经常发生的。这里不说一般情况下的爱恨，单说家庭中的爱恨。因为家庭是以血缘关系为纽带的，是靠亲情维系的，在所有的爱中，尤以亲情之爱为最博大、最深刻、最细微、最无私。

先说夫妻之爱。夫妻关系是建立在爱情基础之上的。爱情是神圣的，不可亵渎的。有许多的夫妻恩爱有加、相濡以沫、白头偕老；有的夫妻因价值观、脾气性格相左而半路相抛；有的夫妻由于爱至极处，担心失去对方，男的怕女的"红杏出墙"，女的怕男的"寻花问柳"，一方或双方盯得很紧，甚至疑神疑鬼，经常吵闹打架，以至要离婚。这恨不是因为不爱而是因为爱过。

其次说父母对子女之爱。父母对子女的爱是无私的、无微不至的。子女一出生，父母对幼子女的哺育是精心而周到的，这时的子女是体会不到的。等到子女们上学了，父母除了关心子女的衣食冷暖，最重要的是关心子女的学习。"望子成龙，望女成凤"是中国父母的普遍心态。现时学生的学习负担已经十分沉重，而父母除紧盯子女的作业外，还要送子女上各种补习班、特长班。12年的小学和中学，学生大都是在父母的监护下生活学习的。父母对子女唠叨的最多的，管的最紧的就是学习。子女没有欢乐，没有自由，疲惫不堪，对父母产生逆反心理，严重的甚至产生怨恨。当子女到了男婚女嫁的年龄，父母又要为子女们的婚姻操心劳力，都希望子女能有美满婚姻，都担心子女婚姻不幸，于是亲自为子女把关，甚至包办代替。子女自由恋爱，父母感到不满意的，坚决不同意，用各种办法去拆散。由此而产生子女的反叛心理。子女成家立业以后，父母仍把他们当小孩看，从饮食起居工作学习，到与外界交往仍是问长问短，子女感到很不自由，产生所谓的"代沟"，"代沟"深了，矛盾多了，子女就会产生离弃心理，于是离父母而居，获得一点自由的空间。子女对父母依次产生的这三种心理，非父母对子女不爱也，而是父母对子女爱过也。

再说子女对父母之爱。子女对父母之爱具有回报的性质。在子女看来，父母的哺育养育之恩，似山高，似海深。回报父母一是成才，二是孝顺。尊敬父母，顺从父母，赡养父母，特别要让父母过一个体面的有尊严的幸福的晚年，是子女的共同愿望。子女们希望父母晚年能少操心，少劳累，少省钱，有一个愉快的心情和健康的身体是最重要的。但是,进入晚年的父母们是从过惯了苦日子,做惯了事情过来的,操心劳累,省吃俭用是他们的本色和习惯。他们大都想趁着还忙得动的时候为子女们再忙点。这样子女们抱怨父母不理解他们的一片孝心,抱怨父母有福不享,有福不会享;父母们埋怨子女不了解他们做惯了,不做就难受会生病。相互抱怨和埋怨就会产生感情上的裂痕,这种裂痕也不是由不爱而生,而是因为爱之过也。

以上所说的三个方面可能都是家长里短,然而却是活生生的,是大多数家庭正在面临的实际问题。如何解决这些问题呢? 看来在爱的问题上要把握以下几点:

一、爱要有度

人要有爱心,而且要提倡大爱,博爱,这是就全人类来说的。家庭的亲情之爱是现实的,具体的,要有个度。孔子说"过犹不及",是说做过头了,等于没有做,看来孔老夫子是懂得辩证法的。"爱过即恨"是指爱的过了头,爱得使人受不了,就会转向反面,由爱生恨。掌握爱的度,即是说爱要有个底线,这个底线就是不能强求对方接受自己的意志,不能剥夺对方的自由,不能强制对方去做不愿意做的事情,一旦突破了这个底线,爱就过头了。在自己是出于爱,在对方就可能产生恨。爱是要以尊重对方为前提的,要尊重对方的人格尊严、尊重对方的各项基本权利,包括隐私权、话语权、知情权等。爱是要以对方能否接受为考量的。

二、爱是要交流的

有人说爱情是自私的。这个自私主要是讲它的"专一"性和排他性。爱情是讲回报的,一方爱着对方,若对方总是冷若冰霜,这样的爱情是不可持续的。夫妻之间只有相互关心、相互体贴、相互谦让、相互宽容,爱情才能持续发展。父母对子女的爱大多是不图回报的,"可怜天下父母心"、"儿行千里母担忧",父母是时刻把子女放在心上的,子女的心里也要装着父母亲。当父母对子女或者子女对父母由爱过而产生矛盾时,如果不交流,把话闷在心里,日积月累,矛盾日深,感情日疏,就会生出恨来。只有及时交流、沟通,以求得相互理解和尊重,爱就不会产生恨,即使由爱产生了恨,恨也会再转化为爱,这个过程就是交流的过程。

三、爱要与时俱进

谈情说爱是爱情在结婚之前的主要内容和形式,它是朦胧的、虚无缥缈的。结婚以后,生儿育女、当家过日子成为夫妻间主要的任务和目标。到后来,子女的成家立业以及对父母的赡养又成为夫妻间的任务和目标,为共同的任务和目标努力奋斗是爱情持续发展的基础。当进入"黄昏恋"之后,夫妻间相互搀扶、体贴和照顾,爱情虽然进入尾声期,却是进入到又一个高潮。父母对子女的爱,也要与时俱进,不能总把子女看成小孩,从头管到脚,尤其是当子女结婚以后,他们也生儿育女,成家立业了,就更要尊重他们,给他们以生活、事业发展的更大的空间。子女对人到中年的父母的爱则表现在要多帮衬父母,分担父母肩上的重担,对步入晚年的父母要多关心他们的身体和精神生活,多问候、勤看望、多陪伴、多交谈,消除父母的寂寞,让父母感受到子女的关爱,享受天伦之乐。

人的生命是爱的结晶。家庭有爱而不爱过,"其乐融融",这是中国人所追求的家庭的理想境界。

常怀感恩之心

感恩之心是人之良心的重要方面,也是中华民族的传统美德之一,"吃水不忘挖井人",滴水之恩当涌泉相报,是中国人的感恩观。有恩必报是君子,有恩不报是小人,恩将仇报是恶人,则具有普世的价值。

一个人来到世上直到离开,总是生活在家庭和社会之中,恩情伴随着人的一生。对待恩情是什么样的态度,体现了一个人的人品。常怀感恩之心,是人品高尚的重要表现。恩情,涉及家庭和社会生活的方方面面,归纳起来,大致可以分为养育之恩,知遇之恩,滴水之恩。

养育之恩主要来自父母和老师。人出生时,母亲的阵痛,有时就处在生死之间。人出生以后尺把长,母亲的喂养,一把屎一把尿,针头线脑,上学读书,直到男婚女嫁,父母的心血、辛苦是说不完的。即使成家立业以后,父母的关爱仍是常绕身边。"儿行千里母担忧","可怜天下父母心"。父母的养育之恩对我们每个人来说都是刻骨铭心的,常怀感恩之心,首先是感恩父母的养育之恩。"百善孝为先",对父母的养育之恩应以孝顺当回报,尊重父母,关心父母是每个子女的责任。社会上不时出现忤逆父母的报道,"忤逆子"是猪狗不如之徒。老师,尤其是启蒙阶段的老师,给人以知识,授人以技能。"知识就是力量",一个人的本事再大,也离不开老师或师傅的教诲,"一日为师,终身为父",应常感恩于师长的培育之恩。中国传统教育中的天地君师亲,把师长的地位排在父母之前,尊师也是中华民族的传统美德之一。

知遇之恩,主要对领导的举荐、拔擢的一种感激之心。人都是有追求有抱负的,而且人都是有所长有所短的,用其所长,才能发挥更大的作用。千里马虽好,没有识马的伯乐,它还是马群中一匹普通的马,有多大的能耐和抱负都难以施展。提拔干部,首先要有人提名,然后经过组织考察,才能得到提拔或重用。没有人提名,工作干得再好,也只能是默默无闻地重复着该干的工作。每一个被提拔重用的干部都是有人举荐的。举荐者对其就有知遇之恩,干部当得越大,级别越高,这知遇的次数就越多。对知遇之恩,不是说要对举荐者送钱送物以报答,而是说要常想到能走到今天这一步,是离不开某人的举荐的,对举荐者给以尊重,打打电话以问候,方便的时候给以看望,有了困难能给予关心,举荐者也就感到足矣。有的干部,包括有些领导干部常把自己的职位看成是靠自己的本事得来，全然不念组织的培养、领导的举荐，有的甚至过河拆桥，不把举荐者放在眼里，这种干部就品行不端了。出现这种情况，举荐者只能自吞苦果，怪自己瞎了眼睛，看错了人。

滴水之恩，主要指虽为小事，但解了急难之恩。人一生不可能一帆风顺，总会遇到一些急事难事，这时别人伸出援手，解了急难，在别人可能是举手之劳，对自己就是雪中送炭。比如，一碗粥对于饥饿者，一件衣对于受冻者，一杯水对于饥渴者，几块钱对于身无分文者，一支药对于病患者，都能解燃眉之急。这些都属滴水之恩。在我的经历中，有几次这类事情：三年困难时期，有一天我的大弟突然脸色苍白，晕倒过去，是一碗粥汤把他救醒；小学毕业考初中时，姨母给了我一角钱让我买了两个番茄当中午饭；上初中时，我只有两条单裤过冬天，是班主任老师申请补助，给我一条秋裤让我度过了严冬；考上县中初中部后，由于家里穷，上不了学，县中派人上我家做工作，最后杨斐然校长从县中跑到栏杆桥我家，答应免学费、书钱，且有助学金，我才上了中学，等我到县中报名的第二天已是期中考试。每念及这些，感恩之心油然而生，我从内心深处感激他们啊！这些事虽小，几十年以后当事者都忘了，但对我来说却是没齿不忘，深深地保存在我的记忆之中。同时也激发我努力地工作，做一个对社会有用的人。

社会上有这样的人，遇到急事、难事找人帮忙，事过也就忘了；也有帮了他十次忙，有一次没帮上，前面帮的忙他都忘了，记住的是没帮上忙他的那一次；也有帮了他多次忙，当找他帮忙时，他将你拒之于千里；还有帮了他多次忙，当某一件事与他的利益发生冲突时，他会全然不顾过去，撕开脸面跟你纷争……这些都是缺乏良心道德的，为有良心的人所不齿。有恩于人，不图回报。人有恩于我，常怀感恩之心，大家都有这份阳光的心态，社会将更加互助友爱，文明和谐。

常怀恻隐之心

恻隐之心是人的心理意识。中国的先贤曾说过："恻隐之心,人皆有之。"是说恻隐之心是每个人都具有的,是与生俱来的。这种心理意识具有三个层面:

一、可怜心

或者说是可怜之心,慈悲之心。当遇见悲惨场景时,人会动心、痛心、动容,以致落下泪来。悲惨场景很多:如战争导致的死亡,血流成河;大的自然灾害造成的流离失所的难民;残疾人特别是四肢不全的残疾人在沿街乞讨;孩子饥寒时的啼哭,特别是与父母离别时撕心裂肺的哭叫;中年丧妻(夫)、老年丧子之痛;车毁人亡时的交通事故的现场;孤独的生活无着落的老人;智障者痴呆的目光和傻笑;癌症病人临终前痛苦的呻吟;家人流血的伤口……生活中悲惨的场景不胜枚举,仅仅这些哪怕是其中的一例都会使人的心隐隐作痛,产生可怜之心。刘伯承元帅在新中国成立后再也不看战争片,有的人怕见血,有的硬汉不怕血就怕泪,有的干部不怕"狠人"就怕穷人,其实都是由人的怜悯之心决定的。

二、同情心

同情心是建立在可怜心基础上,经过政治的、法律的、道德的评价之后对悲惨场景所做出的心理表态。简单地说,对悲惨场景人人都会感到可怜。对"天可怜见的"事是不是都会表示同情呢?那不一定。我们常常听到这种说法:"是可怜,但不值得同情。"这话是有道理的。比如沿街乞讨的,是可怜的,但对于那些以身体残疾或智障为由欺骗路人的专业乞讨者就不值得同情,同情了这些人就等于同情了欺骗,而且乞讨者会越来越多;对于囚犯,他们失去了自由是可怜的,但是这些人大都作奸犯科,有的甚至作恶多端、恶贯满盈,也是不值得同情的;那些腐败分子,在职时台上发号施令没有人敢不听,外出时鞍前马后有人伺候恭迎,娱乐消费有人陪伴买单,可以说"风光无限",一旦"东窗事发",身败名裂,"座上宾"成为"阶下囚",反差之大,也怪可怜的,但是,这种人不是衣食无着,而是因为贪婪以致如此,也是不值得同情的。

同情心与可怜心是有区别的。这是因为同情心不是人的心理的自发意识，而是人的心理自觉，是对可怜对象做出政治的、法律的、道德的判断之后产生的心理意识，已经上升到意识形态的范畴。由于人们的政治的、法律的、道德的观念不同，人们对可怜对象所形成的心理自觉也是不同的。同样的可怜对象，有人会做出同情的反应，有人做出不同情的反应，还会有人做出别样的反应。这都是很正常的。然而说到底，人还是应当有同情心的，事实上人也是有同情心的，只不过反映在不同的人、事上而已。

三、正义感

正义感是建立在可怜心、同情心基础上的，以平等、公平为核心内容的社会责任感。平等待人，公平做事。在等级森严的社会里，平等和公平只是人们追求的一种理想境界，但是即便如此，仍有梁山好汉"替天行道"，路见不平、拔刀相助。中国古典小说和现代的武侠小说中但凡带"侠"字的人物，大都是具有正义感，为正义感而战的大小英雄们。今天，社会主义从制度上保证和维护着平等公平，但是，现实生活中平等公平仍然面临着巨大的挑战，不平等不公平的事时有发生。比如，上下级之间、干部和群众之间能否做到平等相待；弱势群众能否得到政府和社会的有效帮助；那些依官仗势者、为富不仁者、力大为王者、穷凶极恶者的行为能否得到有效遏制，赌吃嫖窑、偷窃扒拿、坑蒙拐骗、诬陷讹诈者等行为能否得到制止，这些除了法治外，最重要的还是依靠人们的正义感。人人都具有正义感，社会就不会出现这些问题，即使出现了一些问题，也会很容易治理。我们说要常怀恻隐之心，不仅仅在于唤起人们的可怜心、同情心，而在于唤起人们的正义感。没有可怜心、同情心的人是不会产生正义感的；而具有正义感的人肯定是具有可怜心、同情心的人。人有了正义感，面对邪恶能不畏权势为自己或为他人敢怒敢言、敢作敢当，为伸张正义赴汤蹈火、在所不辞。人人都有可怜心、同情心、正义感，一方有难、八方支援；临危不惧、见义勇为，老吾老以及人之老，幼吾幼以及人之幼；邻里相伴、相互守望，我们的社会，我们的国家就会充满阳光和希望。

常怀敬畏之心

畏天命，畏大人，畏圣人之言，是孔子的观点，"孔三畏"曾遭到"体无完肤"般的批判，但是彻底的唯物主义者是无所畏惧的。2010年，习近平在中央党校讲话时提出要有敬畏之心，其内容已经记不大清楚了。但是，敬畏两字印象深刻。自改革开放以来，中央领导到中央党校讲话，讲得最多的莫过于"解放思想"，而解放思想是要胆子大的，无所畏惧的。无所畏惧与敬畏，是也非也？常常在脑子里打架，辩来辩去，终于有些明朗。

敬畏，从字面解释就是敬重和畏惧，它提示的是要小心谨慎些。彻底的唯物主义者，应该是辩证唯物主义和历史唯物主义的统一，它倡导尊重事实，尊重规律，尊重人民群众，在这三个方面来不得半点虚假，还是小心谨慎些好。常怀敬畏之心与做彻底的唯物主义者是相通的。

那么在哪些方面要常怀敬畏之心呢？

第一，在客观事实方面。事实是客观存在的，来不得半点的虚假或主观臆造。掩盖或隐瞒事实，或者对事实掺假使杂，注入水分，或者对事实的原因加以歪曲，或者颠倒事实，都是对事实不负责任，轻则要受到批评指责，重则要受纪律法律的追究。对客观事实要有敬畏之心，不是说怕事，而是要实事求是，如实反映情况，不能干那种不顾事实的胡编滥造，也不能干那种报喜不报忧的谎报。"事实胜于雄辩。"当哪一天事实大白于天下时，就没法交代了。对事实常怀敬畏之心，不能信口开河，由着嘴去说，还是小心谨慎些好。

第二，在规律方面。规律是隐藏在事物内部稳定的反复起作用的方面。尊重规律，按规律办事，违背了规律是要受惩罚的，因此，对规律要常怀敬畏之心。尊重规律，首先是要尊重自然规律。森林的大量砍伐，牲畜过度放养，围湖造田，大量的工业废气的排放等造成全球气候变化，洪涝、干旱、沙尘暴等灾害性天气在全球频发，大自然在惩罚人类，人类不得不顺从大自然，搞退耕还田、还林、还湖，搞节能减排。我们中国人习惯于把大自然称谓"老天爷"，在老天爷面前，我们还是顺从些好，小心谨慎些好。傻事、蠢事做多了，老天爷发起怒来，可是吃不了兜着走。凡是都有规律，大到自然规律、社会发展规律、思维规律等，小到办任何事情都有规律，就是我们通常说的章法。有章可循，就是按规律办事，常怀敬畏之心，主要是体现在办事上，"死大胆"、"放空炮"只会把事情搞砸。

　　第三,在对待人民群众方面。人民是历史的创造者,是国家的主人,是执政党的基础。中华人民共和国一切权力属于人民,人民享有管理国家和社会事务的最高权力。这些不仅是历史唯物主义的基本观点,也是写进宪法的。"水能载舟亦能覆舟",一千多年前的唐太宗都明白执政者与人民群众的关系。现在,有的老百姓把地方官称为"父母官",一些地方官也就昏昏然起来,真做起"父母官"来了。平时不注意倾听人民群众的意见,大事不同人民群众商量,偶尔到基层去一下,称之为"视察",完全没有平等待民的真心。这些"父母官"事情做好了,沾沾自喜,犯了错,造成损失了,拍拍屁股走人,连一句"对不起"都没有,损失则由当地的老百姓"买单"。应当倒过来,地方官应视人民群众为衣食父母。权力是人民群众赋予的,收入是人民群众供给的,离开了群众,则一无所有。人民赋予的权力是用来为人民群众服务的,为人民群众排忧解难的,如不是这样,人民群众是可以收回这份权力的,因此,要谨慎用权。还有就是要尊重法律,按法律办事,因为,法律是人民利益和意志的集中体现。按法办事,就是按人民的利益和要求办事。法律无情,违法必究。所以,对人民、对法律需常怀敬畏之心。

　　常怀敬畏之心,是说人还是有点怕处。社会上那些财大气粗者,穷凶极恶者,力大为王者,贪得无厌者往往就是失了敬畏之心,少了怕处,而这类人迟早是要吃大亏的。

大气做人

大气做人，落脚点是做人。做人是根本。大气是相对于小气而言的。小气做人，一般是指境界不高，视野不阔，胸怀不大，小肚鸡肠，矫揉造作，惜财如命，争名于朝，争利于市的小家子气。大气做人，一般是指具有较完善的人格，较高尚的思想道德和远大志向的说话做事，落落大方，是大家子气。当然，这里的大气是有别于日常生活中所说的那种出手阔绰，比排场者。简言之，大气指一种精神气质，生活态度和做事风格。

大气做人，主要体现在：

一、大境界

这主要是指思想道德和志向方面。大境界体现在"与世无争"，是指不为权倾、不为利动、不为色诱、不为名累。与人处事出于真诚、出于良心、出于党性，以负责的态度，踏实的作为，饱满的热情和昂扬的斗志，尽最大的努力把事情做好，就是人们常说的对得起良心，问心无愧，不为成功窃喜，不为失败气馁。因为世界上的事情是很复杂的，谋事在人，成事在天，这虽然有些宿命论的倾向，但很多事情往往就是这样，尽十分的努力而不能奏效，有的也许只要七八分的努力就能奏效。"与世无争"不是不奋斗、不努力，而是专指不要去争名、争利、争权、争色，努力奋斗的目的是为了把事情办好，而不是把办好事作为捞取名利权色的资本。一旦把努力奋斗与名利权色挂钩就不是大境界，而是小家子气了。那些为了争个第一什么的，弄虚作假，欺世盗名者还有什么大气可言呢？

二、大视野

这主要是指要站得高，看得远，所谓"高瞻远瞩"、"大智若愚"。这两句话的实质是做事情要立足于全局、长远和根本，不要仅仅纠缠于局部的、眼前的、细枝末节的方面。有时为了全局的、长远的、根本的利益，需要主动放弃一些眼前的、看得见、摸得着的利益。要懂得舍得，没有舍哪有得？世界上好事、好东西很多，你不可能都得到。如果什么好事、好东西都想得到，最终会什么都得不到。腐败分子得了不应属于他自己的，东窗事发后，不仅要退赔，还要获刑,结果是连自由都失去了。有些领导人在做项目时,凡是有污染的项目,就是金山银山也不要,因为蓝天碧水无论对当代人还是对后代人比金山银山更重要。这不是愚蠢,是大智慧。有的企业领导者在做企业的同时,十分关心员工,关心社会上的弱势群体,把回报社会看做是企业的一份道德责任。把得失看得同样重要的人,这和那种只愿得不愿失的人相比,是大气与小气之区别。那些被常人看来做些傻事,有些傻气的人,其实是"大智若愚",大智慧者!

三、大胸怀

大胸怀主要是指个性心理,能"虚怀若谷",能"海纳百川"。这两句话的实质是指要广开言路,能听得进各种意见。我们有许多有才华、有水平、有能力的人由于心胸不开阔,听不进不同意见而成为孤家寡人,甚至栽跟头者,不乏其人。一般的说,和自己意见一致的话,好听的话,恭维奉承的话能听得进去,意见不一致的话,刻薄的话,批评的话往往不中听,听不进去。其实,中国有两句老话"良药苦口"、"忠言逆耳"。大气做人,要有肚量,"宰相肚里能撑船"。要听真话,不要听假话,既要能和自己意见一致的人相处,还要和自己意见不一致的人相处,更要能和反对过自己并被实践证明反对错了或者对了的人相处,这才是大胸怀,大气做人。

大气做人,是个过程,是一生一世的事。某时在某件事上做到大气是容易的,凡事都能做到大气是很难的。大气做人,未必都有大作为、大成就。有的人可能机遇好,会有大作为,大成就,有的人可能机遇不好而难有作为和成就。一个人能力有大小、地位有高低,不是说能力大、地位高的人才能大气做人,能力弱、地位低的人就不能大气做人。如上所说大气做人是一种精神境界、生活态度和做事风格,只要把大气做人的坐标确定了,通过努力,持之以恒,无论大人物,小人物,富人和穷人都是可以大气做人的。

农村生活——半个世纪的随想

　　2011 年的三月底四月初,我在农村小住了半个月,所见到的与半个世纪前相比较,恍如隔世。

　　清晨,几声鸡啼、几声狗吠,使我从睡梦中醒来,简单的洗漱后,坐在自家的院子里,呼吸着略带露气的空气很是惬意。周围是一幢幢的小别墅,白墙红瓦、桃红樟绿,让人赏心悦目。而半个世纪前,村头埭尾大都是草屋,偶有几间"楞摊瓦"叫人羡慕不已,如果有座砖瓦房,那可称得上是"钟鸣鼎食"之家了。那时一旦遭到大风雨,外边下大雨,屋内下小雨,外边雨停了,屋内还在下;遇到台风,屋顶被掀掉是常有的事。有三间能挡风雨的瓦房,是那时人们的理想或梦想,如今梦想早已成真。小别墅不仅避风雨,有的还抗地震。许多人家是农村有座小别墅、城里有套商品房,有几个邻居现在干脆就住在城里,陪小孩子读书,节假日才回小别墅住住。农村、城市的生活都能享受得到。

　　喇叭声声,是送孩子上学的时候了,如今开着汽车、骑着摩托车、电瓶车,送小孩上学的居多,骑着自行车送小孩上学的已经很少了。现代交通工具和水泥路,为交通提供了快捷方便的条件。半个世纪前,我是背着书包,踏着羊肠小道或田埂小路去上学,胃子里咣当当的响,那里盛的是粥汤,路上的野草打湿了鞋子。小河水清清,小鱼儿在水里悠悠,河里的葳草、面条葳上爬着"螺螺",小鱼小虾穿梭其间。岸边的青杨树抽出细嫩的枝条,高兴时折下一枝拧成"杨柳青",或者编成帽子,戴在头上,学着电影里"伪装"成军人,算是儿时的游戏。如今,有许多小河被填埋,或成为农田,或砌了房子,或修了公路,或成了园区;河网不通,水系不畅,死水、污水、淤泥代替了清清的河水。

　　孙辈们起床后,在院子里或开着电动汽车、摩托车,或骑着三轮车等嬉戏,他们的玩具应有尽有,丰富多彩。想到自己儿时,有一个"李逵"、一副铁环、一把弹弓,就是我们那时梦寐以求的全部玩具。由弹弓而想到了鸟,时而有三五成群的麻雀在院子的上空飞过,叽叽喳喳,很是欢闹。半个世纪前麻雀曾被列入"四害"名单,遭到围剿,它们居然艰难地、顽强地繁衍生息熬过来了,而且看上去这个家族还很兴旺。我真的为它们高兴,为它们赞叹。灰八哥在高高的枫杨树上歌唱,似乎在欢呼春天的到来;还有几只喜鹊在天空中飞翔。然而,白头翁、啄木鸟、乌鸦、猫头鹰……都已经多年不见了,它们是不愿意来,还是在我们这儿绝迹了，我不敢想下去。因为，被称为长江三鲜的鲥鱼、河豚、刀鱼，继鲥鱼灭绝之后，河豚几乎捕不到了，今年的刀鱼也很少了，生物由濒危到灭绝，难道就发生在我们的身边？

起身到全红河边散散步。散步是城里人的习惯，如今农村人也兴早晚散散步，跳跳舞。在散步的人中，有年长者，有手术后康复者，多是为了健康，为了减肥。半个世纪前，我国正处在三年困难时期，一天4两粮，"瓜菜代"，仍吃不饱肚子，一年到头沾不上荤腥，人人面有菜色。由于营养不良而生的浮肿病成为流行病。白天还有繁重的集体生产劳动。天不亮，队长就吹哨子，喊社员饿着肚子开早工，干了一天，晚上还要开夜工。那时的人们为吃不饱肚子而发愁，为脸朝黄土背朝天，没日没夜地干活而抱怨，绝对不会想到早晚散散步、跳跳舞。而现在，人们为吃什么、怎么吃，为营养过剩导致的肥胖而犯愁。浮肿与肥胖产生的原因有天壤之别。那时，人的死亡多半与饥饿、劳累有关，而很少得癌症。现在，人的死亡多半是因环境和营养过剩而产生的癌症、心血管疾病等相关。

散步到远处，回头看我居住的小区，一幢幢别墅和路边高高的小灵通发射塔在朝阳的照射下熠熠生辉。而半个世纪前，一个大队只有一部手摇电话机，写信是与外界联系的主要通讯手段；那时村庄是被以枫杨树为主的各种杂树包围着的，人们只能看到绿色的树木，看到袅袅炊烟。而如今，村庄（居民点、小区）裸露在阳光下一览无余。家家户户用了液化气，或者天然气，炊烟消失了。农村原有的那种前河后港、小桥流水；房前菜园、房后竹园；绿色成荫、岸柳成行；鱼翔浅底，鹰击长空以及一碗粥跑个埭的脉脉温情……也都正在消失。

农村生活半个世纪的巨变表明，我们在物质财富上获得了许多许多，这是弥足珍贵的，然而，我们在精神生活、环境生态和生物多样性等方面也失去了许多许多。在失去的里面，有些是在城市化、现代化过程中必须付出的代价，有些则是可以，也是应该避免的。

人老了，过着现时的生活，常常还在回忆着，甚至有些留恋着孩时那种苦难而又淳朴自然的生活。这可能是老年人的惰性。

四、地域人文篇

扬中文化事业发展的建议

文化力,是软实力,是综合实力的组成部分,它同样也是一个地区综合实力的组成部分。中央提出文化强国的战略目标后,各地也都提出了文化强省、文化强市、文化强县的战略目标,并制定了文化发展的规划,文化的发展正迎来一个大繁荣的时期。

由于地域环境不同,历史传统不同,经济社会发展的水平不同,各地的文化积淀和人文状况也会有所不同,发展文化事业必须遵循从地域文化的特点和实际出发,继承、挖掘、整合、创新,贯彻重在建设的方针,才能把本地区的文化事业健康有序地发展好。

扬中是扬子江中的一个洲县,地域狭小,历史较短,没有多少文化遗存,文化底蕴不丰厚。但是,当代的扬中人受教育程度较高,教育科技比较发达,思想活泼开放,崇文重教久成风气,这是扬中文化事业发展的可靠基础。

一、鼓励支持文化创作

扬中人在文化创作上硕果累累,收获颇丰。

在哲学社会科学方面,扬中县中老校长杨斐然是扬中声名显赫的教育家和哲学家。他退休以后撰写的《论学习实践》、《老年创生哲学》、《生活的哲学》等专著,具有哲学、教育学的原创性,其意义和影响非同凡响。李名方先生生前的著作,是修辞学、逻辑学方面造诣颇深的专著。在文艺创造方面,杨祥生的小小说,有多篇在全国获奖,他的小说如能汇编成集当在60万字左右。范继平、叶锦春同志的报告文学写得很不错,反映的是当代扬中人艰苦创业的范例。潘圣仪先生的长篇小说《雁鸣洲》据说就是一部扬中的风土人情画卷。

匡纪龙先生长期从事扬中民俗风情和扬中方言的研究。他的研究还具有抢救性的意义,因为这方面的东西再不搜集、整理、研究,有的可能就消亡了。

扬中是久负盛名的"诗词之乡",在诗歌创作方面,《大江清韵》已出了第一集,正在筹备出版第二集。汪静之的《大江东去》就是一部扬中的史诗。在书画方面,扬中的书法已成气候,梓阳书画院和书画协会的作品向省、国家送展,获奖的作品甚多。梓阳书画院出版的那本集子质量就很好。

我所列举的这些说明了扬中在文化创作方面是有成果的,继续发展是有基础的。但是,这大都是个人行为,困难重重。创作难,出版难,卖书更难。作者出一本书,比添了一个孩子还高兴,然而,面对着成捆的书,卖书就难了。当鼓足勇气向他人推销时,内心的感受是"斯文扫地"。其实,作家或作者大都不是以写书为生的,更不是为了赚钱的,但又都不大愿意"贴钱",能把成本开销捞回来就行了,倘能获得一点"灯油钱"、"车马费"也就乐莫大焉了。这方面,我提出以下建议:

(一)市委市政府和文化主管部门要积极支持鼓励出更多的作品,要把创作作品看做是文化事业发展的积极成果,应扩大创作基金的规模,用于资助出版发行有困难的作家或作者,用于奖励精品力作;对奖励标准应适当降低门槛,搞得太高,以至高不可攀,等于没有。

(二)文化主管部门要把文作创作列入工作计划,加强指导和管理。创作是作者个人艰辛的脑力劳动,作者选择哪家出版社、印刷厂、如何发行,可以自由选择。但文化部门可以帮助作者选题,尤其是当作者在出版发行上有困难,找到文化部门,可以视情况给予必要的指导和帮助。

(三)对本地作家和作者已出版发行的书,文化部门应搜集齐全,妥为保管。也可选择其中的优秀作品,由政府统一出版一套丛书,10～15 本,既可送往乡村图书室、县图书馆供人阅读,亦可作为礼品馈赠上级领导和外地客人,以及扬中籍的外地人。如果有计划隔几年就出一套丛书,若干年后,扬中的文化积累必将蔚为大观。

(四)对优秀图书的出版发行,宣传文化部门可采用首发式、报告会、座谈会等形式,予以宣传报道,以扩大作者和作品的影响。

如能做到这 4 个方面,我相信扬中会有更多的新的作家出现,会有更多的新书面世,也许还会出现创作的高潮。

二、普及活跃群众文化

群众文化即大众文化,是人民群众喜闻乐见的文化。它扎根在人民群众之中,为人民群众所创造,为人民群众所享受,对人民群众的影响力最大。

扬中的群众文化有深厚的基础。在 20 世纪 50～70 年代,我印象最深的是两点:一是群众文艺,那时叫"演话节",每个生产队都有几位文娱爱好者,大队有文艺宣传队,他们活跃在生产生活的第一线,尽管生产生活都很苦很累,但歌声不断。二是每户人家的正屋,哪怕是草屋,中间必挂一幅中堂,两边必有一副"对联",每年除夕都要在门上贴"对联",猪窝也要贴上。现在生产条件改善了,物质生活富裕了,这些都很少见了,说明"文化少了"。虽然说现在也有文化下乡,但收效甚微。发展群众文化要抓好以下几个方面工作:

(一)要活跃群众文艺。历史上扬中的群众文艺形式多样,有撑花船,唱麒麟,打莲湘,舞狮子,"演话节"。"演话节"具有综合性,有戏剧,如越剧、锡剧、黄梅戏、京戏都有人唱,也都爱听;有唱歌的,那个时代的革命歌曲、民歌和地方小调;有歌舞,是根据歌词配舞蹈动作;有曲艺,如说快板的,说"三句半"的,说山东快书的;还有器乐独奏合奏的,可以说品种齐全,搞得有声有色。搞文艺宣传有一个特点,就是代代相传。一家三代,甚至一家四代都喜爱,都有专长。活跃群众文艺,我们不缺人才,这方面的老人有的还在,传承的新秀更是大有人在。再就是我市曾经办过文艺学校,他们可以成为群众文艺的骨干;还有活跃在扬中丧葬市场上的所谓"民间艺术团",其歌唱和表演大都接近或达到专业的水平。要进一步活跃群众文艺缺少的主要是组织领导。市里每年要举行大型的文艺调演或会演,参演的节目由各镇各系统选送;各镇、各系统要组织社区(村)、工厂、机关、学校编排节目,经过选拔将优秀节目报送市里的调演或会演。市里调演或会演的节目再到镇、系统,或直接到社区(村)、工厂、机关、学校去演出,让人民群众每年都能有几次机会看到扬中人自编自演的节目。市锡剧团改革以后,编制仍存在。可在此基础上组建市里的专业演出团体。

(二)繁荣群众文艺创作。这关系到群众文艺是否具有扬中特色。唱别人唱过的歌,演别人演过的节目,这是可以的,但是,除了缺乏新意外,其水平是难以达到原创的水平。只有扬中人自己创作,自己编排的节目才能反映扬中的特色,即使水平低点也富有创意。在文艺创作方面,孙佑德、朱恒信创作了许多的麒麟唱、快板和"三句半"的作品,扬中文化馆近几年创作的歌曲和小品参加省里或全国的演出并获奖。这说明我们在群众文艺创作方面是可以有所作为的。市里要加强对创作人员的培养,要鼓励现有的创作人员继续创作,多出作品,更要鼓励新人创作,形成创作队伍。对创作出的文艺作品,要组织演员排练演出;对于获奖的节目,要奖励演出人员,重奖创作人员。

(三)继续推进文化下乡。文化下乡主要是指送书下乡、送戏下乡、送科技下乡、送电影下乡、送春联下乡等。送书下乡,有的送到图书室,有的则要送到群众家里。对于扬中作家或作者的著作,可以采取政府采购的方式送到图书室。对于科普类的图书则要送到相应的种养户手里。对于法律方面的书,有的则要送到群众家里。送电影下乡,群众仍然是喜欢看电影的,每年让群众看三到五场电影还是必要的。送春联下乡,可以在春节前组织书画协会的会员到镇、社区为群众写春联,解决一部分群众家庭现代化而家里无文化的现象。为了切实解决少数家庭"文化沙漠"的问题,社区、镇、市还应继续组织"文化家庭"评比活动。

三、统筹建设博物文化

扬中最早是由扬子江中的若干个洲组成。有先民住居的历史在千年左右,有文字记载的历史就是 600 余年。新中国成立以后,《扬中县志》已经出版,第二部的《扬中市志》正在编辑之中,不久即可问世。这是件大事。

扬中历史虽短,也没有多少历史遗存,这是扬中至今没有博物馆的主要原因,但是,这不等于说扬中就不能发展博物文化。其实,扬中的博物文化正处在发展过程中,并且已显示出扬中特色。发展扬中博物文化要做的事有以下几方面:

(一)维护、整合好现有的博物馆。扬中已挂牌并有一定量藏品的博物馆有:宜禾集团的"职业装博览馆"、孙国宝的"古钱币博物馆"、陈履生的"油灯博物馆"、常敦明的"中国民间民族乐器陈列馆"、银河集团的"竹编博物馆"、梓阳书画院的"书画陈列馆"。对于一个历史并不久远的小小县级市来说,有这么多的各具特色的博物馆是十分难能可贵的,我们必须十分爱护、倍加珍惜。遗憾的是,这些博物馆除宜禾集团的"职业装博览馆"外,大都规模较小,藏品较少,更为严重的是有的因为资金短缺,管理不善,藏品在散失。市里和文化主管部门对现有这些博物馆要投入人力、财力,维护和整合,不使藏品继续散失。在政策上可以对尚能维持运转的,每年给予适当补贴,使其运转和发展,其产权归业主;对于濒临瘫痪、倒闭的,政府可以通过协商收购其藏品归政府所有,而且要妥为保存,待有条件的时候再重新展出。最终扬中应建立起自己的博物馆,是集中建,集中展出,还是各自建,要统筹规划好。这里要特别提出的是陈履生的"油灯博物馆"。陈履生是扬中籍的文化名人;他的油灯博物馆目前是世界上独一无二的。这样的博物馆建在厕所旁近,在全世界也是独一无二的。这不仅塌了他的面子,对扬中来说也是件很丢人的事。这些年,文化界的政协委员年年写提案,但终未解决,陈履生可能要将此馆迁出扬中,那将是扬中文化建设上的一大损失。

(二)建立革命历史陈设馆。扬中早在 20 世纪三十年代就建立起共产党的组织,抗战期间领导人民武装与敌伪进行了可歌可泣的斗争。新四军也曾把扬中作为联结江南江北抗日力量和新四军"向北发展"的"跳板",陈毅等新四军高级领导人几次到扬中。叶飞率领新四军六团与驻守扬中的管文蔚部在八桥会师,合编为新四军挺进纵队。管文蔚部江南抗日义勇军挺进纵队司令部设在老郎街,历时近一年。王龙、李培根等革命烈士在扬中的对敌斗争中英勇顽强、视死如归的革命事迹都曾深深地教育了我们这一代人。上初中的时候,我有两件事始终难忘:一是听姚焕文讲对敌斗争故事;二是参观扬中革命历史陈列馆。那时,县委县政府小而简陋,但仍腾出房子在院子里创办革命历史陈列馆。可惜,姚老逝世了,革命历史陈列馆也消失了。然而,历史不会因此中断,消失。我们应该重建扬中革命历史陈列馆,重新恢复"挺纵"司令部。除包括以上的内容外,还可以搜集扬中籍牺牲在外地的革命烈士,或在外地工作的革命者的事迹和具有历史价值的物品,还可以搜集 20 世纪 60 年代末空军飞机失事而牺牲在扬中的飞行员的事迹,以教育当代人和后代人,革命胜利来之不易。

(三)建设民俗风情园。选择性地保留一至两个自然埭,前河后港,房前菜园,房后竹园;设有"滚孤楼"、草房,"楞摊瓦"、五架梁或 7 架梁的"实檐房"、将军楼和现在的小别墅。在这些房子里相应的配有当时的生活用具及生产工具,这既是扬中的住宅发展史,也是扬中人生产生活的发展史,让我们现在的年轻人以及后代子孙们了解扬中人过去的生产和生活状况。建设民俗风情园,房子好造,相应的生产工具、生活用具难弄,如纺棉花的车子,土织布机、水车、罱泥船、刮水瓢、铐水桶、大脚盆、缸锅腔、舂臼、石磨、美孚灯等,现在应该抢救性的征集,否则越晚越难找了。据说 2011 年有位企业家准备投资 5000 万元建立"扬中民俗文化主题公园",并已列入市政府重点工程,不知是什么原因这个项目最终告吹了。建设好"民俗风情园",是修一部扬中的实物历史,具有教育后代的意义,同时也具有旅游的价值。这项建议在李名方担任副县长的时候,我就提出来了,此后也多次提出,领导也认为是个好事,只可惜没有好好做。这次再次提出,希望能引起领导的重视和社会的关注。

扬中文化事业的发展是篇大文章,绝不仅仅是本文提出的三个方面。这三个方面,是我认为亟须做,也是能够做好的。

文化事业的发展,"重在建设"。要政府总体规划,在政策和资金上给予支持。政府每年从财政上拿出一部分钱用来支持文化的发展,必将推动扬中文化事业走向繁荣。财政是十分困难的,但是,相对于造一条路,美化亮化一条街毕竟还是一个小数字。我们经常讲关注民生,文化事业正是人民群众精神生活的方面,发展文化事业,应属于关注民生的重要方面。而且,文化事业的发展还能为经济和社会事业的发展提供精神动力和智力支持,这是文化的本质作用。因此,发展文化业不仅仅是消费,它同时也是生产。

本文谈论的仅仅是扬中文化事业的发展,而没有提文化产业的发展。文化产业的发展要建立在文化事业发展的基础上。这就意味着首先要把一个地方的文化事业发展好,形成底蕴厚实、具有规模、独具特色的地域性文化事业,再依靠强大的投入,才有可能形成文化产业。现代文化产业大都要靠大众传媒、新闻出版业、广告业、演出业、影视业、餐饮业、旅游业、休闲业等拉动才能形成规模,拉动经济增长,而这不是一蹴而就的,需要打好基础,扎实推进,来不得短期行为。

在土地资源有限,工业经济布局快要布满的情况下,区域之间的竞争就会变成主要是人文环境和生态环境的竞争。毛泽东说过:"没有文化的军队是愚蠢的军队,而愚蠢的军队是不能战胜敌人的。"在现代化的进程中,不重视文化建设的领导是没有远见的领导,没有远见的领导是难以竞争得过别人的。极为言之,没有文化的地方,是愚昧的地方,愚昧的地方是吸引不了人才,是难以实现现代化的。话虽难听,道理却是明白无误的。

我不是文化人,也不从事文化工作,但我是扬中人,关心扬中文化事业的发展,把自己的想法作为建议写出来,仅供参考。

扬中人与长江水

扬中由长江水而孕育,因处扬子江中而得名。扬中人与长江水血脉相连,互为唇齿。

一、水孕扬中

万里长江从青藏高原由西向东千回百折奔腾而来,到了丹徒境内,因遭圌山龟山头阻挡,打了一个转,水流一分为二,分为北江和南江。北江开阔,水流湍急;南江狭窄,水流较缓。这一宽一窄、一急一缓,又因长江水中含有大量的泥沙在水流的平缓处沉积起来,形成了若干个沙洲,到晋朝始露出江面,渐有扬中的先民们上了沙洲居定。

在中国的文字中,岛与洲是有区分的。海里的陆地称为岛,江河中的陆地称为洲。崇明岛大概是介于江海之间固称之为岛,而长江中的陆地则一概称之为洲。历史上龟头山以东大大小小的洲有几十个,最大的叫太平洲。我们的先民们在开发的过程中围垦筑堤将几个沙洲连成一片,逐渐形成了以太平洲为中心的扬中市(县)。民国三十六年,江苏省政府将中心沙(今西来桥镇)划归扬中县。现在的扬中,除了太平洲中心沙外,还有雷公咀、小泡沙等。海上岛屿有群岛之说,扬中实际上是个以太平州为中心的群洲组成。

滔滔长江奔流不息,昼夜不舍。扬中的周围还有新的沙洲在形成,如长江的栏杆桥段,江中已形成暗沙洲,水低位时,就露出江面;北江的新坝三茅段,有六七千亩的沙洲正在形成,现时表现为滩涂湿地,要不了多少年,也会成为扬中的陆地。这可以说是当代扬中人了解水孕扬中的实证。我所尊敬的张家春老先生有副楹联"万里长江呼日出,千年绿洲应潮生",这妙语佳句精确地道出扬中人与长江水的关系。

二、适水而居

水孕扬中,是长江对扬中人的恩泽。长期以来,扬中人与长江水是相邻相伴。水患是扬中人最大的心腹之患。历史上扬中人曾屡屡饱尝长江发大水带来的灾难。在跟长江水患斗争中,扬中人大修水利、高筑江堤,将高悬在扬中人头顶上的一江水阻挡在江堤之外;修整水系,形成江、港、河、沟,港通江,河通港、沟通河相互贯通,灌溉时进得来,内涝时排得出水网格局,以保庄稼有个好收成,生命财产有安全。

正是在这样的经验指导下,扬中人自然居住的环境是前有河,后有港,或者是前有河,后有河,河(港)外面都是农田;宅基地上是前有菜园,后有竹园,四周是树木,村庄隐蔽在绿树下,小桥流水,天蓝、树绿、水清,一幅恬静的田园风光的水墨画。河里的水清澈见底,水里有水草,鱼儿、虾儿,在水草间游荡嬉戏,撒下几个米粒就可以把鱼儿捞上来。夏日里蛙鼓蝉鸣,蝶舞鸟飞,到河里洗个澡,中午到竹园里或树阴下睡个午觉,就能消暑气。日子过得清苦,周围环境和谐,给人心灵以很大的慰藉。在工业化城镇化的过程中,这种恬静的田园诗般的、水墨画式的生活居住环境被打破了,已经很难找到这样的自然村落了。工业化城镇化是人类社会的进步,人与自然的和谐相处是科学发展观的内在要求。扬中人在这个过程中自然不能落伍。在新农村建设中,如何把两者结合起来,如何使人与环境、人与水结合得更好,走出一条具有扬中特色的新农村新市镇建设的路子,需要对扬中的历史和现状,经济和人文作深刻的研究,倘若照搬外地的经验,哪怕是最成功的也是不能奏效的。

三、遇水架桥

历史上,扬中有几十个沙洲。沙洲之间江水阻隔,其联系主要靠桥,扬中与外地的联系主要靠船。扬中人素有修桥铺路的优良传统。解放初期,扬中境内有不胜枚举的桥,光是有名字的桥就有近百座。"三步两张桥",说明扬中桥与桥之间相距甚近,也说明扬中桥之多。在众多的桥名中,有以道德取名,如德生桥、积善桥、大德桥等;有以祈福取名的,如福星桥、福寿桥、太平桥、万寿桥、万福桥等;有以行当取名的,如油坊桥、当铺桥等;有以人名取名的,如王矮子桥、赵志四桥等;有以动物取名的,如黄鼠狼桥、螃蜞桥等;还有以桥的形状取名的,如八字桥、栏杆桥等。这些历史上的桥有用竹子、木料、石材砌成的,对称为竹桥或木桥、石桥。由于桥料和技术的限制,这些桥规模都比较小,只能通人,不能通机动车。

20世纪70年代,在"农业学大寨"中,扬中搞平整土地,格田成方,人工挖了几条通江大港或通江大河,一些小河小沟填掉了,小桥也就废弃了。在大港大河之上造了许多的水泥桥。原来打算港里行船,港上的桥都是拱形的,只能行人不能通机动车;而河上的桥是平桥,能行人,也能过拖拉机和汽车。这些桥都有了四五十年的时间了,大都已经破旧,需要维修。

扬中四面环水,到外地去就要乘船过江。而遇到大风,船不能通航,扬中人外出往返只能"望江兴叹"。20世纪90年代,扬中人提出了造长江大桥,结束孤岛的历史。扬中人万众一心,众志成桥,在90年代和本世纪初分别建成了扬中长江大桥一桥和二桥。一桥通镇江,二桥通本市的西来桥镇。这不仅是扬中人的壮举,也是中国凭借有史以来一小县之力在长江上造大桥的创举。即将开通的泰州长江大桥,由永安州(泰州)北部跨越长江到扬中,再经过扬中跨越长江到常州孟河,北连宁通高速,南接沪宁高速。这不仅一下子在扬中增添了两座过江大桥,而且结束扬中不连接高速公路的历史。计划中还有一座镇江通扬中的跨江大桥在沙家港附近。这样,一个小小的扬中,就有了五座跨江大桥,真正成为大江南北的"跳板"。

扬中人与长江水结缘。为了交通畅达,遇水造桥,与桥也结下了不解之缘。我曾多次建议,挖掘扬中的桥文化,保护好古桥,有计划按照把扬中打造成"桥的博物馆"的目标,对现有需要维修的桥做好规划,采用不同造桥材料,设计不同风格,不同种类的桥,使桥与扬中的民居相辉映,成为扬中的一大特色。

四、水上花城

有人说21世纪淡水是最重要的战略资源。尽管扬中资源匮乏,但长江水是扬中最丰富的资源。在20世纪90年代提出了把扬中建成水上花园城市的奋斗目标。这是一个既符合扬中实际,又能鼓舞扬中人为之奋斗的目标。水是扬中的特色,把建设水上花园城市作为扬中的发展目标和城市发展定位是科学的,也是正确的。最近几年,好像水上花园城市讲得少了,讲创新扬中、活力扬中、实力扬中、平安扬中、幸福扬中的比较多。这些提法都有一定的道理。但是,不是独树一帜的,因为这些提法拿到任何一个城市都可以用。水上花园城市则不是任何一个城市都可以提出的目标,而且这些提法只是就某个方面提出来的,不具有综合性。而"水上花园城市"都可以涵盖这些内容。扬中人为建设水上花园城市作了不懈的努力,制定了规划;"生态示范市"工程是为水上花园城市打基础的。文明城市、卫生城市的创建也是为此打基础的;这几年提出建设"园林城市",大面积的植树造林,公路两侧的绿化美化,城市的绿化、亮化工程,城西公园,以及园博园建设,滨江新城的规划和建设都是向着水上花园城市目标方向前进的。因此,可以这么说,这几年虽然水上花园城市讲得少了,但实际工作还是在扎扎实实推进的。

水上花园城市的目标定位是指在扬中市域范围内，打造成经济发达、科技进步、文化繁荣、生活富裕、生态文明，一、二、三产业协调发展，人与人、人与水、人与自然和谐相处，蓝天碧水而又花团锦簇的"江中明珠"。我们要咬定这样的目标，坚定不移地为之而不懈奋斗。

建设水上花园城市最主要的，但是往往被忽视的就是要做好"水"的文章。

首先是保护长江水。这虽不是扬中人能独立做到的，但要尽自己的所能，至少不做污染长江水的事情，珍惜深水岸线。这是扬中最可宝贵最具发展潜力的资源，不可浪费。保护好沿江的滩涂湿地，禁止人为破坏，这是扬中发展旅游业、展示"大江风貌"的品牌。

其次是疏理清理江堤内的港、河、沟、渠，清淤清污既要相互贯通，又要保持水质清洁。这项工作还有许多事要做。

再次是污水处理。无论是工业污水，还是城市生活污水都要经过处理，达标以后再排放。

扬中藉长江水而生，因扬子江而得名，扬中人与长江水习性相通，血脉相连。保护长江水，珍惜长江水，利用好长江水，建设水上花园城市，这不仅是扬中人奋斗目标，而且关系到扬中人的生存和发展。因此，作为扬中人一定要做好水文章。这是扬中人安身立命的根本。

扬中人与秧草

秧草是扬中人对三叶菜、金花菜的俗称,在各地多有种植,大都作为饲草或肥料,而扬中人对于秧草有着特殊的感情和偏好。

一、"度命菜"

扬中人何时开始种植秧草,无可考证,但是可以肯定地说是源远流长。历史上扬中人为什么要种植秧草?主要有两点:一是食用。历史上扬中是个穷地方,穷人最怕过的是春天的二、三月份(农历),这时正是青黄不接的时候,隔年的粮食吃完了,而新的一年的庄稼还没有成熟,处在饥饿或半饥饿状态。对于穷人来说,除了要饭,就是"瓜菜代",而扬中人是宁肯饿死,也不愿要饭的,只能靠"瓜菜代"度日。春天的三月份正是秧草生长的旺季,摘了一茬,不要一个星期就能长出一茬,这一茬又一茬地采摘,填了扬中人的饥腹能苟延到四月麦子上场,使扬中人能繁衍生息,延绵不绝。特别是在三年困难时期,秧草的"度命"作用发挥到极致。那时发明了一种"解放糰",就是把秧草挤成菜团,滚上点米屑,蒸熟了吃,救了许多扬中人的命。事情过去半个多世纪了,每当经历者谈起这段历史,人们在唏嘘不已的同时,无不感激秧草的"度命"之恩。所以扬中人把秧草称作"度命菜"、"救命菜"。二是作肥料。在没有化肥的时代,庄稼主要靠农家肥、绿肥。秧草是很好的有机质肥料。育秧的底肥主要是秧草,这可能是扬中人不把它叫做三叶菜、金花菜而称之谓秧草的主要原因。稻田里的肥料也主要是靠秧草,把秧草卷成龙,埋在墒沟里,腐烂以后,成为很好的有机肥料。

食用和做肥料是扬中人种秧草的两大目的。也可以看做是秧草的两大功能。在种植方法上,分为两块,一块是秧草田,也叫秧田。秧草田里的秧草除了食用以外;主要是作秧田的底肥;一块是元麦田里间种秧草,元麦成熟的比较早,把元麦收了以后,田里的秧草作为稻田的底肥。把秧草的食用和作肥料两大功能结合得恰到好处。这应当是扬中人在长期实践中总结的宝贵经验。

二、扬中"第一菜"

长江河豚是天下第一鲜,这是人们公认的。秧草称之为扬中"第一菜",似乎没有这么说的,这只能算作一家之言。

说秧草是扬中"第一菜"仅就蔬菜而言的。(一)秧草是扬中人的"度命菜"、"救命菜",还有哪种菜的作用能与之相比呢?没有。(二)扬中人祖传的有吃菜粥的习惯,秧草菜粥是最鲜的,最受扬中人喜爱的。(三)秧草是扬中人的家常菜,也是招待客人的必不可少的菜。扬中人在长期的实践中创造了秧草的多种吃法:炒秧草、百页炒秧草、河蚌烧秧草、河豚烧秧草等。炒秧草、百页炒秧草、河蚌烧秧草可以说是扬中人的家常菜,而河豚烧秧草则是扬中人招待客人的最高档次。尽管河豚现在有多种烧法、吃法,但是,不论怎样,最终还是要把吃剩的河豚再去烩秧草,而这时大家认为秧草的味道更加鲜美。有这么一种说法,光吃河豚,吃不到河豚烧秧草算是"白吃"。如此说来,把秧草说成是扬中蔬菜中的"第一菜"不是没有道理的。

扬中人与秧草,起因于食用和作肥料。从 20 世纪 70 年代开始,农业逐步进入到化肥时代,秧草作为肥料的功能早已失去;随着改革开放和经济的高速发展,扬中人的生活得到了很大的改善,秧草度命、救命的功能也在消失,但扬中人种秧草的习惯至今仍保留着,且有逐步扩大的趋势。秧菜的食用功能日趋突出,其扬中"第一菜"的美名将会逐步为扬中人所接受。

三、馈赠佳品

秧草的生长期有季节性。在秧草生长的旺季吃不完的,或者在麦田里间种的秧草,在麦收割完后,秧草嫩的部分就把它采摘下来,晾晒半干,把秧草切碎,用缸等容器把它腌制起来,以供全年食用,腌制的秧菜叫"咸秧草"。扬中乡下的人都会制作"咸秧草"。

20 世纪 80 年代,我在南京读书,为了节省伙食费,我每次回来,都由家属给我炒一大罐子"咸秧草",(咸秧草加瘦肉丁加花生米)带到学校去,既可以"搭"粥、也可以"搭"饭。这个菜不仅我喜欢,我班上的同学也都很喜欢,以至于原打算吃一个星期的菜,一两天就被同学们"哄抢"完了。每当我有咸秧草带上桌,我坐的桌子就坐满了人,大家吃着、说着,最是开心。成为学校餐厅里最快乐的一桌。许多年后,同学见面仍念念不忘同学时"咸秧草"的美味。

我的舅舅是扬中人,他十多岁就到外地学生意,后来就在外地定居了。他离开家乡有 60 多年了,对扬中的特产仍是萦绕于怀,我们每年都带着刀鱼、河豚或者螃蟹去看望他,只要有扬中秧草,当地的竹笋也都要带着,因为他对扬中的秧草、竹笋情有独钟。去年,我们带了几盒咸秧草给他,估计他自己吃能管三四个月，不料不到一个月，他打来电话，说什么都不要买，就带几盒"咸秧草"就行了。后来才知道，不仅舅舅、舅母喜欢咸秧草，而且他们的儿子媳妇，女儿女婿都喜欢吃。这件事使我想到，"咸秧草"固然有鲜美可口的一面，更有浓浓乡情的一面。

扬中地域窄小，资源匮乏，在经济和社会发展中必须广交朋友，才能广结财源。遗憾的是，长期以后，朋友们到扬中来，却没有什么特产作为礼物馈赠给朋友。现在好了，秧草已做成了扬中农业的一个不小的产业，扬中有了"三叶咸秧草有限公司"，专业化生产咸秧草，冠以"镇江土特产"之名，其实大可不必如此，就称扬中土特产岂不更好。"咸秧草"作为佳品馈赠给朋友，无论是外地人还是在外地工作、定居的扬中人都会很受欢迎。

我的这篇文章主要是说扬中人对秧草有着特殊的感情和偏好。在我写这篇文章之前，原扬中市委宣传部副部长奚华鹏同志已经将他大半生的生活感受出了本集子，取名《青青三叶草》。这也可以作为扬中人对秧草特殊感情和偏好的一个佐证。

扬中人与河豚的随想

扬中已连续多年举办"中国扬中江鲜美食节"和"中国扬中河豚美食节"，其规模和声势一年比一年大。河豚"天下第一鲜"的美名因扬中搞的美食节而声播天下，扬中因河豚"中国河豚岛——扬中"而蜚声海内外。"扬中－河豚"似乎可视为同一词。

扬中是长江中的一个沙洲，四面环江，晋代成洲，始有移民上岛开发，就与河豚结缘。"穷奔沙滩富奔城"，扬中的先民都是穷人，或是生活无着、或是逃避战乱、或是逃避迫害而到沙洲上求一线生存的。衣食住行是人类生存的第一需要。扬中先民们的食物在开始阶段肯定是以渔猎为生。每年农历二三月河豚大量地洄游到长江扬中段时，是先民们捕捞的丰收季节。河豚成为扬中先民们的盘中美餐，以解腹中之饥。扬中人吃河豚自古有之，时至今日，河豚仍是禁食之物，只有扬中是可以公开而自由地买卖和食用，这在全国是"独此一家"。扬中人和河豚结下了不解之缘，源远流长，扬中人之于河豚，抑或河豚之于扬中人影响是巨大的。

一、"拼死吃河豚"

"拼死吃河豚"是扬中的一句老话，河豚有剧毒，不懂宰杀技术，不会烹饪，吃了会中毒死亡。为什么明知河豚有毒，还要拼死去吃呢？或因为腹中饥馁难忍，或因为挡不住"天下第一鲜"的美味，或因为其他，但并不是说吃河豚就一定会死。如果吃了河豚必死无疑，那肯定是没有人去碰的。只要会杀会烧就不会出现中毒现象，只不过说吃河豚有风险，却是是一种精神，一种勇气，一种胆识，没有"拼死"的精神就不要吃河豚。

"拼死吃河豚"，这句扬中老话逐渐地演变成"我就是拼死吃河豚也要做成这件事"，渐而成为扬中人做事情、干事业、克服困难的、坚韧不拔而又一往无前的精神。扬中由孤悬在长江中的若干沙洲组成，长期饱受水患和交通闭塞之苦。经过历代扬中人的发愤图强，尤其是我们当代扬中人的辛勤建设，四周筑起了高大的江堤，变水患为水利，而且依靠自己的力量在长江上造了两座大桥，结束孤岛的历史。现时的扬中经济发达，文化繁荣，社会稳定，人民安康富裕，成为长江中一颗璀璨的明珠。

由江中孤岛而成为江中明珠,凭籍什么起步呢? 起步 20 世纪 70 年代末,靠的 80 年代形成的"四千四万"的扬中供销员精神,即"说千言万语,走千山万水,想千方百计,吃千辛万苦"。为了建立横向联系,为了订一份供货合同,供销员们发扬"四千四万"的精神,不怕苦,不怕累,不怕烦,创建了扬中乡村工业,为今天扬中实现基本现代化打下基础。其实"四千四万"的精神透射出来的就是"拼死吃河豚"的精神光辉。

现在,宰杀和烹饪河豚的技术进步了,养殖的河豚的毒性也没有"本江河豚"那样剧毒了,吃河豚也没有死的风险了,但是以"拼死吃河豚"的胆量做事情、干事业的精神我们还要继承和发扬。

二、和平和敦厚

河豚在鱼类中属于有剧毒的。中国人把动物中最有毒的排出五种,所谓"五毒"即蝎、蛇、蜈蚣、壁虎、蟾蜍,却没有把河豚列入其中。这是有讲究的。这"五毒"除有毒这个共同点外,还有相貌丑陋,富有进攻性,人遭袭击以后,如救治不及时,就会很痛苦地死去。河豚有毒,但并不丑陋,相反,河豚的相貌憨态可掬,给人以一种十分可爱的感觉;河豚不富有进攻性,当它感到受到威胁时,只是将腹部膨胀起来,成气球状,咕咕叫几声,然后绅士般地离去。它那张小嘴是无论如何也咬不到对手的,更不要说咬人了。如果误食了河豚的有毒部位,如肝脏、河豚籽,救治不力也会置人于死地,但不会痛苦,而是恍恍惚惚地死去。所以,将河豚与"五毒"相比,河豚的本性是和平而敦厚的。

这使我不知不觉地联想起来,千百年来,扬中人形成了和平敦厚的性格和思想品质,跟河豚的品性何其相似也。扬中人绝大多数都信奉"和为贵"、"和气生财"、"恼一人三言两语,好一人千难万难"、"能帮人时则帮人"、"得饶人处且饶人"、"多一个朋友多一条路","害人之心不可有","做了害人的事,是要遭报应的"。这是我们从长辈那里接受的教育,如今我们仍然以这些话来教育我们的后辈。这是扬中人性格和思想品质的主导方面。和扬中以外的人相比较,扬中人总体上是和平的、敦厚的,凶奸和刁蛮是极少有的。

扬中人和平敦厚的性格和思想品质是融入扬中人血液中的。"文革"中全国各地搞武斗,扬中没有搞。扬中也有两派造反组织,"文革"后派性很快就消除了。扬中人没有发生枪杀事件,很少发生抢劫、偷盗、聚众斗殴,即使有绝大部分也不是扬中人干的。历史上称扬中为"太平洲","太平洲上人太平"。连续多年来,扬中是省里的社会治安综合治理先进市(县)。

当然我们不能说河豚的"和平和敦厚"品性影响了扬中人的性格和思想品质；我们更不能说扬中人的性格和品质影响了河豚。"一方水土养育一方人。"或许我们只能用中国古代哲学"天人合一"来解释，这样大家就可以接受了。今天，我们在建设和谐扬中、幸福扬中的过程中，和平与敦厚的性格和思想品质仍然要发挥很大的作用。

三、盛情与克己

由于特殊的地理环境决定了在经济和社会发展过程中，扬中存在着资源匮乏的巨大困难，特别是在现代化建设过程中，所有的能源和原材料都要买进来，生产出来的产品几乎都要卖出去。"买卖"是一种关系。建立这种关系靠什么？靠扬中人的勤劳和诚信，靠扬中人的胆识和智慧，靠扬中人生产出来的产品的质量信誉和公道的价格。但是，不能忽视的是河豚也发挥了特殊的作用。

为了建立起供销关系，扬中人特别注重打河豚牌。最初，把河豚在扬中烧好，带出去请客户吃；或者把河豚买好了，带上会烧河豚的师傅到外地请客户吃；或者将客户请到扬中来"吃河豚"。扬中工业经济发展中的"关系"不少是这么建立起来的，以至有人把扬中经济称之为"河豚经济"。河豚在经济发展中的作用越来越大，扬中河豚的牌子越叫越响。这自然引起扬中市委市政府的重视，决定举办"江鲜节"、"河豚节"。在举办"江鲜节"、"河豚节"期间，高朋满座，不仅宾馆、酒店客满，难求一席，而且那些小饭店、小旅馆也是座无虚席。外地客人云集扬中，不仅加深对扬中的了解和感情，而且促进扬中经济和各项社会事业的发展。"中国河豚岛——扬中"、"河豚之乡——扬中"成为一张耀眼的名片。

无论是过去还是现在，扬中招待客人的最高档次都得上河豚，让客人品尝"天下第一鲜"的佳肴。但凡上了河豚，烟酒菜的档次也就跟着上去了。除频频举杯敬酒、劝酒、为客人"夹菜"，还要为客人介绍河豚的相关知识，如河豚的吃法和注意事项，河豚的养胃和养颜功能。这时的扬中人作为主人就成了高级招待员和服务员，唯恐招待不周，惹客人不满。其盛情不仅是十二分的，甚至用殷勤也不过分。一席酒陪侍下来，客人酒足饭饱，一边剔着牙齿，一边谈论河豚的美味名不虚传，而主人除了满肚子的酒外什么也没有。在招待客人时，扬中人往往都是把河豚让给客人吃，而自己不吃，很有些"省酒待客"的风度。原因在于一是河豚的价格较贵，二是担心客人吃得不够解馋，于是自己就不吃了,最多是吃剩下的再烩秧草,吃点秧草也算是"解馋"吧。偶有客人提出要主人也吃河豚,主人就会说:"你们吃河豚是稀罕的,我们是家常便饭。"一语敷衍过去。对客人是盛情,对自己是"克制",盛情与"克己"成为扬中人用河豚招待客人的待客之道。

四、"敢为天下先"与"天下第一鲜"

鲁迅先生说过,天下第一个吃螃蟹的人是勇敢者,是英雄。螃蟹以其"全身盔甲,张牙舞爪,横行霸道"而令人畏惧,但是,吃螃蟹绝无性命之虞。倒是河豚是剧毒,其血液、眼球、肝脏、鱼籽都有剧毒,误食了必死无疑。第一个吃河豚者,是死定了的。在总结了多少人的经验教训后,扬中人终于掌握宰杀河豚的技术,把有毒部分彻底清除,肉质部分经过漂洗以后才能下锅,烧熟以后,才能成为美味佳肴。因此,天下第一个吃螃蟹者与第一个吃河豚者相比较,小巫见大巫,小英雄与大英雄。天下第一个吃河豚者是谁?是不是扬中人?却无从考证。然而,可以肯定的是这个人具有"敢为天下先"的精神和勇气。河豚因具有肉质细嫩如脂,香飘四野,味道鲜美无比,才获得"天下第一鲜"的美名。20多年前,虽然每年都有因吃河豚而中毒死亡的人,但扬中人却始终兴趣盎然,并作为招待贵宾的最高礼遇。

最近这二三十年里,扬中人仍以"敢为天下先"的精神,不断地探索和创新河豚的宰杀、烹饪技术及其吃法。现在,扬中吃河豚已突破眼睛和籽不能吃的禁区,河豚眼睛、河豚籽在周长顺河豚馆已成为可食之物。这对于扬中以外的人来说是匪夷所思的。

扬中人"敢为天下先"吃河豚,不断创新,这也是扬中人最显著的特色之一。其实,扬中人"敢为天下先"的特色,更多的还体现在经济和社会事业发展方面:"四千四万"的供销员精神是扬中人创造的;扬中最早的乡村企业可以追溯到20世纪60年代初;改革开放之后,扬中人最早以横向联合的方式发展乡镇企业;县、乡、村、组、户五级联动大办乡镇企业;在乡镇企业中最早建立"博士后工作站",以技术创新推动经济转型升级。这是乡镇企业的发展史。扬中最早提出建立生态示范县(市)的目标;最早在全县域通上自来水;最早实行医疗制度改革;最早实现教育现代化。在党的建设、社会管理等方面的创新成果在全省和全国都有一定影响。创新推动了扬中经济和社会各项事业的发展,扬中获得的省级、全国级的荣誉数不胜数。扬中地域虽小,资源匮乏,但"敢为天下先"、不断创新的精神及其执着追求,使扬中"岛小名声大",在全省和全国都有一定的地位和影响。在历次全国百强县(市)评比中,扬中位居27~32位之间。

"敢为天下先",不断创新,是扬中发展的原动力。

五、保护长江,留住"天下第一鲜"

河豚、鲥鱼、刀鱼,称之为"长江三鲜"。由于长江水环境受到污染,加上过度捕捞,长江三鲜濒临绝迹,长江鲥鱼早已绝迹,刀鱼的产量也在逐年减少,其产量已不足过去的十分之一。长江河豚在20世纪90年代已很少了,进入21世纪以后,长江河豚在扬中段每年也就捕个几条而已。有的年份一条也捕不到。有消息说,2011年长江捕到了千余条河豚,这是个大喜讯。20多年来,扬中上市的河豚其实都是养殖豚,真正的"长江河豚"是很难见到的。扬中的河豚美食节办得有声有色。因为养殖豚也是河豚,其美味仍可称之为"天下第一鲜",只不过是今日之"天下第一鲜"已非本来意义上的"长江河豚"之"天下第一鲜"。"长江河豚"之鲜是难以用语言表达的,是无与伦比的,于是就用"天下第一鲜"概括,至今也没有人对此提出疑义,或者向其挑战的。

"长江河豚"之美味,是大自然的恩赐,亦是扬中人的聪明和胆识所造就。今天,长江面临着沿江上百座城市的生活污水,几十万家工厂的废水经过处理或者不经过处理就直接排入长江。长江的水质在下降、长江的生物多样性受到伤害,而"长江三鲜"首当其冲。扬中人深知"长江三鲜"对于扬中的重要性,很早就着手对长江水环境的保护与治理。长江是个大流域,非一市一县一地的保护能奏效,需要长江全流域的省市共同行动。保护好长江才能保护好"长江三鲜"。为了永远能品尝"天下第一鲜"的河豚,扬中人在治理和保护长江中更要多尽一份责任和义务。(关于保护长江有专文《保护长江,关系子孙》论述,在此不再展开。)"烟花三月下扬州","正是河豚欲上时",希望这样美丽隽永的诗句,永远是现实,能世代持续下去。

为《蓬莱兵扬中人》所作的"序言"

1970年底的最后几天,我们近400名扬中籍青年应征入伍,成为中国人民解放军蓬莱守备区的战士。那是一个崇尚军人的时代,成为一名军人是自己也是全家的光荣。

蓬莱,是八仙过海的地方,尽管那是神话传说,然而每年都能出现几次海市蜃楼,却是事实。蓬莱故有"仙境"的美称。古往今来,蓬莱是无数的高僧仙道和文人雅士向往的地方。我们在这块颇具仙气灵气的地方接受解放军大学校的教育,经受解放军大熔炉的锤炼,是既苦且乐。训练中夏练三伏,骄阳似火,一天湿透几件衣衫,一季晒脱几层皮肤;冬练三九,冰天雪地,手脚脸部冻裂,鲜血直流:我们练就了过硬的军事技能。无论是在连队还是在机关,我们在各项工作中都尽心尽力,贡献出力量和智慧。我们可以当之无愧地说,把自己的青春韶华贡献给了国防,然而,收获也是丰硕的。除了作为一名军人必须学会和掌握的军事技能外,我们还树立远大理想和坚定的信念,培养了坚强的意志和百折不挠的英雄气概;我们懂得了尊重,尊重领导和同志,也包括尊重自己;我们养成了遵守纪律和法律,艰苦奋斗,谦虚谨慎等优良品质,我们还具备了军事管理和鼓励自主创新、独立工作能力以及协调合作的能力。这些思想品质和能力滋润着我们一生。

40年前,当我们乘东方红16号海轮在海上颠簸摇晃时,我们是一群热血青年,对自己的婚姻家庭和今后的人生是怎样,依旧是茫无头绪。40年间,我们大都在部队立功受奖入了党,有的人在部队还提了干,甚至成为将校级军官。绝大多数人则退伍或者转业到了地方,仍建功立业。有的人成为明星、专家学者;有的成为地方或者部门的领导人;有的成为各行各业的骨干;有的成为企业家或致富能手。现在,我们大都进入花甲之年,早已成立家业,儿孙绕膝是我们现时的生活乐趣。回顾过去的峥嵘岁月,无论是平淡坎坷,还是辉煌顺利,有一点是共同的:"我们曾经当过兵"。人生有过一次当兵的经历,是三生有幸;能在蓬莱当兵,则是"幸中之幸"。当兵一回,终生受益。昨天的事容易忘记,但是在蓬莱那段军旅生涯却是记忆犹新。蓬莱,是我们魂牵梦萦的地方;部队生活,那是刻骨铭心的往事:这些常常成为梦的主题。今天,虽然我们早已告别了蓬莱,但是,蓬莱的沙滩、海浪、蓝天、海市蜃楼仍深深保留在我们的脑海中，尤其是军人的那些优良品质，融入了我们的血脉之中。

2011 年是我们当兵 40 周年，我们隆重地纪念这个节日。我们相聚在一起，畅谈战友之情。我们永远不忘部队党组织的培养，永远不忘部队老首长，老同志的言传身教。我们想念着老部队的首长，想念着那些和我们差不多时间入伍的山东、河南、常州、新沂的外地战友。我们还深深地缅怀已故的战友。战友，是患难与共的同义词，在平时是同志加兄弟，在战场上则是生死攸关。今天，我们道一声："战友、珍重"，是最温馨，最惬意的；我们对孙辈们说一声"爷爷当过兵"，是最郑重、最自豪的。

快乐和健康是生命的基础。我们希望还有几个 10 年的再相聚。我们都要为此努力！曹操在我们这个年龄曾写下："老骥伏枥、志在千里"。"烈士暮年、壮心不已"的壮丽诗句。如果有机会我还要再当一次兵。

40 年后聚首，青丝变白发。为着我们自己的纪念，也为着留给子孙们的纪念，我们编辑了《蓬莱兵扬中人》这本书。战友们要我写篇序言，我很忐忑。一是我没有写过，二是自己何德何能？再三推辞不掉，是很无奈的。然而事情总要有人做，于是把自己的感慨写出来，抑或也反映了老战友们的心声。是为序。

后 记

　　这本文集能够出版发行，是遂了我的一个心愿。江苏《凤凰资讯报》镇江工作站为这些文章提供了一个发表的平台，也正是有了这个平台，推动着我把要想写的文章写出来。这在时下是很难得的。该工作站的赵静为文章的打印付出了辛勤的劳动。朱务清老师对文章作了文字的修改和把关。我原工作单位——扬中市委党校的领导给予了支持，办公室的同志对文章作了校对，陈艳同志为文集也付出了辛勤的劳动。在此一并表示衷心的感谢。

郑　云

2012 年 10 月 16 日晨